U0578958

权威·前沿·原创

皮书系列为
"十二五""十三五""十四五"时期国家重点出版物出版专项规划项目

BLUE BOOK

智 库 成 果 出 版 与 传 播 平 台

未成年人蓝皮书
BLUE BOOK OF MINORS

贵州省未成年人保护发展报告（2023）

ANNUAL REPORT ON THE PROTECTION AND DEVELOPMENT OF MINORS
IN GUIZHOU PROVINCE (2023)

主　编／曹务坤　杨　焱
副主编／尹科峰　屈　佳

社会科学文献出版社
SOCIAL SCIENCES ACADEMIC PRESS (CHINA)

图书在版编目（CIP）数据

贵州省未成年人保护发展报告 . 2023 / 曹务坤，杨
焱主编；尹科峰，屈佳副主编 . --北京：社会科学文
献出版社，2023.12
　（未成年人蓝皮书）
　ISBN 978-7-5228-2841-1

　Ⅰ.①贵…　Ⅱ.①曹…②杨…③尹…④屈…　Ⅲ.
①青少年保护-研究报告-贵州-2023　Ⅳ.①D922.74

中国国家版本馆 CIP 数据核字（2023）第 219588 号

未成年人蓝皮书

贵州省未成年人保护发展报告（2023）

主　　编／曹务坤　杨　焱
副 主 编／尹科峰　屈　佳

出 版 人／冀祥德
组稿编辑／邓泳红
责任编辑／陈　颖
责任印制／王京美

出　　版／社会科学文献出版社·皮书出版分社（010）59367127
　　　　　地址：北京市北三环中路甲 29 号院华龙大厦　邮编：100029
　　　　　网址：www.ssap.com.cn
发　　行／社会科学文献出版社（010）59367028
印　　装／三河市东方印刷有限公司

规　　格／开本：787mm×1092mm　1/16
　　　　　印张：23　字数：344 千字
版　　次／2023 年 12 月第 1 版　2023 年 12 月第 1 次印刷
书　　号／ISBN 978-7-5228-2841-1
定　　价／168.00 元

读者服务电话：4008918866

贵州省未成年人保护发展报告（2023）
编委会人员名单

主　任　时光辉　张敬平

副主任　张　涛　彭　旻

委　员　（按姓氏笔画）

王　春　王武林　毛　莉　毛珏梅　邓　曼

卢吕友　任州麒　刘　力　刘　青　安仕海

安守海　阳成俊　李　兵　李　健　吴春峰

张吉兵　陆晓涛　陈　讯　陈　熹　陈义龙

罗玲龙　罗桂荣　周　进　孟泽红　耿　杰

蒋　耘

主　编　曹务坤　杨　焱

副主编　尹科峰　屈　佳

作　者　（以文序排列）

尹科峰　　杨　焱　　夏从敏　曹务坤　屈　佳

李　杰　　杨森井　尹训洋　何　昕　朱雪梅

周　茜　　李书萍　樊凌伊　王　宏　汪　勇

袁凯松　　冯康姝　潘　萍　舒　贵　邓　可

张　萍	杨光琼	杨家成	蒋仕祥	王化宏
戴兴栋	王　戡	陈　禄	赵　杉	朱　寰
李玉鹏	蔡雅娟	姚　娟	陈　明	刘　丽
张　鹤	杨鞯鞯	谢丽娜	杨　斌	陶　源
许光达	韦俊宇	李正强	张　宁	蒋　义
陆　菁	李正斌	张　宇	罗沙白	彭丽娟
令狐克建	章　程	俞　君	罗绍超	姚　雷
熊　英	赵　芳	陶　进	罗　鹏	程　华
王东丽	田　猛	秦　娟	贾鸿雁	雷小雨
龙　夔	敖丽丹	何玉洁	杨长智	张润东
宋基良				

主要编撰者简介

曹务坤　法学博士，贵州财经大学法学院副院长，三级教授。贵州省人大常委会立法咨询专家、贵州省政府立法咨询专家，兼任中国法学会民族法学研究会理事及贵州省法学会常务理事。主要研究方向：民法、法社会学、民族法学。先后出版专著6部，获省部级奖项3项，主持国家课题2项，承担国家课题4项，主持省部级课题5项，在《思想战线》《贵州社会科学》等期刊发表学术论文20余篇。

杨　焱　贵州省民政厅儿童福利处处长。主要研究方向：社会保障政策。参与撰写《贵州省困境儿童保障问题研究》，并获中共贵州省委重大问题调研课题二等奖；参与撰写《构建新时代贵州儿童福利服务保障体系》，并获中共贵州省委重大问题调查研究课题三等奖；参与撰写《未成年人保护工作面临的困难和问题分析报告》《未成年人政府保护工作情况分析报告》《铜仁市未成年人保护工作情况分析报告》《全省四类特殊未成年人工作情况分析报告》《全省离婚家庭未成年人情况分析报告》等调研报告，其部分调研报告的成果转化为未成年人保护工作体系和政策措施；参与修订《贵州省未成年人保护条例》，起草其中"特殊保护"专章。

尹科峰　贵州省委政法委员会执法监督处副处长，主要研究方向：司法制度。参与撰写《贵州省早婚早育调研报告》《贵州省未成年人权益保护调研报告》等研究报告，并获贵州省委领导高度肯定；起草《贵州省未成年人全面保护工作方案》，参与修订《贵州省未成年人保护条例》，参与起草《贵州省预防未成年人犯罪条例》。

屈 佳 贵州财经大学公共管理学院副教授，硕士研究生导师。主要研究方向：未成年人越轨与被害、司法社会工作。兼任中国社会学会犯罪社会学专业委员会理事，贵州省社会工作协会理事。出版专著1部，主持省部级课题3项，在《北京社会科学》、*Crime & Delinquency*、*Journal of Interpersonal Violence*、*China Journal of Social Work* 等期刊发表中英文论文20余篇。

摘　要

　　《贵州省未成年人保护发展报告（2023）》整体上由总报告、分报告两大部分组成。总报告全景回顾了2021～2022年贵州省未成年人保护发展的历程，总结了贵州省未成年人保护发展取得的成效，在探讨贵州省未成年人保护发展所面临的形势与挑战的基础上，进一步勾画了贵州省未成年人保护发展工作的蓝图。分报告共计20篇，从未成年人家庭保护、学校保护、社会保护、网络保护、政府保护、司法保护等领域开展实证调研，以法学、教育学、社会工作、心理学、管理学、犯罪学等多学科视角，深入分析贵州省未成年人保护发展的基本现状，指明了当前存在的问题，提出了相应的解决方案，为进一步推进贵州省未成年人保护发展提供指引。

　　2021～2022年，贵州省未成年人保护发展工作围绕加强顶层设计、健全体制机制、完善政策法规、强化法治宣传、发挥协同保护优势、强化网络保护、开展"专项工程"等方面着力推进，取得了非常大的进展，初步形成了以体制机制建设为引领、以社会治理为依托、以大数据为载体、配套未成年人特殊群体政策的"贵州经验"，为今后未成年人保护发展奠定了良好的基础。

　　总体来看，贵州省未成年人保护发展不断取得新突破，同时也迎来新的机遇与挑战。今后，贵州省未成年人保护发展应该从树立"123工作理念"、提升网络保护效能、完善"司法保护+"融通联动机制、引导鼓励社会力量参与等方面着手推进，营造温馨、安全和谐的未成年人成长环境，构建未成年人保护发展工作的新格局，促进贵州省未成年人全面发展，更好地培育贵州省广大少年儿童从童心向党的红领巾成长为建设贵州、振兴中华的主力军。

关键词： 未成年人保护发展　协同创新机制　贵州省

Abstract

Annual Report on the Protection and Development of Minors in Guizhou Province (*2023*) consists of two parts: a general report and a sub-report. The general report comprehensively reviewed the protection and development of minors in Guizhou province from 2021 to 2022, summarized the achievements of the protection and development of minors in Guizhou province, and further outlined the blueprint of minors' protection and development in Guizhou province on the basis of discussing the situation and challenges faced by the protection and development of minors in Guizhou province. There are 20 sub-reports, which carry out empirical research in the fields of family protection for minors, school protection, social protection, network protection, government protection, and judicial protection. These sub-reports, from the perspectives of law, education, social work, psychology, management, criminology and other disciplines, made an in-depth analysis of the basic status quo of the protection and development of minors in Guizhou Province, pointed out existing problems, and proposed corresponding solutions, providing guidance for further promoting the protection and development of minors in Guizhou Province.

The Report points out that from 2021 to 2022, the protection and development of minors in Guizhou province focused on strengthening top-level design, improving institutional mechanisms, improving policies and regulations, strengthening the promotion of the rule of law, giving full play to the advantages of collaborative protection, strengthening network protection, and carrying out "special projects", and made great progress, Initially formed the "Guizhou experience" with the construction of institutional mechanisms as the guide, social governance as the support, big data as the carrier and supporting policies for special groups of minors, which laid a good foundation for the protection and development of minors in the future.

On the whole, new breakthroughs have been made in the protection and development of minors inGuizhou province, and new opportunities and challenges have also been ushered in. In the future, the protection and development of minors in Guizhou province should be promoted from the following aspects: establishing the "123 working concept", improving the efficiency of network protection, perfecting the linkage mechanism of "judicial protection +", and guiding and encouraging social forces to participate, so as to create a warm, safe and harmonious environment for the growth of minors, build a new pattern for the protection and development of minors, promote the all-round development of minors in Guizhou province, and to better cultivate the majority of children in our province from the red scarf to grow into the construction of Guizhou, the revitalization of China's main force.

Keywords: Minors Protection and Development; Collaborative Innovation Mechanism; Guizhou Province

目 录 ↖

I 总报告

II 家庭保护篇

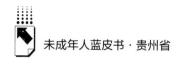
Ⅲ 学校保护篇

Ⅳ 社会保护篇

V 网络保护篇

VI 政府保护篇

VII 司法保护篇

皮书数据库阅读 **使用指南**

CONTENTS ↘

I General Report

II　The Chapters of Family Protection

III　The Chapters of School Protection

Ⅳ　The Chapters of Social Protection

Ⅴ　The Chapters of Network Protection

VI The Chapters of Government Protection

VII The Chapters of Judicial Protection

总 报 告

General Report

B.1

2021~2022年贵州省未成年人保护
发展的回顾与展望

贵州省委政法委、贵州省民政厅、贵州财经大学联合课题组[*]

摘　要： 未成年人是国家的未来、民族的希望。党的十八大以来，贵州省未成年人保护发展工作全面推进。2021~2022年贵州省创新未成年人保护发展工作制度，在顶层设计、体制机制、政策法律、主体协同、网络保护、专项工程等领域呈现全新景象。贵州未成年人保护发展体系也日趋完善，初步形成以体制机制建设为引领、以社会治理为依托、以大数据为载体、配套未成年人特殊群体政策的未成年人保护发展格局。贵州未成年人保护发展工作在取得宝贵经验的同时，也面临着一些新形势和新挑战：党中央对少年

---

[*] 课题组成员：尹科峰，贵州省委政法委员会执法监督处副处长；杨焱，贵州省民政厅儿童福利处处长；夏从敏，贵州省民政厅儿童福利处副处长；曹务坤，博士，贵州财经大学法学院副院长，三级教授；屈佳，博士，贵州财经大学公共管理学院副教授；李杰，博士，贵州财经大学法学院副教授；杨森井，博士，贵州财经大学法学院副教授；尹训洋，博士，贵州财经大学法学院教师。

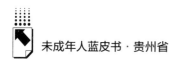

儿童新的定位与期待、"四新""四化"新征程上贵州未成年人高质量发展重大机遇、新修订的《未成年人保护法》网络保护的"未成年人模式"转变等。未来贵州省未成年人保护发展工作要秉承"未成年人优先保护"原则、牢固树立"123工作理念",深入推进"未成年人模式"、提升未成年人网络保护效能,完善"司法保护+"融通联动机制、强化未成年人权益保障,合力引导鼓励社会力量参与、凝聚未成年人关爱保护合力。

关键词： 未成年人　保护效能　贵州省

一　引言

　　未成年人是国家的未来、民族的希望,未成年人保护工作关系国家未来和民族振兴。① 党的十八大以来,以习近平同志为核心的党中央高度重视未成年人的成长成才和保护工作,多次在"六一"国际儿童节前夕发表未成年人保护发展重要指示。习近平总书记的重要论述,既说明了未成年人保护工作的重要性,也为新时期未成年人的保护事业指明了前进方向。

　　对贵州省而言,未成年人保护发展具有多重特殊的意义。推进贵州未成年人保护发展工作是贯彻落实习近平总书记视察贵州重要讲话精神的必要之举,是有效衔接脱贫攻坚与乡村振兴的必然要求,也是推动平安贵州、法治贵州高水平建设的必然要求。基于此认知,贵州省委、省政府非常重视未成年人保护发展工作,为发挥"未成年人保护发展"专门管理效能,2021年8月31日,贵州率先在全国成立了"贵州省未成年人保护委员会"(以下简称"未保委")②,省、市、县三级都成立由党委、政府分管(联系)领导

---

① 未成年人保护,本文将分情况使用"未成年人保护"和"未保"等表述。
② 贵州省是率先实行省委、省政府领导担任"双主任"的省未成年人保护委员会的省份。

担任双主任的未成年人保护相关机构，办公室统一设在民政部门，构建起上下对口的未成年人保护发展协调联动机制。2021~2022年，贵州未成年人保护发展在顶层设计、体制机制、政策法规、法治宣传、协同保护、网络保护、专项保护方面稳步推进，未成年人保护发展形成了以党的领导为核心、以体制机制建设为引领、以社会治理为依托、以大数据为载体、配套未成年人特殊群体政策的工作体系。经过全省各地的努力，贵州省已搭建了未成年人保护发展工作的"四梁八柱"。

与此同时，也要清醒地认识到，未成年人保护发展是一项久久为功的事业，贵州仍然面临"未成年人犯罪呈低龄化趋势""未成年人心理健康任重而道远""未成年人网络保护效能需持续提升""参与未成年人保护发展的社会力量不足""四类特殊未成年人保护发展仍有痛点"等诸多挑战。

为战胜未成年人保护发展所面临的挑战，必须秉承"未成年人优先保护"原则、牢固树立"123工作理念"，深入推进"未成年人模式"、提升未成年人网络保护效能，完善"司法保护+"融通联动机制、强化未成年人权益保障，引导鼓励社会力量参与，凝聚未成年人关爱保护合力。

二 2021~2022年贵州未成年人保护发展全景回顾

从历史维度看，贵州未成年人保护发展呈现以下全景：贵州加强顶层设计，绘制未成年人保护发展蓝图；健全体制机制，建构未成年人保护发展工作格局；完善政策法规，筑牢未成年人保护发展法治屏障；强化法治宣传，提升未成年人权益保护发展意识；发挥协同优势，形成未成年人保护发展合力；强化网络保护，营造未成年人健康清朗的网络空间；开展"专项工程"，助力未成年人茁壮成长。

（一）加强顶层设计，绘制未成年人保护发展蓝图

贵州省从三个层面加强顶层设计，绘制未成年人保护发展蓝图，即以"权益和规划"为圆心，勾画贵州未成年人保护发展的目标图；以"机构改

革"为切入点，架构贵州未成年人专门保护的作战图；以"平安贵州建设"为落脚点，构建贵州未成年人保护工作考核指标图。

1. 以"权益和规划"为圆心，勾画贵州未成年人保护发展的目标图

2021年1月29日，贵州省第十三届人民代表大会第四次会议通过《贵州省国民经济和社会发展第十四个五年规划和二〇三五年远景目标纲要》，明确提出要"深入实施儿童发展纲要，保障儿童优先发展，优化儿童发展环境，切实保障儿童生存权、发展权、受保护权和参与权，严厉打击危害儿童身心健康的违法犯罪行为。健全未成年人网络保护综合治理机制，预防未成年人违法犯罪"。贵州省各级党委、政府将未成年人保护纳入"十四五"公共服务规划、公共卫生体系建设规划、网络安全和信息化发展规划、民政事业发展规划等重要规划，强化对未成年人生存权、发展权、受保护权和参与权的规划保障。

2. 以"机构改革"为切入点，架构贵州未成年人专门保护的作战图

2021年5月31日，贵州省召开全省未成年人保护工作会议，时任贵州省委书记谌贻琴同志、省长李炳军同志分别作出重要批示，时任贵州省委常委、省委政法委书记时光辉同志出席会议并讲话。会议决定，贵州省未成年人保护委员会办公室设在贵州省民政厅，由贵州省委、省政府领导担任"双主任"，即省委政法委分管副书记和省民政厅厅长担任办公室主任，委员会委员单位包括省委政法委等35家部门。2021年8月，贵州省9个市（州）和88个县（市、区、特区）全面建立起未成年人保护协调机构，其中毕节市全部县区、绥阳县、凤冈县、罗甸县、石阡县、观山湖区由党委、政府主要负责同志担任"双主任"，其余市县比照省级层面由党委、政府分管（联系）领导担任"双主任"。贵州省未成年人保护委员会办公室（以下简称"省未保办"）陆续制定了《全省未成年人保护专项工作总体方案》《贵州省未成年人保护工作委员单位职责任务分工》《贵州省未成年人保护委员会工作规则》《贵州省未成年人保护委员会办公室联络员会议制度》等工作方案和规范性文件。

3.以"平安贵州建设"为落脚点,构建贵州未成年人保护工作考核指标图

2021年1月22日,时任贵州省委书记谌贻琴同志在"贵州省委政法委工作会议暨省委平安贵州建设大会"上要求,坚持以未成年人保护关键环节和核心领域为重点,瞄准工作薄弱领域和问题突出环节,推动未成年人保护工作高质量发展。此后,各级党委、政府开始将未成年人保护工作纳入平安贵州建设总体布局,依托平安考核评价体系,量化未成年人保护工作核心考核指标,对下级党委、政府以及同级相关部门开展年度考核,充分运用考核"指挥棒"推动工作落实。

(二)健全体制机制,建构未成年人保护发展工作格局

贵州省着力从以下切入点健全体制机制,构架未成年人保护发展工作格局。

一是协同制定和修订有关未成年人保护发展规范。2022年,贵州省委办公厅、省政府办公厅出台《关于加强贵州省网络文明建设的实施意见》,将提升未成年人网络素养宣传教育纳入网络文明建设重要内容。贵州省教育厅联合省人民检察院印发《贵州省预防校园性侵害专项行动工作方案》,规范教职员工在校行为,强化未成年人预防性侵害知识教育。贵州省人民检察院等7部门联合印发《关于在办理涉未成年人案件中开展家庭教育指导工作的实施办法》,贵州省教育厅联合省公安厅、检察院、法院、司法厅印发《贵州省中小学法治副校长工作指引》,规范法治副校长开展法治宣传教育活动。贵州省教育厅联合省人民检察院印发《贵州省预防校园性侵害专项行动工作方案》,规范教职员工在校行为,强化未成年人预防性侵害知识教育。

二是全面建立未成年人保护发展的协调机构运转制度。为保障协调机构能够顺利发挥作用,贵州省各级未成年人保护委员会研究制定联络员会议制度、专班制度、责任清单制度、对口帮扶制度、督导考核制度。毕节市委出台了《毕节市未成年人保护工作问责办法》,切实强化党委对未成年人保护工作的领导和统筹。各级未成年人保护办公室采取召开全体会议和联络员会

议（专题会议）、开展季度（半年）工作调度与年度考核以及督办重大案事件等方式，承担起统筹、协调、督促和指导职能。

三是健全和落实贵州"1+1+5+6"未成年人保护的工作体系。贵州省各级未成年人保护委员会围绕加快构建和落实（第一个"1"即统筹协调组织体系，第二个"1"即一体化监测预警机制，"5"即五项重点任务，"6"即筑牢六道保护防线），制定四类特殊未成年人群体关爱保护、预防未成年人犯罪、未成年受害人保护、早婚早育的专项治理、未成年学生法治宣传教育、立法保护、司法保护、网络保护、家庭保护、学校保护及社会综合保护等制度和机制。进一步优化未成年人基础信息，完善未成年人统计分析报告制度，构建"三位一体"监测预警工作机制；建立"多级联动"常态化信息排查制度，对未成年人底数进行细致分析，做好分类分级风险研判工作，密切关注农村留守儿童、困境儿童、散居孤儿、离婚家庭未成年人、刑事案件未成年被害人等特殊群体，为下一步及时开展针对性工作提供坚实的数据支撑；建立"多元融合"业务条线监测制度，由民政部门牵头，充分发挥教育、公安、民政、检察院、法院、司法、团委、妇联等业务条线优势，上下互动、同级共享、实时动态监测未成年人敏感信息，实现未成年人信息收集、研判、调动、运用一体化，发现未成年人敏感信息第一时间报告、第一时间处理；建立"多点触发"岗哨预警制度等。由党委、政法委牵头，充分发挥"一中心一张网十联户"基层社会治理机制作用，在学校、家庭、社区、社会组织、政法单位等重点场所建立监测哨点，在每个哨点设置未成年人健康监测管理员，作为第一报告人，发现问题及时报告，提高早期监测的时效性和精准性。

（三）完善政策法规，筑牢未成年人保护发展法治屏障

为筑牢未成年人保护发展法治屏障，相关部门聚焦以下几个重点领域，不断完善政策法规。

一是审时度势修订《贵州省未成年人保护条例》《贵州省预防未成年人犯罪条例》。2021年6月1日，新修订的《中华人民共和国未成年人保

护法》正式实施。在充分调研和精准掌握全省未成年人保护工作面临的新情况、新问题的基础上，由贵州省人大社会建设委员会同省直12家单位组成立法工作专班，2021年7月29日，《贵州省未成年人保护条例》经贵州省十三届人大常委会第二十七次会议审议通过，于2021年9月1日正式施行。修订后的《贵州省未成年人保护条例》全方位体现最有利于未成年人的原则，同时突出贵州特色，立足贵州留守未成年人、困境未成年人较多的实际情况，设立"特殊保护"专章，对孤儿、留守未成年人、事实无人抚养未成年人、流浪乞讨未成年人、重病未成年人、残疾未成年人等特殊保护，力图解决上述群体面临的监护、医疗、教育等突出问题。

二是积极推动《贵州省法律援助条例》等法规的完善和修订工作。按照立法程序要求，积极推动《贵州省法律援助条例》修订，推出人性化举措，扩大了不受经济困难条件限制的情形和免予核查经济困难状况的范围，并规定法律援助机构应当指派或者安排熟悉未成年人身心特点的律师为未成年人提供法律援助服务。修订后的《贵州省法律援助条例》于2023年3月1日正式实施。在实施过程中，全省各级司法行政部门在法律援助机构、公共法律服务中心为未成年人开通绿色通道，为其提供"优先受理、优先审查、优先指派"服务。将《贵州省学前教育体例（草案）》《贵州省职业教育条例（修订草案）》列为2023年立法计划预备立法项目，将《贵州省教育督导规定》列为2023年立法计划正式立法项目。

三是先后制定和颁布10余部有关未成年人保护发展方面的地方性规范文件。这10余部地方性规范文件分别对贵州未成年人保护作出特别而具体的规定。如2021~2022年，在全国率先出台农村留守儿童、困境儿童关爱救助保护政策，印发《关于进一步加强事实无人抚养儿童服务保障工作的实施意见》《关于进一步加强留守儿童困境儿童关爱救助保护工作的实施意见》等政策文件，推动未成年人关爱服务体系建设迈出新步伐。

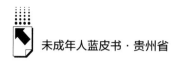

（四）强化法治宣传，提升未成年人权益保护发展意识

为提升未成年人权益保护意识，贵州有关部门和社会组织不遗余力强化法治宣传。

第一，开展"青少年法治宣传教育活动"。贵州省委宣传部会同教育、司法等部门进入中小学校开展"法德携手校园行"等法治宣传活动，邀请律师到校园讲授宣传《未成年人保护法》《预防未成年人犯罪法》《贵州省未成年人保护条例》等法律法规知识，开展集中宣传和集中宣讲。贵州省检察机关积极开展法治巡讲活动，覆盖 20 个国家乡村振兴重点帮扶县。[1] 贵州省妇联发布《爱的守护》《爱的选择》《爱的坚守》等宣传短视频，阅读量达 68 万人次。[2] 贵州省教育厅联合省公安厅、检察院、法院、司法厅印发《贵州省中小学法治副校长工作指引》，规范法治副校长开展法治宣传教育活动。采取播放典型案例法治宣传视频和普法微剧、发放宣传资料、依托村（社区）"法律明白人"等形式，开展对监护人法定监护职责的宣传活动。村（居）委会成员、儿童督导员、儿童主任在日常走访中，教育和推动未成年人父母以及其他监护人履行监护职责。全省留守儿童全部签订委托照护协议，由村（居）委会督促未成年人父母外出务工期间与未成年人、被委托人至少每周联系和交流一次。全省建立家庭教育指导中心 30 个，整合高等院校、社会资源，组建省级家庭教育专业人才队伍，开展公益性家庭教育指导服务。贵州省各级关工委开展"青少年法治宣传教育活动"。2022年，贵州省各级关工委以"关爱明天、普法先行"青少年法治宣传教育活动为平台，在国家安全教育日、国际禁毒日、国家宪法日等重要时间节点，组织开展形式多样的青少年法治宣传教育活动，教育引导青少年尊法学法守法用法。贵州省各级关工委开展法治宣传教育活动，贵州省 10 个集体、37名个人受到中国关工委、中央政法委等部门表彰。

---

[1] 最高人民检察院：《最高检发布〈未成年人检察工作白皮书（2022）〉》，https：//mp. weixin. qq. com/s/VbkuRdJsDviuNGQ35gcocw。

[2] 如无特殊说明，总报告的相关数据均来源于课题组调研所收集的数据。

第二，多途径进行法治宣传，加大普法力度。全省组织创建了首批50个"贵州省法治宣传教育基地"，含青少年法治宣传教育基地6个。组织专业拍摄团队进行VR图像采集和制作，在贵州省智慧普法依法治理云平台进行网上展播。自2020年起，在全省开展"普法进校园，法治护成长"主题法治宣讲活动，由贵州省律师协会组织有经验的律师到各地为各市（州）宣讲团律师作一次示范讲课，20家"法治扶贫"律师事务所安排本所律师到扶贫地学校开展一次"送法进校园"活动，30名"法治扶贫"律师志愿者在被派遣服务地学校开展一次"送法进校园"活动，在全省相应范围向广大学生宣传普及相关法律知识。自2021年以来，未成年人保护法律法规被纳入国家工作人员在线学法考试必学必考内容；在法律法规知识培训中设置"未成年人保护"专题，深入推进以村（社区）"两委"成员、妇联干部、基层调解员、网格管理员等为主体的村（社区）"法律明白人"培养工作，鼓励积极参与普法实践，广泛宣传未成年人保护法律知识。

第三，多点发力，全方位推进法治示范活动。2022年5月，由共青团贵州省委、贵州省法学会主办，贵州师范大学音乐学院、中国烟草总公司贵州省公司团工委、贵州电网有限责任公司团委协办的贵州省青少年"民法典宣传月"暨"青春普法益起来"示范活动在都匀市举办，引导全省青少年加强对民法典的学习，呼吁社会各界关注未成年人的健康成长，保护未成年人的合法权益，促进未成年人的全面发展，助推平安贵州、法治贵州建设。先后深入铜仁市德江县、思南县、松桃县、江口县开展"青春普法益起来"法治宣传流动课堂，聚焦引导青少年健康成长，突出宣传教育和权益维护，开展法治宣传，帮助青少年提升法治观念，促进广大青少年身心健康和全面发展，积极引导青少年正确认识、使用民法典，营造广大青少年争做民法典的宣传者、守护者、遵守者的良好氛围。此外，结合青少年特点，创新"互联网+文化产品"模式，持续推出普法小剧场、心理辅导小贴士等线上文化产品，组织拍摄《青年返乡闯新路 民法典相伴破险阻》民法典普法小剧场等普法作品，依托"黔微普法"以及团省委官方微信公众号"青春黔言"、"新市民追梦桥"、微博、B站、黔行青年视频号等团属新媒体阵地推送。同时充分利用团省委"青春黔言"微信公众号、共青团贵州省委官方网站"法治宣传"专栏等团属新媒体平台积极推送《民法典与生活同行》、《民法典与"小明"的故事》、"漫画版民法典"等。各级共青团组织也通过微信公众号、视频号等，发布了民法典宣传月的相关文字、海报、宣传片等，形成网上声浪。在《少年时代报》等团属媒体开设"法治小课堂"专栏，推出《小区垃圾风波》《超市寄存风波》等法治宣传小故事，在少先队员、共青团员中开展民法典宣传，创新法治宣传载体，深化法治宣传效果。

第四，落实法治副校长工作。威宁县人民检察院深入贯彻落实最高人民检察院关于检察官担任法治副校长的相关要求，主动作为，以"法治音乐课"等精品法治课程为着力点，不断创新普法教育方式，致力于打造多部门合作、多形式结合、全范围覆盖、线上线下密切协作的立体法治教育模式，不断推动法治副校长落实相关工作。全县各中小学开展法治音乐课 400 余场，9 万余名中小学生接受法治教育。构建立体化法治进校园模式，让学生、家长、教师体验"沉浸式"法治教育。2022 年 3 月，法治音乐课主讲人蒋仕祥荣获"全国青少年普法教育优秀辅导员"称号。2022 年 11 月，《贵州日报》大篇幅刊登"法治音乐课"亮点工作《"法治音乐课"护航成长》。2022 年，该院启动民族聚居乡镇、易地扶贫搬迁点法治进校园全覆盖工程，由未成年人检察团队以"法治音乐课"为主要方式，在新发乡、石门乡等少数民族聚居的乡镇和五里岗易地扶贫搬迁点开展法治进校园活动，实现了中小学、幼儿园法治进校园全覆盖，并长期坚持，有效提升少数民族学生和搬迁学生法治意识。有的村级小学距离县城 100 多公里，但检察官们坚持"村村通""校校到"，不缺一节课、不少一个班。该工程得到县教科局和各中小学、幼儿园的大力支持，2022 年以来，发生在上述地区的涉未成年人犯罪案件大幅减少。

（五）发挥协同保护优势，形成未成年人保护发展合力

未成年人保护发展是一项系统工程，需要发挥协同保护优势。贵州省有关部门采取了一系列措施，多方联动，凝聚合力，形成未成年人保护发展

合力。

贵州省人民检察院联合公安、妇联、社区等力量做好跟踪落实，督促监护人依法履行监护职责。针对监护人实施侵害行为依法提起公诉的同时，以检察建议、督促起诉、支持起诉等方式开展监护监督，严格落实侵害未成年人案件强制报告制度。贵州省人民检察院等9部门联合出台《贵州省侵害未成年人案件强制报告联席会议制度》。将托育作为一项重点工作来抓，成立省长任组长的贵州省促进养老托育服务工作领导小组，将婴幼儿照护服务纳入贵州省"十四五"规划纲要。对照国家标准，将贵州省"十四五"时期千人口托位数指标从3.0个上调至4.5个，制定市（州）级年度指标，进一步扩大全省托育服务供给。截至2022年底，贵州省每千人口拥有3岁以下婴幼儿的托位数达3.04个，超额完成年度目标。[①] 各级医疗机构收治遭受和疑似遭受侵害的未成年人时，按照规定书写、记录和保存相关病历资料，及时向公安机关报告。积极推进未成年人心理问题早期发现和及时干预机制建设，卫生健康部门组织对在校学生开展心理筛查，及时发现干预心理健康问题，在六盘水市大力推进开展全国社会心理服务体系建设试点工作。公安机关、人民检察院、人民法院和司法行政机关确定专门人员或机构负责未成年人保护工作。2021年起，全省逐步实现将涉及未成年人的刑事、民事、行政、公益诉讼检察业务统一由未成年人检察部门办理，设立独立未成年人检察机构，或设立专门办案组或明确专人负责未成年人检察工作，实现未成年人保护专门组织全覆盖。

贵州省人民检察院加强"一站式"办案场所的建设。贵州省检察机关建成"一站式"办案场所64个。[②] 贵州省93个县级执法办案管理中心全部设置信息采集、人身安全检查、随身物品存储、医疗体检、等候待审、讯（询）问、离区取物等功能区，形成办案、鉴定、体检、看管、送押"全流程一站式"的办案模式。加强"一站式"救助，依托公安机关执法办案管

---

① 资料来源于课题组调研所收集的数据。
② 资料来源于课题组调研所收集的数据。

理中心，在全国较早实现市、县两级侦查监督与协作配合办公室全覆盖，在办案的过程中同步开展心理抚慰、情绪疏导、司法救助等服务。扎实开展打击拐卖妇女儿童犯罪专项行动，成效显著。以零容忍的态度依法严厉打击侵害未成年人犯罪，同时，检察院、法院、司法、民政、教育、团委、妇联等部门主动作为，对未成年被害人及其家庭开展法律援助、司法救助、心理疏导、转学安置等多元综合救助。

贵州省法院加强少年法庭建设，成立省、市（州）少年法庭工作办公室，强化对未成年人审判工作的组织领导、统筹协调、调查研究、业务指导。贵州省设立专门审判庭 33 个、合议庭 72 个，明确专门审理涉未成年人案件法官 144 名。[①] 公安机关、司法行政机关也成立未成年人保护专项工作领导小组或工作专班，加强未成年人保护组织机构建设。公安机关、人民检察院、人民法院积极落实未成年人司法特别程序和特殊保护制度，对未成年人犯罪坚持"打击"与"挽救"并重，不捕率、不诉率大幅增加。

贵州省民政厅推进儿童福利机构优化提质和创新转型。2021 年以来，新建和优化提质区域性儿童福利机构，新建未成年人救助保护机构，将儿童福利机构创新转型为未成年人救助保护机构。全省养育儿童的儿童福利机构有 51 个，养育儿童 2291 人，投入使用的未成年人救助保护机构有 51 个。推进未成年人保护工作站建设，全省 1509 个乡镇（街道）建立未成年人保护工作站 1183 个，覆盖率达 78.4%。推进村（社区）关爱保护阵地建设，打造儿童之家 7662 个。加强村（社区）关爱保护阵地建设，2021 年以来，新建 1000 余个村（社区）儿童之家，打造 100 个示范儿童之家，2022 年底，全省有儿童之家 7662 个。遵义市红花岗区儿童福利院已完成区域性儿童福利院优化提质，六盘水市和黔东南州已将辖区内儿童全部转移到市（州）儿童福利机构统一养育。[②]

强化"育新工程"专门学校——启航学校教育。推进专门学校建设和

---

① 资料来源于课题组调研所收集的数据。
② 资料来源于课题组调研所收集的数据。

专门教育高质量发展，全省现有专门学校 27 所，每个市州至少建立 1 所专门学校并实现招生，实现了所有市州全覆盖，成功教育挽救一批涉罪未成年人，一些涉罪未成年人成功考取高等院校，预防矫治未成年人违法犯罪成效明显。[①] 黔南州人民检察院将不捕、不诉、附条件不起诉以及未达到刑事责任年龄的未成年人送至"育新工程"专门学校——启航学校进行教育。

（六）强化网络保护，营造未成年人健康清朗的网络空间

2022 年，贵州省委办公厅、省政府办公厅出台《关于加强贵州省网络文明建设的实施意见》，将提升未成年人网络素养宣传教育纳入网络文明建设重要内容。加强未成年人网络素养宣传教育，推进中小学建立"护苗"工作站 1983 个，组建"护苗联盟"187 个，开展"护苗"系列宣传活动 1700 余场。举办"护苗·开学第一课""护苗·思政课""护苗·主题班会"，指导贵阳市举办贵阳贵安 2022 年"护苗·绿书签"进校园活动、开办"唯有爱心说诚实话，拒绝网络语言暴力"的网络安全课，指导毕节市围绕"清毕"品牌，推进"清毕·护苗育人"活动，教育引导未成年人绿色阅读、文明上网、健康成长。实施"争做新时代贵州好网民""好网民图书室""小记者·大使命——争做小小好网民"等网络文化活动、网络公益活动，策划制作"网络文明我先行"宣传漫画手册，网上网下引导未成年人健康成长。加强对未成年人网络素养的培养，打造"'黔鞘'网络安全在行动"品牌，以"故事汇""漫画汇"等方式，提升未成年人对网络的认知水平，提高未成年人网络技能、网络信息甄别等素养，提高未成年人网络风险与安全意识，引导未成年人限时、安全、理性上网。

大力开展国家互联网信息办公室"清朗"系列专项行动和"黔净2022"网络空间清朗工程，开展"清朗·2022 年暑期未成年人网络环境整

---

① 资料来源于课题组调研所收集的数据。

治"、儿童智能手表信息内容管理、网络炫富乱象整治等网络环境专项治理行动，不断清朗网络空间。针对与未成年人相关的网络信息内容加大审核力度，对不良或有害网络信息要做到及时发现、及时处置。构建省、市、县三级网信部门+属地网站的"3+1"举报矩阵，升级网站、微信、微博、邮箱、电话、传真"六位一体"违法和不良信息举报平台，开设"涉未成年人网上有害信息举报专区"，畅通网民维权监督渠道。

将全省115家互联网新闻信息服务单位的近400个网站平台（账号）纳入网络信息内容生态治理考核，① 压实网站平台主体责任，加强对网站平台监督监管，摸清所辖区域网络游戏平台以及未成年人群体频繁登录并使用的网络游戏底数，联合相关部门定期开展网络安全监督检查，重点监管和整治未成年人用户数量大的网络游戏。

充分发挥"贵州网警公开巡查执法"账号和互联网公开巡查执法矩阵作用，及时监测发现并处理涉未成年人网络舆情事件和敏感信息。督促全省正常运营的1223家互联网上网服务场所全部安装"实名认证管理系统"，全面落实实名登记上网制度，限制18周岁以下未成年人上网。② 经审批的互联网上网服务营业场所全部安装文化市场综合监管服务平台管理系统，有效打击违规接纳未成年人、网站推送非法内容等违规行为。

贵州省教育厅加强中小学生手机管理工作。省教育厅印发《贵州省加强中小学生作业、睡眠、手机、读物、体质管理等"五项管理"实施方案》，指导各中小学校加强手机管理，推进手机"限制进校园、禁止进课堂"，减少未成年人手机依赖。

（七）开展"专项工程"，助力未成年人茁壮成长

贵州以服务未成年人为着力点，开展种类丰富、立意向上的主题实践活动，积极打造"专项工程"，为未成年人健康成长保驾护航。

---

① 资料来源于课题组调研所收集的数据。
② 资料来源于课题组调研所收集的数据。

一是开展贵州省"新时代好少年"学习宣传活动。贵州省委宣传部印发《关于开展2022年度贵州省"新时代好少年"学习宣传活动的通知》，会同省教育厅、省妇联、团省委等5家单位组织开展2022年度贵州省"新时代好少年"学习宣传活动。评选10名事迹突出、示范性强的青少年典型作为2022年度贵州省"新时代好少年"。六盘水市范恩林同学被评为2022年度全国"新时代好少年"。开展红色基因传承工程，充分发挥爱国主义教育基地涵养教育功能，开展形式多样的爱国主义教育活动，引导青少年自觉践行社会主义核心价值观，用好红色遗址、革命文物和纪念设施等各类红色资源，在全省组织开展"强国复兴有我"、学雷锋志愿服务活动等群众性主题宣传教育活动，2022年组织开展爱国主义教育、国防教育、传统革命教育等活动。2021年春季"开学第一课"在遵义会议会址开讲，对全省672.84万名中小学生开展党史学习教育活动。推进"护苗"工作站建设，在全省中小学建立"护苗"工作站1983个，联合"扫黄打非"成员单位组建"护苗联盟"187个。① 引导有利于未成年人健康成长的图书、报刊、电影、广播电视节目、舞台艺术作品、音像制品、电子出版物和网络信息等精神文化产品的创作、出版、发行、制作、传播，查禁危害未成年人身心健康的违法信息。扎实开展"网络护苗""校园树苗""宣传爱苗""书香育苗""法治卫苗"工程，持续开展"护苗·开学季"、中小学校园周边文化市场专项整治，常态化开展非法出版物、盗版儿童图画书、中小学教程教辅等非法出版物及信息整治，开展贵州省图书"质量管理2022"专项工作暨常规出版质量检查工作，切实为未成年人健康成长营造良好文化环境。

二是制定和实施《关于在办理涉未成年人案件中开展家庭教育指导工作的实施办法》。自2021年省人民检察院等七部门联合印发《关于在办理涉未成年人案件中开展家庭教育指导工作的实施办法》以来，黔南、六盘水、黔东南、铜仁等多地检察机关与妇联、教育、关工委等单位协

---

① 资料来源于课题组调研所收集的数据。

作，立足各地实际，依托学校、检察机关未成年人检察工作室、社区等场所建立家庭教育指导中心、指导站，在办理未成年人案件中全面推广适用《家庭教育令》，督促、引导监护人切实履行监护职责。2022 年 1 月 14 日，遵义市中级人民法院在一起抚养费纠纷案件中发出贵州省首张《家庭教育令》，被教育对象接受家庭教育指导后，充分认识到自己作为父母应当承担起家庭教育的责任，表示今后要共同配合做好未成年人教育工作。①

三是大力推进"五老助力未成年人保护发展工程"。组织贵州省"五老"发挥个人特长，积极开展红色文化、民族文化和中华优秀传统文化作品创作，创作《三线建设博物馆背后的故事》等文化作品 2400 余个，开展优秀传统文化传播和民族民间技艺传承进学校、进农村、进社区等活动，探索建设"五老"助力乡村文化振兴工作室，用文化帮助青少年涵养人格、砥砺品行，树立和坚定文化自信。2022 年，全省各级关工委开展"开学季、关爱行"活动，创新开展"助成长、关爱行"活动，组织全省"五老"与农村留守儿童结对，开展精准关爱。以庆祝"六一"儿童节为契机，广泛开展关爱慰问活动。2022 年，全省各级关工委组织 400 余名"五老"陪审员参与未成年人案件陪审，维护未成年人合法权益。认真做好失足、失管、失学、失业、失亲等"五失"青少年群体关爱服务工作，帮教"五失"青少年。建设"五老工作室"1000 余个，3000 余名"五老"担任中小学校校外辅导员，2000 余名"五老"网吧监督员开展网吧义务巡查，1 万余名"五老"参与校园周边环境整治、矛盾纠纷化解，组织"五老"为青少年开展美术、绘画等课外辅导，在易地扶贫搬迁安置点组织开展"五老"话今昔讲堂、全民阅读、文明好少年主题实践活动等。

四是贯彻落实"双减"政策，开展校外培训机构治理。全省动态清零

---

① 《贵州发出首张家庭教育令》，澎湃新闻，2022 年 1 月 17 日，https：//www.thepaper.cn/newsDetail_forward_16334505。

"无证无照""爆雷冒烟"机构，公布"黑名单"机构，下发停办通知，拆除违规校外培训广告，将全省举办的校外培训机构全部纳入监管平台实施全流程监管。为解决家长接学生"放学难"的问题，有条件的义务教育学校通过"一校一案""5+2"实现课后服务全覆盖。学校通过家长会、家长学校等各种方式督促提醒家长履行监护职责，经常性地对孩子进行安全知识教育，加强交通、食品、消防、防汛防灾等方面的教育，防止孩子在家发生触电、烫伤、煤气中毒、器械伤害等事故。引导家长多抽时间与孩子沟通交流，时刻关注孩子思想行为情绪动态，发现孩子遇到挫折困难，面对学业、情感困惑等复杂问题时，给予正确帮助、疏导、化解，引导孩子积极锻炼身体，防止其沉迷手机网络游戏，培养其活泼开朗、乐观进取的良好性格。

五是结合未成年人成长特点打造品牌工程。启动实施"希望工程·陪伴行动"，以思想政治建设为引领、注重心灵情感陪伴、关注综合人文素养提升，努力打造特色品牌工程，帮助易地扶贫搬迁社区未成年人实现全面发展。通过开展"走好新时代长征路""以爱之名·向阳绽放""贵州心理健康教育讲堂"等活动，加强生命教育、挫折教育，引导学生树立正确的世界观、人生观、价值观。针对校园欺凌、校园暴力、校园性侵害等"涉校涉生"安全难点热点问题开展专项整治，中小学校、幼儿园建立健全相关制度、机制，坚持标本兼治、常态长效，切实为保护未成年人平安健康成长提供良好的社会环境。贵州省99.7%的村（居）民委员会成立"妇女和儿童工作委员会"，全省的村（居）委会全部配备儿童主任。

六是完善数据信息库构建风险评估指标体系。未成年人保护发展数据库内容涵盖监护状况、生活状况、心理状况，同时对留守、困境儿童进行风险等级评估，及时发现高风险群体。根据风险类型和风险等级分类落实"一对一""一对多""多对一"帮扶责任人，采取日常走访、心理辅导、救助保障、监护干预等措施，解决其生活学习困难和心理障碍，逐步降低风险等级。保障留守儿童、残疾儿童入学，对居家无人看管照顾的留守儿童、困境儿童要结合个人意愿和村（居）委会的意见优先安排到寄宿制学校就读，根据残疾人教育专家委员会的安置建议、家长意愿和特殊教育资源供给情况，按照"全覆盖、零拒绝"的要求，积极通过就近就便送普通学校随班就读、送特殊教育学校就读和送教上门等保障适龄残疾儿童少年接受义务教育。关注孤儿的基本生活保障，连续五次提高孤儿基本生活最低养育标准。自 2021 年起，将孤儿和事实无人抚养儿童纳入医保全额资助范围，其参照特困人员在报销比例、起付线等方面享受最大限度的倾斜保障政策。2022 年，在深入调研的基础上，印发《关于加强孤独症患者治疗康复及托养服务的若干措施》，在孤独症患者治疗康复及托养服务上实现突破。贵州省残联坚持以需求为导向，坚持"精准化识别、精细化服务、精细化管理"，积极改革创新，压实责任，将"有多少任务才有多少服务"逐步转为"有多少需求就有多少服务"，极大推进了残疾儿童康复服务的常态化和均等化。

三　贵州未成年人保护发展的经验

党的十八大以来，以习近平新时代中国特色社会主义思想为指引，坚持党的全面领导，贵州未成年人保护发展体系也日趋完善，逐步形成以体制机制建设为引领、以社会治理为依托、以大数据为载体、配套未成年人特殊群体政策的未成年人保护发展格局。

（一）坚持党的全面领导，高位推动未成年人保护发展

坚持党的全面领导是高位推动未成年人保护发展的政治保障。把党的领导贯穿未成年人保护工作全过程，紧紧围绕党的中心工作，加强未成年人保护发展工作的全局谋划、统筹布局、整体推进，高位推动未成年人保护发展。党的十八大以来，贵州省委、省政府高度重视未成年人保护工作，在全国率先成立省级未成年人保护委员会，市、县两级分别成立党委、政府主要领导或者分管领导担任"双主任"的未成年人保护委员会，

初步构建起党委领导、政府负责、部门主导、社会参与的未成年人权益保护组织领导体系，基本实现省级统筹、市（州）主抓、县（市、区、特区）联动的良好工作格局。在省委、省政府的高位推动下，有效整合各级、各部门资源和力量，推动在全国率先施行《贵州省未成年人保护条例》《贵州省预防未成年人犯罪条例》。坚持党建引领，打造未成年人保护示范县（区）。贵阳市观山湖区和黔西南州普安县于2022年底顺利通过首批全国未成年人保护示范县（区）国家验收，同时，多个集体和个人获全国农村留守儿童关爱保护和困境儿童保障工作先进集体和先进个人称号，孤儿、事实无人抚养儿童和困境儿童保障政策更加完善。贵州坚持党的全面引领，扎实推进各项工作的开展，为未成年人保护工作高质量发展提供了根基保障。

（二）以体制机制建设为引领，织密未成年人保护发展工作网络

强化体制机制建设是全力保障未成年人权益的制度保障。未成年人保护发展是一项系统工程，由诸多不同的子系统构成，法治思维和法治方法是未成年人保护发展的方法论，而体制机制是法治思维和法治方法的外化结构和内在功能。贵州省以体制机制建设为引领，织密未成年人保护发展工作网络。一方面，强化有关未成年人保护的法规和规范性文件建设，构建未成年人保护的规范体系。《贵州省未成年人保护条例》《贵州省预防未成年人犯罪条例》分别于2021年9月1日和12月1日起在全国率先施行；《贵州省未成年人保护条例》设立"特殊保护"专章，对留守未成年人和孤儿、流浪乞讨未成年人、事实无人抚养未成年人、残疾未成年人、重病未成年人等困境未成年人实行特殊保护；在全国率先出台农村留守儿童、困境儿童关爱救助保护政策，印发《关于进一步加强留守儿童困境儿童关爱救助保护工作的实施意见》《关于进一步加强事实无人抚养儿童服务保障工作的实施意见》等系列政策文件，推动未成年人关爱服务体系建设迈出新步伐；推进建立未成年人检察工作社会体系，打造"共青团+青年社会组织+志愿者"参与未成年人保护的组织体系。另一方面，紧盯未成年人保护关键环节和核

心领域，瞄准工作推进不均衡、监测预警不完善、机制运转不顺畅、智能化手段运用不足等突出问题，全面构建"1+1+5+6"未成年人保护工作体系；组建工作专班，制定专项工作方案，实行"一个专项、一个团队、一套方案，一抓到底"，全力破解未成年人保护难点问题；搭建起未成年人保护发展的"四梁八柱"，形成了政府、家庭、学校、社会"四位一体"未成年人保护发展工作体系。

（三）以社会治理为依托，提升未成年人保护发展社会化水平

未成年人保护发展具有国家及社会发展层面的重大战略意义，未成年人保护发展是全社会的共同责任。社会化是社会治理的本质，增强各主体社会治理的能力和水平，是提升未成年人保护发展社会化水平的重要手段。一方面，贵州省积极培育、引导和规范有关社会组织、社会工作者参与未成年人保护。2022年，贵州省民政厅印发《贵州省未成年人领域社会组织服务指南》，利用社会组织孵化基地培育孵化在未成年人保护领域等开展业务活动的公益慈善类、城乡社区服务类社会组织，对公益慈善类、城乡社区服务类社会组织等四类实行直接登记；充分激活未成年人保护发展社会组织的功能，提高儿童公益、儿童心理健康、留守儿童和困境儿童关爱、特殊儿童康复训练等服务的质效；引导公益慈善类社会组织积极开展未成年人健康成长促进活动。另一方面，积极打造"共建、共治、共享"的未成年人保护发展社会治理格局。开通"12355"青少年热线、"12348"法律咨询热线、"400"青少年心理支持服务热线，凝聚社会专业力量，为未成年人提供心理辅导、法律咨询、自我保护教育、帮扶救助等服务；开展"女童保护"儿童防性侵知识讲座，提高儿童自我保护能力；以项目化运作带动未成年人服务产业，"不褪色的青春"等项目为未成年人提供了观护帮教、犯罪预防、心理疏导等服务平台。贵州以社会治理为依托，秉持科学化与特色化的社会治理理念，丰富了未成年人保护发展多元性与互动性的社会治理实践。

（四）以大数据为载体，构筑未成年人保护发展信息化模式

大数据赋能未成年人保护发展工作，具备整合未成年人保护发展离散与碎片化信息、识别研判未成年人社会治理风险、精准化推动未成年人溯源治理功能。贵州省充分发挥大数据优势，统筹整合各地各部门智能化工作成果，持续强化数字赋能，利用现代信息化手段加大对未成年人保护力度，形成了数字时代未成年人保护新模式。一方面，利用大数据资源整合功能，协同公安、检察院、法院、教育、民政等部门共享数据，构建全省未成年人保护一体化监测预警信息系统；依托监测预警信息，实现未成年人保护任务在部门间的转介、实时帮扶、资源共享，为相关部门针对性地开展未成年人保护提供翔实可靠的依据。另一方面，发挥大数据平台优势构筑"守未联盟"。2021年1月，贵州省首个未成年人综合保护云平台上线运行，平台设置了云上法治教育基地、视频沟通、云课堂、法治课程、强制报告、"守未在线"、法律服务、心理服务、留困儿童帮扶等13个功能板块，充分整合家庭、学校、社会、网络、政府、司法等资源，真正形成全社会共同关心、爱护未成年人健康快乐成长的"守未联盟"。贵州省充分发挥大数据优势，破解新兴业态信息化发展难题，为贵州省未成年人保护发展工作提供了技术支撑。

（五）聚焦特殊群体，持续完善未成年人保护发展政策

留守儿童、困境儿童、孤儿、事实无人抚养儿童等群体既是未成年人保护发展的特殊群体，又是未成年人保护发展的重点群体，保护未成年人特殊群体的合法权益是未成年人保护发展工作的重中之重。为破解未成年人特殊群体保护发展的瓶颈，贵州省组建省政府分管领导担任召集人的特殊未成年人（孤儿、事实无人抚养儿童、留守儿童、困境儿童）保护工作专班，持续完善特殊未成年人生活、教育、医疗、就业等方面的政策。自2021年起，为就读初三和高三的年满18周岁孤儿、事实无人抚养儿童在7~9月设置3个月的保障渐退期，提高孤儿基本生活保障

标准；教育方面，自2023年起，将事实无人抚养儿童助学资金纳入财政预算，为就读中高职以上院校的事实无人抚养儿童提供助学保障；自2021年，将孤儿和事实无人抚养儿童纳入医保全额资助范围，其参照特困人员在报销比例、起付线等方面享受最大限度的倾斜保障政策。印发《关于强化孤独症患者治疗康复及托养服务的若干措施》，在孤独症患者治疗康复及托养服务上实现破题；自2022年起，将事实无人抚养儿童纳入就业创业补贴保障范围。贵州省不断创新工作模式，全方位加强关爱保护工作，为推动未成年人特殊群体保护工作制度化、专业化、社会化提供了智识支撑。

四 贵州未成年人保护发展面临的形势与挑战

贵州省委、省政府按照党中央的决策部署，开展了大量的未成年人保护工作，取得一定成效，初步构建起未成年人保护工作新格局。随着国家和贵州经济社会的快速发展，贵州未成年人保护工作也将面临一些新形势和挑战。2020年后，站在新的历史起点上，党中央和总书记对少年儿童有了新的定位；在"四新""四化"新征程上贵州继续推动未成年人健康成长全面发展；新《未成年人保护法》实施后，网络保护有了立法跃升，全面进入"未成年人模式"；此外，贵州未成年人保护还需着力解决一些突出问题。

（一）贵州未成年人保护发展新形势

1. 少年儿童是强国建设、民族复兴伟业的接班人和未来主力军

党的十八大以来，习近平总书记高度重视少年儿童的成长和保护，多次与少年儿童共同参加庆祝"六一"国际儿童节活动，并通过参加主题班会、回信等方式寄语少年儿童。2013年5月，习近平总书记在同全国各族少年儿童代表共庆"六一"国际儿童节时指出："孩子们成长得更好，是我们最大的心愿。党和政府要始终关心各族少年儿童，努力为他们学习成长创造更好的条件。"① 2015 年 6 月，习近平总书记在会见中国少年先锋队第七次全国代表大会代表时讲话，强调 "童年是人的一生中最宝贵的时期……我看到你们，就想到了我们民族的未来。我国社会主义现代化、中华民族伟大复兴的中国梦，将来要在你们手中实现，你们是未来的主力军、生力军"。② 2016 年 5 月，习近平总书记在给大陈岛老垦荒队员的后代、浙江省台州市椒江区 12 名小学生的回信中，希望少年儿童 "努力成长为有知识、有品德、有作为的新一代建设者，准备着为实现中华民族伟大复兴的中国梦贡献力量"。③ 2020 年 5 月，习近平总书记向全国各族少年儿童致以节日的祝贺时强调："少年强则国强。当代中国少年儿童既是实现第一个百年奋斗目标的经历者、见证者，更是实现第二个百年奋斗目标、建设社会主义现代化强国的生力军。"④ 2021 年 4 月，习近平总书记对参加首都义务植树活动的广大少年儿童说："等你们长大了，祖国将更加富强。你们要注重德智体美劳全面发展，既要好好学习、天天向上，又要做到身体强、意志强，准备着为祖国建设贡献力量。"⑤ 2023 年 "六一" 儿童节前夕，习近平总书记在北京育英学校考察时说："今天的少年儿童是强国建设、民族复兴伟业的接班人和未来主力军。为在本世纪中叶把我国全面建成社会主义现代化强国，现在

---

① 习近平：《在同全国各族少年儿童代表共庆 "六一" 国际儿童节时的讲话》（2013 年 5 月 29 日），《人民日报》2013 年 5 月 31 日。

② 《VW001.035 习近平论妇女儿童和妇联工作（2015 年）》，https：//www. xuexi. cn/lgpage/detail/index. html？id＝18300074742233837619&item_id＝18300074742233837619，学习强国，最后检索时间：2023 年 7 月 9 日。

③ 《VW001.035 习近平论妇女儿童和妇联工作（2016 年）》，https：//www. xuexi. cn/lgpage/detail/index. html？id＝5058737088923592370&item_id＝5058737088923592370，学习强国，最后检索时间：2023 年 7 月 9 日。

④ 《VW001.035 习近平论妇女儿童和妇联工作（2020 年）》，https：//www. xuexi. cn/lgpage/detail/index. html？id＝8321677564124735852&item_id＝8321677564124735852，学习强国，最后检索时间：2023 年 7 月 9 日。

⑤ 《VW001.035 习近平论妇女儿童和妇联工作（2021 年）》 https：//www. xuexi. cn/lgpage/detail/index. html？id＝5363962426840422935&item_id＝5363962426840422935，学习强国，最后检索时间：2023 年 7 月 9 日。

是我们这一代人在努力奋斗，未来要靠你们去接续奋斗。"①

习近平总书记关于少年儿童的讲话和寄语，有一个内核始终存在，用习近平总书记自己的话来表达就是"全社会都要了解少年儿童、尊重少年儿童、关心少年儿童、服务少年儿童，为少年儿童提供良好社会环境。对损害少年儿童权益、破坏少年儿童身心健康的言行，要坚决防止和依法打击"②。习近平总书记始终是将未成年人作为权利主体来看待的，"了解""尊重""关心""服务""身心健康"等关键词，反映出习近平总书记对未成年人生存权、发展权、受保护权以及参与权的重视。

习近平总书记关于少年儿童的最新讲话强调"强国建设、民族复兴伟业的接班人和未来主力军"，这与2015年习近平总书记提出的少年儿童是中国梦的"生力军、主力军"思想是一以贯之的。当然，2020年之后的讲话尤其是最新讲话，对少年儿童的定位更为聚焦。2020年是全面建成小康社会的关键年和"十三五"规划收官之年。从2020～2035年，我们党要带领人民在全面建成小康社会的基础上，再奋斗十五年，基本实现社会主义现代化。从未成年人保护发展的权利体系来看，由于全面建成小康社会目标的实现，现在对未成年人的保护与发展，更侧重于发展权与参与权。当然，必须指出，并非全面建成小康社会后，未成年人的生存权和受保护权就不重要了，事实上，这些权利在任何时候都是未成年人保护与发展的前提。不过，由于国情的变化，可以预见，今后对未成年人的保护，其发展权与参与权将会受到更多的重视。

2. "四新""四化"新征程上保障儿童优先发展

2021年2月3～5日，在现代化建设新征程开启的关键时刻，习近平总书记再次亲临贵州视察，亲自为贵州发展擘画新蓝图、明确新方位。2021

① 《VW001.035 习近平论妇女儿童和妇联工作（2023年）》，https://www.xuexi.cn/lgpage/detail/index.html? id=14689132637085683947&item_id=14689132637085683947，学习强国，最后检索时间：2023年7月9日。
② 习近平：《从小积极培育和践行社会主义核心价值观》（2014年5月30日），《人民日报》2014年5月31日。

年4月，贵州省委十二届九次全会首次提出了围绕"四新"抓"四化"战略。2022年4月，贵州省第十三次党代会召开，正式确定并系统阐释了围绕"四新"主攻"四化"主战略。习近平总书记要求贵州在新时代西部大开发上闯新路、在乡村振兴上开新局、在实施数字经济战略上抢新机、在生态文明建设上出新绩，是着眼全国大局赋予贵州的重大使命，是贵州省高质量发展的主目标。习近平总书记要求贵州推动新型工业化、新型城镇化、农业现代化、旅游产业化四个轮子一起转，是针对贵州实际指明的方法路径，是贵州省高质量发展的主抓手。"四新"和"四化"是相辅相成的有机整体，共同构成了贵州高质量发展的"四梁八柱"。

"四新""四化"作为贵州省"十四五"时期的总目标、总方针、总抓手，是贵州"十四五"期间各项事业发展的指南。"四新""四化"战略对贵州"十四五"规划提出了更高要求。《贵州省国民经济和社会发展第十四个五年规划和二〇三五年远景目标纲要》（以下简称《纲要》）明确提出要"深入实施儿童发展纲要，保障儿童优先发展，优化儿童发展环境，切实保障儿童生存权、发展权、受保护权和参与权，严厉打击危害儿童身心健康的违法犯罪行为。健全未成年人网络保护综合治理机制，预防未成年人违法犯罪"。这里，《纲要》明确了儿童权益保护发展的"优先原则"。站在"四新""四化"的新起点上，在"四新""四化"新征程上，贵州今后的未成年人保护发展工作，需要进一步落实儿童优先原则，全面提高儿童综合素质，培养造就德智体美劳全面发展的"建设贵州、振兴中华的主力军"[1]。关于这一点，在《贵州省儿童发展规划（2021—2025年）》之中有比较集中的体现。

2021年12月，贵州省人民政府发布了《贵州省儿童发展规划（2021—2025年）》（以下简称《规划》）。《规划》前言明确指出："未来五年，是贵州省开启全面建设社会主义现代化新征程、推动高质量发展的第一个五

---

[1] 许邵庭：《"六一"国际儿童节到来之际 徐麟向贵州各族少年儿童致以节日的祝福》，新华网贵州频道，http://www.gz.xinhuanet.com/2023-06/01/c_1129661259.htm，最后检索时间：2023年7月9日。

年。'一带一路'建设、新时代西部大开发、长江经济带发展、粤港澳大湾区建设、成渝地区双城经济圈建设等重大国家战略的实施，不仅为贵州围绕'四新'主攻'四化'，开创百姓富、生态美的多彩贵州新未来注入强大动力，也为贵州儿童事业高质量发展带来了重大战略机遇。同时，人民日益增长的美好生活需要、三孩生育政策的实施等对儿童事业提出了更高要求。贵州省应抢抓机遇，乘势而上，大力提高儿童综合素质，培养担当民族复兴大任的时代新人，推进儿童事业高质量发展。"《规划》的指导思想部分也将"四新""四化"明确为贵州儿童事业发展的指导思想，强调："围绕'四新'主攻'四化'的要求，牢记嘱托、感恩奋进，坚持以高质量发展统揽儿童事业发展，坚定不移贯彻新发展理念，坚持以人民为中心的发展思想，坚持走中国特色社会主义儿童发展道路，坚持和完善最有利于儿童、促进儿童全面发展的制度机制，落实立德树人根本任务，优化儿童发展环境，保障儿童生存、发展、受保护和参与的权利，促进儿童德智体美劳全面发展，为奋力开创百姓富、生态美的多彩贵州新未来奠定坚实的人才基础。"

3. 网络保护的"青少年模式"升级为"未成年人模式"

2020年10月17日，十三届全国人大常委会第二十二次会议表决通过《未成年人保护法》修订案，于2021年6月1日起开始施行。新修订的《未成年人保护法》，完善了未成年人保护，是未成年人保护立法上的重大进步，标志着我国进入了未成年人保护的新时代。[1] 针对"未成年人沉迷网络特别是网络游戏问题触目惊心"[2] 这一突出问题，新《未成年人保护法》增设"网络保护"专章，对网络保护的理念、网络环境管理、相关企业责任、网络信息管理、个人网络信息保护、网络沉迷防治等作出全面规范，力图实现对未成年人的线上线下全方位保护。

---

① 姚建龙、陈子航：《〈未成年人保护法〉的修订、进步与展望》，《青年探索》2021年第5期，第17页。

② 《关于〈中华人民共和国未成年人保护法（修订草案）〉的说明》，中国人大网，http://www.npc.gov.cn/npc/c2/c30834/202010/t20201019_308338.html。最后检索时间：2023年7月9日。

同《未成年人保护法》规定的其他保护相比，网络保护非常特殊，因为其是立足于未成年人网络保护领域，而非从责任主体的角度设计的。不过，与家庭、学校、社会相比，如今的互联网完全可以说是未成年人成长的"第四空间"。因此，从网络作为保护发展未成年人的"第四空间"这一角度来说，网络保护在《未成年人保护法》中有着特殊地位，《未成年人保护法》实际上也在立法层面上确立了未成年人网络保护的"未成年人模式"，这有别于传统的"青少年模式"。

所谓"青少年模式"，是指短视频和直播等平台上线的"青少年防沉迷系统"。从 2019 年 3 月起，国家互联网信息办公室指导"抖音""快手""火山小视频"等主要短视频平台和直播平台试点上线了"青少年防沉迷系统"，该系统对未成年用户的使用时段、在线时长、服务功能和浏览内容等上网行为进行规范。此后，中国主要网络短视频平台全面推广上线"青少年防沉迷系统"并开始形成统一的行业规范，覆盖功能逐渐增加，适用范围日益扩大，形成了当下未成年人网络保护的主要应用框架。然而，这一模式的有关规定存在规范层级过低、多头监管、责任分散等问题，一定程度上造成了该模式推行不力的结果。[①] 因此，从 2021 年开始，各类规范性文件开始不断强调要对"青少年模式"进行升级。例如，国家互联网信息办公室发布《关于进一步压实网站平台信息内容管理主体责任的意见》（2021 年 9 月 15 日）就明确要求"开发升级未成年人防沉迷、青少年模式等管理系统"。《中央文明办 文化和旅游部 国家广播电视总局 国家互联网信息办公室 关于规范网络直播打赏 加强未成年人保护的意见》也强调要优化升级"青少年模式"，明确"青少年模式"是经过严格内容遴选、适合未成年人观看使用的有益方式。新《未成年人保护法》实施以后，"青少年模式"实现了"立法跃升"，考虑到青少年模式所适用的对象本系未成年人，而完全将年满 18 周岁的主体排除在外，因此无论在立法上还是实践中，都应将其

---

① 雷霁、王兴超：《网络平台青少年模式缘何形同虚设》，《人民论坛》2020 年第 28 期，第 123~125 页。

称为"未成年人模式"。① 2023 年 6 月 29 日，中央网络安全和信息化委员办公室、国家互联网信息办公室在国务院新闻办公室举行的新闻发布会上表示，2023 年将全面升级"青少年模式"为"未成年人模式"，推动模式覆盖范围由 App 扩大到移动智能终端、应用商店，实现软硬件联动，筑牢未成年人网络保护的"三重防线"。网络保护从"青少年模式"到"未成年人模式"的转变，绝不仅仅是名称的变化。新《未成年人保护法》实施后，未成年人网络保护的设置目的亦从"防沉迷"转变为"全面保护"，义务主体也从"企业责任"转移到了"多元共治"。这些新变化，是今后贵州省未成年人保护发展必须深入思考的现实课题。

（二）贵州未成年人保护发展面临的挑战

1. 未成年人犯罪呈低龄化趋势

犯罪低龄化是公认的世界性难题，也是我国目前未成年人保护工作的一个痛点和难点。《刑法修正案（十一）》有关已满十二周岁不满十四周岁的人在特定情形下应当负刑事责任的规定就是对犯罪低龄化趋势的立法回应。最高人民检察院发布的《未成年人检察工作白皮书（2021）》指出，2017~2021 年，全国检察机关受理审查起诉 14~16 周岁未成年犯罪嫌疑人数分别为 5189 人、4695 人、5445 人、5259 人、8169 人，分别占受理审查起诉未成年人犯罪总数的 8.71%、8.05%、8.88%、9.57%、11.04%。从犯罪人数看，2021 年较 2017 年增加 2980 人，增幅达 57.4%。② 最高人民检察院、中华全国妇女联合会、中国关心下一代工作委员会 2021 年 5 月 31日联合发布的《关于在办理涉未成年人案件中全面开展家庭教育指导工作的意见》也指出"近年来，未成年人保护和预防未成年人犯罪工作持续加强、成效明显"，但"未成年人犯罪低龄化等问题比较突出，成为社会关注

---

① 林维、吴贻森：《网络保护未成年人模式：立法跃升、理念优化与困境突破》，《吉林大学社会科学学报》2022 年第 5 期，第 7 页。
② 《未成年人检察工作白皮书（2021）》，最高人民检察院官网，https：//www.spp.gov.cn/xwfbh/wsfbt/202206/t20220601_ 558766.shtml#2，最后检索时间：2023 年 7 月 9 日。

的痛点和治理的难点"。《贵州未成年人检察工作白皮书（2021）》披露，与全国未成年人犯罪呈上升趋势有所不同，贵州未成年人犯罪和侵害未成年人犯罪有下降趋势，但仍有较大基数，而且，未成年人犯罪也呈现犯罪低龄化趋势。未成年人犯罪的低龄化趋势，需要综合施治、协同创新，这意味着在相当长一段时间内，贵州未成年人保护发展的工作重心应当锚定在"协同"与"合力"上。

2. 未成年人心理健康工作任重道远

我国青少年心理问题日益引起全社会关切。"心理健康问题检出率和精神疾病、情绪障碍发病率持续上升，中小学生抑郁、焦虑等心理问题频发，成为影响儿童青少年健康成长和全面推进健康中国建设的重要问题。"[①] 随着经济社会快速发展，未成年学生成长环境不断变化，未成年学生心理健康问题更加凸显。《中国国民心理健康发展报告（2021～2022）》披露，相对而言，西部地区未成年学生的心理健康风险比较高，留守未成年学生也有着更高的抑郁风险。一项针对贵州省困境未成年人心理健康的实证研究也证实了这一点。青少年时期是身心快速发展、面临多个成长议题的重要成长阶段。未成年学生的心理健康问题，既有个人因素，但更多则牵涉家庭、学校和社会环境，需要家校社协同治理。在学校领域，虽然当前贵州中小学大多数专职心理健康教师具有从业资格证，但具有心理学科等专业背景的心理健康教师人数仍然有限，而且在培训方式上，缺乏专业、系统的走出去、请进来的培训，也在一定程度上影响了学生心理健康教育的高质量发展。学校之外，需要研判并制定政策，完善村（社区）承担未成年心理健康教育的角色，提高家长参与未成年人心理健康教育的能力、公益性专业机构为未成年人提供心理服务的水平。2023年4月20日，教育部等17部门发布了《全面加强和改进新时代学生心理健康工作专项行动计划（2023—2025年）》，为贵州未来未成年人心理健康工作指明了方向。

3. 未成年人网络保护效能需持续提升

与家庭、学校、社会相比，如今的互联网完全可谓未成年人成长的

---

① 苑立新主编《中国儿童发展报告（2023）》，社会科学文献出版社，2023，第11页。

"第四空间"。共青团中央维护青少年权益部、中国互联网络信息中心（CNNIC）联合发布的《2021 年全国未成年人互联网使用情况研究报告》显示，2018 年以来，我国未成年网民规模连续四年保持增长态势，2021 年达到 1.91 亿人，未成年人互联网普及率为 96.8%。[①] 根据通信技术的梅德卡夫定律，网络的价值跟它所连接的用户数的平方成正比，也就是说，网络用户越多网络价值就越大。因此，当代未成年人尤其是广大青少年，已经是名副其实的"网络一代""数字一代"。2023 年 6 月 29 日，中央网络安全和信息化委员办公室、国家互联网信息办公室在国务院新闻办公室举行的新闻发布会上表示，2023 年将全面升级"青少年模式"为"未成年人模式"，推动模式覆盖范围由 App 扩大到移动智能终端、应用商店，实现软硬件联动，筑牢未成年人网络保护的"三重防线"。2023 年 9 月 20 日，国务院总理李强主持召开国务院常务会议，审议通过《未成年人网络保护条例（草案）》，未来贵州要进一步做好未成年人网络保护的因应工作，持续提升网络保护效能。

4. 参与未成年人保护发展的社会力量不足

未成年人保护工作主要依靠政府部门、群团组织，《未成年人保护法》虽然明确提出鼓励社会组织等社会力量参与未成年人保护工作，但是，参与未成年人保护的社会力量主要是志愿者，提供法律法规宣传、心理咨询、法律咨询等服务，个性化、多样化、系统化的专业服务水平亟待提升。社会工作参与未成年人保护发展的深度和广度不足，一是用于购买社会工作服务的经费较少。共青团贵州省委、贵州省民政厅、贵州省财政厅也于 2019 年 4 月联合制定了《关于做好政府购买青少年社会工作服务的实施意见》，专门将合法权益维护和社会保障、违法犯罪预防等服务纳入政府购买青少年社会工作服务清单，但是市、县两级财政一直未将社会工作经费纳入本级财政预算，大部分地方政府未将本级的"福彩公益金"投

---

① 《2021 年全国未成年人互联网使用情况研究报告》，中国青年网，http：//news. youth. cn/gn/202211/t20221130_ 14165457. htm，最后检索时间：2023 年 7 月 9 日。

人社会工作，全省在社会工作服务购买方面投入的资金较少。二是全省社会工作专业人才储备不足。全省民办社工机构数量较少，仅有105家（全国有民办社工机构9793家），通过全国职业水平考试的持证社工仅有2533人（全国持证社工43.9万人），[①] 且持证人员大多未在社工岗位上工作，社会工作专业人才储备严重不足，无法满足未成年人保护工作对于社会工作专业人才的需求，如由于司法社工起步晚、专业力量不足、涉罪未成年人、未成年被害人等群体的需求无法得到满足。

5. 四类特殊未成年人保护发展仍有痛点

通过采取帮助农村留守儿童父母返乡就业创业等多种措施，贵州全省农村留守儿童数量大幅减少，从2015年的109.6万人减少到2023年9月30日的37.7万人，但数量依然较大，总数居全国第六位。此外，贵州现有社会散居孤儿0.93万人、事实无人抚养儿童2.17万人，纳入低保和特困等保障政策范围的困境未成年人67万余人。[②] 贵州特殊未成年人群体量大、关爱需求多、关爱工作量大，家庭走访、信息更新、强制报告、政策链接、强化家庭监护主体责任及家庭教育主要依靠村（社区）儿童主任完成。实践中，村（社区）儿童主任或者由村（居）民委员会委员、村（社区）妇联主席兼任，或者儿童主任没有兼职村（居）民委员会委员，前者存在一人多责、工作负担重的弊端，后者则因为没有报酬而工作积极性不强。建立一支掌握专业的知识和方法技巧、有责任心和爱心、稳定的专职的儿童主任工作队伍是今后贵州未成年人保护发展工作中的迫切任务。政策宣讲、日常走访、家庭教育指导以及关爱救助保护工作主要依靠村（社区）儿童主任完成，儿童主任身兼数职，工作负担重，没有兼任村（居）民委员会委员的儿童主任没有报酬、工作积极性不强，导致特殊未成年人保护工作落地有差距，现有的未成年人保护机构、儿童福利机构、城乡社区儿童之家等关爱服务设施能够提供的服务与儿童的实际需求之间尚存较大差距。

---

① 资料来源于课题组调研所收集的数据。
② 资料来源于课题组调研所收集的数据。

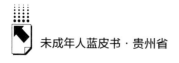

五 贵州未成年人保护发展的展望

党的十八大以来，贵州未成年人保护发展取得了非常大的进展，相关各项工作都在不断稳步推进过程中，形势一片向好。与此同时，我们也要清醒地认识到，未成年人保护发展是一项久久为功的事业，我们仍然面临不少的问题和挑战。在贵州大地上，如何培育"建设贵州、振兴中华的主力军"，是新时代贵州未成年人保护发展所面对的新课题。

（一）秉承"未成年人优先保护"原则，牢固树立"123工作理念"

2021年6月1日实施的《中华人民共和国未成年人保护法》第四条明确规定："应当坚持最有利于未成年人的原则"，"给予未成年人特殊、优先保护"；《贵州省国民经济和社会发展第十四个五年规划和二〇三五年远景目标纲要》也明确提出，要"深入实施儿童发展纲要，保障儿童优先发展"。"少年强则黔省强"，作为未来建设贵州、振兴中华的主力军，只有未成年人得到优先发展，贵州未来的经济社会发展才能得到充分的保证。因此，贵州省的未成年人保护发展必须立足于未成年人的优先发展。未成年人保护发展工作需要随着不断面临的新形势而调整变化，牢固树立"123工作理念"是贵州省未成年人保护发展的重要路向。其中，"1"是"一个目标"，即保障儿童优先发展；"2"是"两个领域"，即农村地区未成年人保护发展和城镇未成年人保护发展；"3"是"三条技术路线"，即从家庭、社会和政府三个方面完善农村地区未成年人保护工作，助推贵州省未成年人健康发展。

区分农村地区未成年人保护发展和城镇地区未成年人保护发展具有重要意义。2022年末，全省常住人口3856万人，其中，城镇常住人口2114万人，占年末常住人口的比重为54.82%，农村常住人口1742万人，占比为45.18%。可以看到，贵州省农村常住人口占比远高于全国农村人口占比的36.11%。与此同时，贵州省城乡经济差距仍然较为明显，根据2022年城乡常住居民人均可支配收入构成的情况来看，城镇常住人口人均可支配收入为41086元，农村常住居民人均可支配收入为13707元，仅为城镇居民的1/3，城乡经济差异仍然较大。[①] 这表明，城乡儿童所处的生活环境大不相同，二者在未成年人保护发展过程中所面临的问题亦相去甚远。以留守儿童为例，2022年，全省外出务工人数达到1027万人[②]，其中大部分为农村劳动力，产生了46.2万名留守儿童，这就导致留守儿童问题成为农村地区未成年人保护发展工作重点。因此，未来贵州必须重视城乡差异的情况，不能以"一刀切"的方式来推进农村未成年人保护发展，而是要因地制宜地进行差异化调整，把工作落到实处。

"三条技术路线"是保障农村地区未成年人优先发展的关键所在。在家庭保护上，农村地区未成年人保护发展要聚焦于家庭的教育问题，一方面培养农村父母"再穷不能穷教育，再苦不能苦孩子"的教育意识，保证义务教育阶段儿童的受教育权。另一方面要强化家庭教育监督，设置"义务教育家庭黑名单"，将出现未成年人辍学、早婚的家庭纳入黑名单中，对于进入黑名单的家庭可采取限制其监护人消费、取消社会救助等手段予以惩罚。在社会保护上，增加农村地区未成年人获取知识的渠道，包括组织"明天计划""希望工程""春蕾计划"等关爱儿童活动，为困难家庭的儿童提供教育资助；在各行政村建设村级图书站，特别针对未成年人采购相关的书籍，并免费开放借阅；针对农村留守儿童多、监护人大多年事已高未能全方位保护未成年人的情况，学校和村委会可联合成立儿童保卫队，对于诸如夏天儿童私自下河游泳、冬天上学道路结冰难行等危险情况及时巡逻发现并处理，为未成年人提供安全保障。在政府保护上，打通儿童主任与政府部门的隔阂，建立"儿童主任与驻村第一书记合力护未"的基层儿童保障机制，

---

① 《贵州省2022年国民经济和社会发展统计公报》，贵州省统计局网站，http：//stjj. guizhou. gov. cn/tjsj_35719/zxsj_35810/202305/t20230517_79765952. html，最后检索时间：2023年7月17日。

② 《外出打工人数最多的10个省：河南省第一，江贵州、湖北成功入围》，https：//www. 163. com/dy/article/I4513LFD0553P06W. html，最后检索时间：2023年7月16日。

驻村书记及时摸排村里未成年人的基本情况，建立未成年人信息台账。强化与政法、教育、团委等部门的对接，共同做好未成年人合法权益保护、未成年人犯罪预防等工作。

（二）深入推进"未成年人模式"，提升未成年人网络保护效能

"未成年人模式"是指明确按照分龄原则，将所有未成年人均纳入网络特别保护的范围之中。根据《2022年贵州省互联网发展报告》的数据，2022年贵州网民总数为2875.4万人，其中，18岁及以下的网民数量占全省网民总数的8.1%，约为233万人。[①] 可以看到，随着贵州省电信技术的发展与网络的普及，未成年人的用网率不断提高，未成年人网络保护成为越来越重要的领域。相比于"青少年模式"无统一的年龄划分标准，"未成年人模式"更加有利于提升未成年人网络保护效能。深入推进"未成年人模式"将会是贵州省未成年人保护发展的重要方面。

构筑未成年人网络保护的宣传教育机制。一方面，明确共青团、妇联、科协和高校以及志愿者组织教育引导未成年人形成正确价值观和帮扶救助受困受害未成年人的责任，开展"网络护苗"宣讲活动，实施"争做新时代贵州好网民"等网络公益活动，策划制作"网络文明我先行"等宣传漫画手册，引导未成年人自觉健康用网。另一方面，家长需要做好示范作用，监督孩子上网用网。在对未成年人网络通信设备进行适当管制的同时，还要带头正常安全用网。许多家长自身可能也存在过度使用网络的问题，甚至自身沉迷网络而忽视对于未成年人的引导教育，要避免在网络使用行为习惯上为未成年人树立反面榜样、做出错误引导。

全省各级政府部门运用行政执法手段保障未成年人模式的正常运转。除了出台未成年人模式相应的细化规则和协同规范外，还应当重视以行政执法

---

① 《2022年贵州省互联网发展报告》，贵州省通讯管理局官网，https：//gzca.miit.gov.cn/xwdt/gg/art/2023/art_ 0ef83b1b14524b8184cf55ea27b751f4.html，最后检索时间：2023年8月9日。

手段保障未成年人模式的正常运转，通过强化法律责任、加大惩罚力度来提高义务履行的自觉性。一方面，要处罚未按法律规定义务要求提供未成年人模式的互联网企业。另一方面，也要重点打击向未成年人提供规避破解未成年人模式、网络账号出租、网络设备出租等服务的黑灰产业。[①] 此外，还要持续开展"黔净"网络空间清朗工作，严厉打击互联网违法违规行为，清理网站平台以及影视频道涉低俗色情、校园欺凌、拜金主义、封建迷信等不良信息，对不利于未成年人身心健康发展的电子产品、App、自媒体作品等进行严格的审查，做好未成年人正确用网的宣传教育，为未成年人营造安全、文明、健康的上网用网环境。

发挥贵州省大数据中心的优势，组建"政府+行业协会"一体化的协同监督组织，督促企业平台合法合规自律主动拦截屏蔽各类违法有害信息。通过全省大数据系统对未成年人用网数据进行采集、统计、分析，实时监测网络舆情，及时发现和处置可能会对未成年人造成不良影响的信息。构筑网络安全防火墙，加强未成年人在线保护工作和动态扁平化执法。行业协会应制定为未成年人提供有安全认证、风险评估并安装未成年人保护软件的网络产品的行业标准，明确列出未成年人不宜的产品和服务，指导会员加强对未成年人的网络保护。

司法机关以公益诉讼敦促互联网企业压实未成年人保护责任。公益诉讼也是监督互联网企业落实未成年人保护责任的重要途径。检察公益诉讼作为网络空间治理的重要方式之一，通过处理具有重大影响力的典型案件等重要实践，为未成年人友好型的网络空间构筑提供了坚实有力的保障。[②] 针对未成年人遭受网络欺凌造成身心受害的情况给予当然的法律援助和社会组织参与相关公益诉讼，强化监督救济。鼓励律师协会和社区法律工作者支持政府有关部门建立的企业法人诚信档案和黑名单制度。

---

① 参见林维、吴贻森《网络保护未成年人模式：立法跃升、理念优化与困境突破》，《吉林大学社会科学学报》2022年第5期，第235页。

② 林维：《创新构建未成年人友好型网络空间》，《检察日报》2022年3月21日，第3版。

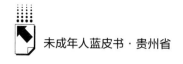

（三）完善"司法保护+"融通联动机制，强化未成年人权益保障

根据《未成年人保护法》，所谓司法保护，是指公安机关、人民检察院、人民法院和司法行政部门对进入司法程序的未成年人实施保护，维护其合法权益。在《未成年人保护法》确立的六大保护中，司法保护的地位比较特殊。一方面，它集未成年人的事前保护、事中保护以及事后保护于一身，另一方面，它又因人民检察院是宪法规定的"法律监督机关"而对其他五大保护具有监督作用。司法保护既要完善其自身的内部融通联动机制，促进司法保护各主体既分工负责又协同配合，又要注意以司法保护助推家庭、学校、社会、网络、政府保护形成"化学反应"，让"1+5>6"。一言以蔽之，就是要完善"司法保护+"融通联动机制，增强未成年人保护工作合力。

完善"司法保护+"的内部融通联动机制。当前，贵州未成年人保护发展工作已得到前所未有的高度重视，但在司法保护中仍然存在各自为政的问题，这就要求贵州未成年人司法保护工作应当继续加强司法保护内部的联动协作，促进公安机关、检察机关、人民法院、司法行政机关既分工负责又协同配合，增强未成年人司法保护合力。一方面，检察机关应当充分发挥好内联司法优势，继续牵头做好未成年人司法保护和未成年被害人特殊保护两个专项工作，通过深化政法各单位沟通协作，推动在办案、社会治理等方面达成共识，统一司法尺度，形成司法合力。另一方面，检察机关应当持续推进"办案中监督，监督中办案"，在未成年人刑事案件法律监督方面更加注重宽严相济，帮教转化，对于侵害未成年人犯罪重点监督有案不立、罚不当罪的案件，民事检察监督应更加注重监护权、抚养权等未成年人实体权利保障。

完善"司法保护+"的外部融通联动机制。未成年人保护发展是一项复杂的社会系统工程，离不开"六大保护"相互融合、协同发力。

一是"令导"有机结合，创新助推"司法保护+家庭"的融通联动。针对涉未案件中的监护缺失和管教不当问题，司法机关一方面要积极推广、规范适用"督促监护令"和"家庭教育令",另一方面更要强化家庭教育指导工作的司法保障,协同做好家庭教育指导的前后衔接,促进"督促监护令"、"家庭教育令"和"家庭教育指导"的有机结合。不仅要"动之以令",更要"晓之以法、明之以理"。

二是"深化司教协作",积极助推"司法保护+校园"的融通联动。一方面,进一步强化未成年人法治宣传教育。认真落实"谁执法谁普法"普法责任制和"八五"普法规划,探索运用青少年法治专栏节目和法治微电影、微动漫等形式,持续深入开展线上线下各类普法宣传活动,不断扩大普法宣传教育的覆盖面,特别是加大对偏远农村地区的普法宣传力度,提高未成年人自我防范违法犯罪和自我安全保护的意识和能力。另一方面,继续完善法治副校长制度。在《贵州省中小学法治副校长工作指引》基础上,因地制宜、因时制宜,在统筹管理、激励考核、创新聘用等方面深入探索,努力形成"贵州经验"。

三是持续落实依法治网,有效助推"司法保护+网络"的融通联动。一方面,立足案件办理有效推动网络保护。检察机关会同相关部门持续抓好"六号检察建议"监督落实,促请、配合相关部门净化未成年人成长网络环境,审判机关从严惩治侵害未成年人权益的网络犯罪,保护救助未成年被害人。另一方面,最大限度用教育挽救"涉网络"犯罪的未成年人,宽容不纵容。受网络不良信息等影响,一些网络诈骗、侵犯公民个人信息等犯罪案件中也有未成年人参与。对于主观恶性不大、罪行较轻,属于初犯、偶犯的未成年人,在依法从轻处理的同时,开展针对性的帮教,帮助他们尽快重新回归社会。

四是以监督促协作,扎实助推"司法保护+社会"和"司法保护+政府"的融通联动。2023年7月28日,贵州省第十四届人民代表大会常务委员会第四次会议通过了《贵州省人民代表大会常务委员会关于加强检察建议工作的决议》。这是全国首个省级层面人大常委会对检察建议工作出台决议。检察机关当以此为契机,充分发挥检察建议职能,运用好未成年人保护公益诉讼"利剑",以监督促协作、以协作提质效,助推司法保护和社会保护、政府保护之间的融通联动。首先，做好精准化监督。持续督促对旅馆、宾馆、酒店、营业性娱乐场所、网吧等场所违规接待未成年人问题进行整改，行政检察监督更加注重行政争议和矛盾化解，公益诉讼法律监督更加注重不特定多数未成年人的公益维护和社会效应。其次，做好数字化监督。乘着"数字赋能法律监督全面建设"的东风，科学运用大数据对比碰撞、智能筛查，准确及时发现执法不公不严不廉问题，进一步推进未检监督提档升级。最后，做好新业态监督。充分研讨分析最高人民检察院发布的《新兴业态治理未成年人保护检察公益诉讼典型案例》，促推文化和旅游等部门加强剧本娱乐经营场所管理，大力推进公益诉讼检察对新业态治理领域的探索。

（四）引导鼓励社会力量参与，凝聚未成年人关爱保护合力

未成年人保护发展作为一项系统工程，政府仅能提供较为基础性的公共服务，无法满足未成年人保护发展多元化的需求，需要建立未成年人保护发展激励机制，拓宽未成年人保护发展的资金投入渠道，充分发挥社会组织的服务优势，通过动员和凝聚全社会力量广泛参与，凝聚未成年人关爱保护合力，以更好地保障未成年人健康发展。

建立未成年人保护发展的激励机制，支持相关社会组织的健康发展。对全省从事未成年人保护发展的社会组织进行摸底普查，掌握其成立时间、人员、管理、经费、影响等基本情况，摸清其基本情况和服务能力，建立社会组织情况登记表，对社会组织进行定位和分类。制定相应的激励机制，对于积极投身未成年人保护发展的组织和个人予以奖励。如对于为未成年人保护发展做出贡献的企业，政府可以将其标记为"绿色企业"，在纳税、贷款、招投标方面予以适当的照顾；对于长期从事未成年人保护发展的志愿者，可以颁发相应的荣誉证书进行表彰。发挥社会组织孵化中心作用，积极培育未成年保护人社会工作服务机构等社会组织，依托社会组织培养专业的未成年人保护人才，使其既具备社会工作专业知识和能力，又具备法学、心理学等相关学科知识和能力。重视人才队伍的整体能力建设，针对所有相关人员开展技能培训，每年举办一期能力提升培训班，培训内容包括《预防未成年

人犯罪法》《未成年人保护法》《民法典》《贵州省未成年人保护条例》等法律法规，建立健全晋升考核机制、培训学习机制、工资福利等人才激励机制，保障专业化社工人才队伍得以不断发展壮大。

拓宽未成年人保护发展的资金投入渠道，整合未成年人保护发展的社会资源。将未成年人保护购买服务经费纳入预算，通过政府购买服务的方式，以项目化运作为载体，支持和引导专业的社会力量参与困难帮扶、法治教育、法律援助、心理疏导、行为矫治等未成年人保护工作，提高专业化水平同时加大福利彩票公益金对社会工作的支持力度，同时引导和鼓励社会资金投向社会工作，形成以财政性资金为主体、社会资金为补充的投入格局，保障购买项目的连续性和稳定性。如将为义务教育阶段家庭监护缺失或不当的儿童提供支持服务纳入政府购买清单，向社会组织购买服务，社会组织对未成年人家庭监护能力进行评估，针对家庭监护缺失或不当的儿童及其家庭采取个案工作的方式，提供家庭教育指导、心理疏导等个性化支持服务。培育社会组织，招募公益创投项目，开展农村留守儿童、困境儿童临时安置、照料护理、亲情陪伴、心理辅导等关爱服务。[1]

充分发挥特定社会组织的服务优势，激发未成年人保护发展的社会活力。鼓励广大师生在日常的教学科研和社会实践活动中致力于未成年人保护发展工作。在科学研究中，贵州省哲社部门可以以"贵州未成年人保护发展问题研究"为招标课题，引导高校科研人员从各个学科方向对未成年人保护发展问题进行深入的学理探讨，并形成对现实问题的具体对策。在社会实践中，鼓励各高校成立未成年人保护发展志愿团队，从不同学科的角度来进行志愿实践活动；在每年的"三下乡"活动中，设置未成年人保护发展相关主题，前往省内各个地州市进行调研和志愿服务活动，宣讲未成年人保护发展的知识；组织大学生支教团队，到全省的偏僻乡村进行支教，给边远地区的儿童们送去温暖。充分发挥律师的法律服务专业优势，做好未成年人

---

① 周春利：《健全完善未成年人保护工作机制的实践与思考》，《社会福利》2021年第10期，第46~47页。

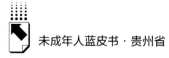

保护法律服务相关工作。鼓励全省各地州市律协牵头成立关于未成年人保护发展的律师服务团，对未成年人保护相关法律、法规、规章、政策及规范性文件进行梳理和汇编；收集、整理、分析、汇编未成年人保护方面的典型案例；开展涉及未成年人保护方面的日常法律咨询、法律宣传；办理涉及未成年人保护的专项法律服务或法律援助。

家庭保护篇

The Chapters of Family Protection

B.2
贵州省儿童之家建设情况调查报告

何昕 朱雪梅 周茜*

摘　要： 本报告以贵州省各级妇女儿童工作委员会办公室和部分成员单位所建儿童之家为主要调研对象，采用实地调研和书面调研相结合的方式，分析了儿童之家的总体建设成效、现状、主要工作做法和存在的问题，并提出了相应的对策建议。调查发现，儿童之家的政策制度日益完善、资源体系逐步建立，服务内容也更加明确，但仍面临本省各地社会经济发展不均衡、运营机制和专业化程度不足等问题，亟待从专业力量、专业服务方面提升儿童之家的质量，推动儿童友好社区的建设，助推儿童服务高质量发展。

关键词： 儿童之家　社区建设　高质量发展　贵州省

---

* 何昕，贵州大学公共管理学院讲师，主要研究方向为儿童社会工作、儿童保护；朱雪梅，贵州省妇女儿童工作委员会办公室专职副主任；周茜，贵州省妇女儿童工作委员会办公室副主任。

一 引言

儿童是家庭的希望，国家和民族的未来。我国高度重视儿童发展，积极构建儿童友好环境，为儿童茁壮成长创造有利条件。《中国儿童发展纲要（2011—2020 年）》提出，要在"90%以上的城乡社区建设 1 所儿童之家"，指出了儿童之家的建设应整合学校、幼儿园、医院、社会组织、志愿者等多方力量，为儿童提供包括：娱乐、教育、健康、心理支持和转介在内的综合性服务。旨在通过儿童之家建设，完善基层儿童工作机制，探索城乡社区儿童服务和保护的常态化模式。《中国儿童发展纲要（2021—2030 年）》提出进一步提高儿童之家建设、管理和服务水平。

建设儿童之家是贯彻落实中国儿童发展纲要和贵州省儿童发展规划的基础性工作，对于提升儿童福利水平、提高儿童整体素质具有积极促进作用。儿童之家作为一个有形的物理空间和活动场地，是一张无形的安全保护网，在为儿童提供专业化、精细化服务的同时，更要充分发挥儿童之家在基层社会治理和儿童保护中的作用。为进一步全面掌握全省儿童之家情况，根据国务院妇女儿童工作委员会《关于开展儿童之家建设管理使用相关情况专题调研的通知》要求，贵州省妇女儿童工作委员会办公室（以下简称省妇儿工委办）制定本省调研方案，并组织省民政厅、省教育厅、省文化和旅游厅、团省委等成员单位及各市（州）妇儿工委开展书面调研，共收取 11 份来自各单位的书面调研材料和基础数据统计表，统计数据范围覆盖全省 9 个市州（贵阳市、遵义市、安顺市、毕节市、六盘水市、铜仁市、黔东南州、黔南州、黔西南州）。

2022 年 3~8 月，由省妇儿工委领导率队组成专题调研组深入贵阳市、遵义市、毕节市、安顺市和黔东南州的部分县区走访调研，具体包括：贵阳市南明区兴关路街道南厂路和云岩区金龙社区儿童之家；安顺市普定县鑫旺社区和玉秀社区儿童之家；遵义市板桥村三衙庄村民组和汇塘河易地扶贫搬迁安置点儿童之家；毕节市七星关区柏杨林街道阳光社区和朱昌镇小屯社区儿童之家；黔东南州榕江县栽麻镇丰登村小学儿童之家等地，通过到社区儿童之家实地走访、与有关部门及工作人员座谈等方式充分听取各地儿童之家建设的情况及工作建议，并委托贵阳南明启明社会工作服务社、省内高校老师等组成专家团队对调研数据进行汇总分析，并与妇儿工委办多次讨论修改，最终形成本报告。本报告通过呈现贵州省儿童之家建设过程中，在政策制度建设、资源整合、服务内容设置等方面的现状，对主要做法进行了总结并分析了所面临的困境，从而提出对策建议。

二 贵州省儿童之家建设现状

（一）多轮规划推进，总体建设规模达到国家要求

贵州省分别以《中国儿童发展纲要（2011—2020年）》《中国儿童发展纲要（2021—2030年）》为主线，先后出台了3轮省级儿童发展规划，均对儿童之家建设作出了规定。在《贵州省儿童发展规划（2021—2025年）》中进一步明确"村（社区）儿童之家覆盖率进一步巩固提高，基本服务能力持续提升"的要求，在全省范围内逐步推进儿童之家建设。

截至2021年底，贵州省共有13234个村民委员会、4450个社区居委会，能为儿童提供服务的场所共7162个，同时全省有校内留守儿童之家共3704个。鉴于校内留守儿童之家、部分乡镇（街道）政府所在地的儿童之家服务功能覆盖多个村（居）的情况，按1∶1.5的比例标准，贵州省儿童服务功能城乡社区覆盖率达到了91.5%，实现了"两纲""两规"中提出的"城乡社区建立1所提供游戏、娱乐、教育、卫生、社会心理支持和转介等一体化服务的儿童之家，动员和整合学校、幼儿园、医院、社会组织和志愿者参与儿童之家建设，提高儿童之家的综合服务能力"的目标。在帮助儿童健康成长，尤其在帮助解决留守儿童和困境儿童监护不力、缺乏抚慰、亲情失落、学习失教、心理失衡及特殊困难等问题上发挥了重要作用。

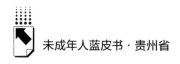

（二）多种类型探索，服务儿童内容逐渐实现常态提供

调研中发现，各类儿童之家建设和运行，多按政府主导、项目推动、社区整合、单位自建等四种模式进行。无论什么模式，服务主要体现公益性，不以营利为目的。服务基本以发展类服务为主，内容包括健康和安全教育、生活和社会技能知识传授、品德和行为规范教育、手工技艺体验、课后课业指导、社会心理支持和娱乐文体活动等，核心功能是满足不同年龄段、不同背景、不同特点儿童的发展需求，促进其身心健康发展。

调研数据显示，90%的儿童之家每月能开展至少1次主题活动，主题活动有法治宣传、健康知识、家庭教育、亲子活动、传统节日主题等。鼓励社会组织和社会工作者踊跃参与儿童之家建设和活动开展。全省64个易地扶贫搬迁新建街道全部建立社会工作者与志愿者联动服务机制，以"社工+志愿者"的服务模式，借助益童乐园、"四点半课堂"等平台，为易地扶贫搬迁安置点儿童提供常态化的支持服务。

（三）示范创新拓展，系统完备的管理体系逐步构建

儿童之家建设管理主体多元，以政府职能部门为主，社会组织、公益机构、乡村社区不同程度参与。根据调研数据，其中民政部门主导建设的儿童之家占总数的44.6%，由妇联组织及其他部门参与建设的儿童之家占总数的55.4%。

在管理规章制定和规范上，全省9个市（州）儿童之家基本建立了全面的管理制度，覆盖儿童之家工作的方方面面，具体包括：儿童之家安全制度、日常管理制度、卫生保障制度、疫情防控制度、工作人员儿童行为保护准则、人员能力建设、档案管理制度、志愿者工作制度等。这些制度和工作规范出台为儿童之家建设提供了指导、参考标准。

从11份成员单位所提交关于儿童之家的数据统计资料来看，在活动对象管理上，90%以上的儿童之家对所服务儿童进行登记造册，同时重点关注社会散居孤儿、事实无人抚养儿童、留守儿童、困境儿童等特殊儿童，提供

上门走访、定期了解情况等重点关爱服务，为儿童安全、家庭暴力、生活困难等问题线索的发现提供了有效途径。

在活动场地建设管理上，儿童之家场地与其他场地整合使用的情况占90%以上，有35.9%的区县设有儿童之家的专用场地；有82.8%的区县对儿童之家的场地面积有明确要求。

在设施设备保障管理上，50%地区对儿童之家的设施设备有明确具体的要求，40%地区有原则性要求，无明确要求的地区不到10%。

在服务内容管理规范上，各地儿童之家结合自身实际情况进行调整完善，37.5%的地区有明确具体的要求，53.1%的地区有原则性要求，9.4%的地区无要求，80%的地区注重当地特色文化融合。

在建设资金来源上，公共资金投入为儿童之家建设的主要来源。资金主要来自政府的公共投入，有的地区将儿童之家建设纳入了政府财政预算或者民生实事，有的地区由妇联、教育、民政等职能部门投入资金，采取全资初建、以奖代补等方式进行。此外，公益组织和公益基金（如联合国儿童基金会等）的资助、社会资本的投入也占到一定的比例，但占比不高。

三　贵州省儿童之家建设的主要做法

贵州省在推动儿童之家建设的实践过程中，贯彻和落实中国儿童发展纲要、贵州省儿童发展规划的要求，紧扣让儿童享有更加优质、均等、可及的公共资源和基本公共服务的工作主线，充分发挥儿童之家在儿童服务、儿童保护中的抓手作用，由省妇女儿童工作委员会、省民政厅牵头多部门协作，将儿童之家示范工程创建和推进基层治理相结合，促进多部门协作和多方资源链接，以线下"1+N"服务模式和线上"N+1"服务内容紧密配合，使贵州省儿童之家的建设取得显著效果。

（一）主动担责，健全管理体系

各级政府妇儿工委及其成员单位主动担责，认真落实职责任务，积极推进儿童之家建设。全省范围内，民政、教育、卫健、文旅、团委、妇联、妇儿工委办、关工委、社区及慈善机构等都支持建有不同类型的儿童之家，建设主体的多元化也带来了多元的创建、运营模式，多元的服务内容和重点，增加了儿童之家的"多样性"，为满足不同地区、不同儿童的不同需求提供了可能。同时，在资金有限的情况下，整合了阵地、人力、物力资源，为儿童之家的运行提供了常规保障、专业服务和个性化支持，保证儿童之家的服务正常化、特色化开展，基本形成由政府主导、社会专业力量支持、家庭及儿童参与的儿童保护服务工作格局。

（二）顶层推进，提升政策支持

1. 顶层设计先行

在完成《贵州省儿童发展规划（2016—2020 年）》中儿童之家建设目标后，《贵州省儿童发展规划（2021—2025 年）》提出"村（社区）儿童之家覆盖率进一步巩固提高，基本服务能力持续提升"的努力方向，《贵州省"十四五"民政事业发展规划》《贵州省"十四五"城乡社区服务体系建设规划》均提出儿童之家建设全覆盖目标。推进打造集关爱保护、心理疏导、学业辅导、思想教育等功能于一体的基层儿童服务平台。

2. 法规政策护航

省及市、县各层面，均出台了一系列的政策法规文件保障儿童之家的建设。2021 年 7 月，贵州省修订出台的《贵州省未成年人保护条例》明确，县级以上人民政府应当支持儿童之家等公益性未成年人关爱服务设施的建设和运行；乡镇人民政府、街道办事处应当支持村（居）民委员会设立儿童之家，配备专职管理人员。省妇儿工委办在试点经验总结基础上，先后发布《贵州省城乡社区儿童之家建设指南（参考）》《贵州省城乡社区儿童之家工作人员行为准则（参考）》《儿童参与的实践标准（参考）》等参考文件，省财政厅、省民政厅印发了《贵州省基层儿童关爱服务体系建设省级补助资金管理办法》，为儿童之家长期、稳定、健康发展提供了保障。2022 年 4 月，省未保委办公室印发《贵州省村（社区）儿童之家建设管理指南》，提出了进一步规范推进儿童之家建设、服务和管理，打造设置标准化、管理规范化、活动专业化、服务常态化的儿童之家。各市（州）也积极地将儿童之家建设管理纳入本地区经济社会发展规划、部门专项规划及任务分工。

（三）资源整合，保障阵地资源

全省儿童之家建设资金主要来源于各级财政专项资金及教育、民政、妇儿工委、妇联、团委等部门项目专项资金，还有省级彩票公益金、公益组织项目资金、爱心企业及爱心人士的爱心捐赠资金等。从场地情况看，整合使用的情况占绝大多数，例如，遵义市妇联、团委、工会、社区、社会组织和社会力量资源，合力建设儿童之家，形成由政府主导、社会专业力量支持、家庭及儿童参与的儿童保护服务工作闭环。铜仁市碧江区和万山区将儿童之家与社区服务中心紧密结合，在建设社区服务中心的同时，也完成了儿童之家的建设，既解决了场地的问题，也解决了人财物等各种必要资源的整合问题。毕节市大方县羊场镇桶井村的"阳光少年之家"把儿童之家建在了村委会楼上，整合利用现有的农家图书室、亲情远程聊天室、心理咨询室、农民讲习所和电影播放室的场地和资源，努力给留守儿童创造了一个安全放心、活动丰富的场所。

（四）强化管理，确保服务有人

全省儿童之家均配备了工作人员，主要由儿童主任、妇联干部、社区工作者、乡村干部、儿童家长、学校教师以及公益性岗位人员、西部志愿者、见习大学生构成。为了打造设置标准化、管理规范化、活动专业化、服务常态化的儿童之家，推动未成年人关爱服务提质升级，各级均采取邀请专业机构培训、购买社会服务"手把手教"等多种模式，培育本土化、专业化、标准化、规范化高素质人才队伍。例如，毕节市七星关区由财政出资在全区统一部署建设本地的儿童之家，即村（社区）的"春苗乐园"和自然村寨的"心晴家园"，招聘专兼职"童伴妈妈"，开展儿童之家服务、未成年人的关爱保护活动。黔南州罗甸县聚焦本土服务人才建设，从 50 个村（社区）的村干部中选择优秀妇女干部兼任儿童主任，进村入户实地开展工作；贵阳市、安顺市、六盘水市、黔东南州等多地，引入专业的社工机构服务儿童之家，提高服务儿童工作水平，增强队伍专业性，从人才培养上提升儿童之家的服务质量，促进了社区家庭与社会治理和谐发展。

（五）破解难题，提升整体质量

1. 以社区儿童保护"三个一"示范工程推动儿童之家示范创建

省妇儿工委办积极探索儿童保护规范化建设，以"一名专职儿童保护工作者、一个儿童保护阵地、一套儿童保护体系"为标准，在全省 9 个市（州）的 35 个村（社区）开展了儿童保护"三个一"工程示范创建，从制度建设、工作流程、服务内容、管理规范等各方面，为儿童保护及儿童之家的规范化、科学化建设作出了积极的探索。

2. 实施公益慈善项目，丰富儿童之家服务内容

部分市州积极引入中国扶贫基金会、国际救助儿童会、北师大公益研究院、字节跳动公益基金、壹基金等公益机构，实施"童伴妈妈计划""善行贵州益童乐园"等关爱项目，建立少年儿童档案，设置"亲情电话"、开设知心信箱和心灵驿站，通过"儿童主任+互联网"的模式，为儿童提供课外辅导、文体活动、安全教育、文化传承、社区融入、心理支持等服务，丰富了儿童之家服务内容，进一步提升了贵州省儿童之家、儿童服务社会组织的服务能力。

3. 线下"1+N"和线上"N+1"相配合

在推进基层儿童之家的管理和服务过程中，尝试由一家专业儿童服务组织牵头提供服务，辐射带动相邻区域儿童之家的服务工作，帮助培育人员队伍，实现"1+N"的线下服务模式。以儿童的需求为核心，充分运用儿童喜爱的互联网多个"N"平台和线下"1"个安全友好的儿童活动空间，提供包括课外辅导、文体活动、安全教育、文化传承、社区融入、心理支持等常态化服务模式。

四 贵州省儿童之家建设存在的主要困难和问题

在不断地努力推进下，贵州省儿童之家建设实现量上增长、面上拓展、质上提升，但仍存在以下的困难和问题。

（一）总体发展不够均衡

贵州省属于欠发达、欠开发地区，城乡区域之间存在较大的差距，对儿童之家的建设造成了一定的影响，主要体现如下。

1. 城乡发展不均衡

在农村社区中，由于儿童之家的建设多是基于行政社区或行政村而建立，受行政村面积较大或居民聚居度低等因素影响，很多儿童到儿童之家较为不便，因此大量儿童之家的服务仅能覆盖周边的儿童，加之儿童之家工作人员数量和服务时间有限，为儿童提供的服务又更加受限。在城市社区中，大量儿童的空余时间被其他校外活动所占据，较少有空余时间参加儿童之家开展的服务。在"双减"政策下，无论是农村还是城镇，辖区儿童在校时间延长到下午5点左右，回到家已经是晚饭时间，缩短了可接受服务的时长。

2. 区域发展不均衡

受各市（地州）的经济发展水平、建设现状、重视程度不同等影响，儿童之家建设投入存在差距，9个市（州）在儿童之家建设经费的投入上均比之前有所增加，但各市（州）投入的差距较大导致儿童之家建设区域发展不平衡。

3. 服务质量不均衡

儿童之家的服务质量高低主要体现在儿童之家提供服务的专业性、丰富性是否能满足儿童多样化的需求等。但儿童之家的工作人员服务能力存在差异，造成各地服务质量不均衡。

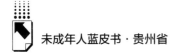

4.服务内容不均衡

从贵州省儿童之家现有服务内容看，主要集中在儿童发展性需求上，如阅读、课业辅导、兴趣爱好满足等，主题活动多涉及节庆活动、知识学习等。但针对儿童参与、儿童保护、儿童权利等专题性、专业性、倡导类服务不足。

（二）精细管理有待完善

1.场地管理责任不明晰

儿童之家多为整合利用的场地，依托村居办公场所、学校闲置房屋或搭着妇女之家建设，缺乏能满足儿童及其监护人的多种需求的功能室，儿童之家服务功能弱化，有的场所适儿性不足，存在一定安全隐患。同时，由于场所为多部门使用，也容易出现责任主体不清问题，日常管理难免会存在推诿、管理不到位等"多龙治水"的状况。

2.缺乏稳定经费支撑

根据调研材料统计，目前各级财政未将儿童之家运营经费纳入预算，有日常运营经费的儿童之家仅占贵州省儿童之家总数的17%。大部分儿童之家的活动经费依靠社会公益力量投入、所在社区维持运转或项目经费支持。但慈善公益项目具有周期性和不稳定性，难以保证儿童之家长期、可持续性地提供服务。儿童之家建设初期有一次性项目资金可用于配备设施、开展活动和人员补助，但儿童之家缺乏自身"造血"能力，容易导致运营资金中断，后续发展可持续性不强。

3.儿童之家工作人员有待专职化、专业化

由于缺少人员经费保障，儿童之家的工作人员以兼职为主，多为村居儿童主任、学校老师兼任，缺乏社区儿童服务的专业能力。专业能力强的工作人员，在儿童之家的活动设计上更科学规范，种类丰富，能有效满足孩子和家长的需求、提升儿童之家的吸引力，但这样的专业人员数量极少。相对专业能力较弱的工作人员，往往对儿童之家的长期发展没有设想和规划，也不能对自身的职业发展做长远打算，对于链接公益资源、活动协调能力、筹款

等有一定的局限性，在工作中更多扮演的是一个普通"管理员"的角色，仅完成日常必需工作。且对于儿童之家的工作人员也缺乏必要的激励和保障机制，他们只能领取少量的补贴，有的甚至没有补贴，因此部分工作人员在完成本职工作后，较难投入大量精力在儿童之家的工作中。没有规划地工作，只做简单的重复劳动，不知儿童之家如何发展、去往何处，急需专业的运营督导协同进行规划。

（三）服务板块未达所需

贵州省大部分儿童之家的日常和主题活动仅涉及课业辅导、文娱活动、节庆活动、教育类活动等，有少部分儿童之家开展建档、预防、发现、报告等儿童保护服务。儿童之家服务板块中，较少涉及家庭科学育儿、儿童伤害的监测和发现、风险家庭干预的社区预防等服务，也缺乏儿童友好社区建设的相关内容。根据《国务院未成年人保护工作领导小组关于加强未成年人保护工作的意见》，从国家六级儿童保护服务体系框架来看，村居儿童之家为该体系的第一级，也是最接近儿童的一级。发挥儿童之家平台功能作用，应聚焦包括一般家庭科学育儿和风险家庭干预服务的社区预防，关注儿童伤害的监测和发现，并同时成为儿童友好社区、儿童友好城市建设的积极倡导者。目前贵州省儿童之家服务板块中，较少涉及儿童保护的服务和活动。

（四）儿童视角仍显不足

现有儿童之家的建设中，有效的儿童参与明显不足。尽管在少部分儿童之家有儿童参与适儿化改造、儿童议事会等服务，但在环境布置、开展服务等方面多以成人的想法为主，较少听取儿童的意见和建议，也缺少儿童参与、表达意见的平台和机会。特别在服务过程中，缺乏儿童视角，儿童缺少表达的机会，被听到、被看到的可能性低，极容易造成儿童之家所开展服务是成人认为儿童所需要的服务和活动，而非儿童真正需要。

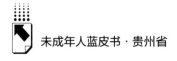

五 贵州省儿童之家建设的对策建议

（一）进一步提高认识，明确职责

要贯彻和落实习近平总书记关于妇女儿童和妇联工作的重要论述精神，切实提高政治站位，高度重视儿童之家建设工作，切实履行政府职责，各级政府及其职能部门要切实将儿童之家建设工作列入重要议事日程，明确责任主体和职责任务，要结合儿童友好社区和儿童友好城市的建设大力推进儿童之家建设，推动儿童事业高质量发展。

（二）进一步健全机制，增强合力

要完善儿童之家现有的建设、管理、服务制度，进一步提高儿童之家的建设标准和服务质量，确保儿童服务阵地持续、稳定、有效地运行，落实以儿童为中心的儿童之家建设，增加儿童之家在儿童保护、儿童发展、儿童参与等方面的功能。提升儿童之家的使用效益，加强资源整合，强化政府部门、人民团体、高校及公益慈善基金会等力量的协作配合，建立"政府—社会组织—大学"等资源共同体，加强政策、项目、资金、人才等资源，发挥各自优势，合力推动儿童之家及其专业服务的持续、稳定、有效地运行。

（三）进一步总结评估，强化落实

一是组织专业团队，以专业服务夯实儿童保护体系。评估总结儿童之家的建设管理服务情况，从儿童视角出发，以儿童权利为中心，建立健全儿童关爱保护服务体系。二是建立儿童之家督导考评机制，明确各级各部门工作任务，压实工作职责，强化工作督导，确保儿童发展纲要、规划以及部门专项规划中"儿童之家"建设目标任务按期高质量完成。

（四）进一步发挥作用，带动儿童友好社区建设

儿童友好社区是在国际"儿童友好型城市"理念基础上，结合我国社

区治理与社区建设的实践，提出以保护儿童权利、促进儿童发展为宗旨，以社区为载体，以儿童及其监护人和其他家庭成员为服务对象，打造安全友好的社区公共空间，提供教育、文化、健康等多元化普惠型服务，为儿童营造一个健康、快乐、安全的成长环境[1]。根据儿童友好社区和儿童友好城市建设的总体要求，持续推进儿童之家建设，通过每一个儿童之家的建设带动所在的社区逐渐转变为儿童友好社区，推动儿童事业高质量发展。中国儿童友好社区建设"制度友好、文化友好、空间友好、服务友好、人员友好"的"五维友好"工作框架，为儿童之家的建设指明了方向；而根据儿童友好理念建设的儿童之家，必然为基层儿童友好社区建设打下良好的基础，推动儿童友好社区高质量发展。

---

[1] 周惟彦主编《〈儿童友好社区建设规范〉操作手册》，社会科学文献出版社，2022，第13页。

B.3
贵州省筑牢未成年人家庭保护
防线问题研究

——以贵阳市为例

李书萍*

摘　要： 报告以贵阳市为例，结合各相关职能部门近 5 年来开展未成年人保护工作情况，从立法支撑、顶层设计、政策规划、阵地建设、服务活动开展等方面系统梳理了贵阳市开展未成年人家庭保护工作情况。党的领导和重视、不断完善的工作机制、深化部门间合作是筑牢未成年人家庭保护防线的经验。在家庭保护防线中，尚存在家长未成年人保护意识需进一步提高、未成年人自我保护能力需进一步提升、社会对家庭保护的支持需进一步强化等薄弱环节。报告从为未成年人点亮前行"启明星"、撑起权益"保护伞"、搭建家庭"连心桥"三个方面，提出进一步筑牢未成年人家庭保护防线的建议。

关键词： 未成年人　家庭保护　贵州省

党的十八大以来，习近平总书记从党和国家事业发展全局的高度出发，围绕注重家庭、注重家教、注重家风建设发表的一系列重要论述，将家庭建设提升到治国理政的高度，强调发挥家庭、家教、家风在国家治理和社会发

---

* 李书萍，贵阳市妇联组织联络部部长。

展中的重要作用，使千千万万个家庭成为国家发展、民族进步、社会和谐的重要基点。同时，党和国家历来重视未成年人的健康成长，习近平总书记多次作出重要指示，强调"全社会都要了解少年儿童、尊重少年儿童、关心少年儿童、服务少年儿童，为少年儿童提供良好的社会环境"，为筑牢未成年人家庭保护防线提供了国家层面立法和出台政策的支撑。

父母是未成年人的第一任老师，家庭是未成年人的第一所学校。未成年人家庭保护有广义和狭义两种定义，广义的家庭保护包含家庭抚养、家庭教育和狭义的家庭保护；狭义的家庭保护与家庭抚养、家庭教育同属一个层级。本文的家庭保护采用广义定义，以贵阳市为例，总结筑牢未成年人家庭保护防线的现状与做法，提炼分析未成年人家庭保护防线建立的经验，梳理存在的薄弱环节，为进一步筑牢未成年人家庭保护防线提供参考借鉴。

一 贵阳市未成年人家庭保护的现状

贵州省委、省政府高度重视未成年人保护工作，始终把全方位保护未成年人作为义不容辞的责任，高质高效推进各项工作措施的落地落实。贵州省以最高规格组建未成年人保护组织协调机构，在全国较早成立了省未成年人保护委员会，是全国唯一由省委、省政府领导同志担任"双主任"的未保委。在2021年新修订《未成年人保护法》《预防未成年人犯罪法》实施以后，迅速组织修订、颁布了《贵州省未成年人保护条例》《贵州省预防未成年人犯罪条例》，是全国省级第一家完成条例修订工作并颁布实施的省份。

2022年末，贵阳市常住人口610.23万人[①]，未成年人口达109.85万人[②]，占全市总人口数的18.0%。庞大的未成年人口基数，是贵阳市未成年人保护工作的现实市情。在省委、省政府对未成年人保护工作高度重视的大背景下，贵阳作为贵州省省会城市，在未成年人保护方面率先垂范。一是不

---

① 资料来源于《2022年贵阳市国民经济和社会发展统计公报》。
② 资料来源于贵阳市未成年人保护委员会办公室。

断健全"1+1+5+6"工作体系①。2021 年 6 月 24 日，贵阳贵安未成年人保护委员会成立，先后印发《贵阳贵安未成年人保护专项工作总体方案》《贵阳贵安预防未成年人犯罪工作联席会议制度》等文件。二是建立一体化监测预警工作机制。印发《贵阳贵安未成年人信息监测预警工作方案》，建立覆盖市、县、乡、村、网格的五级联动信息摸排机制。依托"集约化社区综合信息服务平台"等平台，着力构建"纵向到底、横向到边"的主动摸排、发现报告、预警处置工作机制。三是不断完善未成年人保护机构建设。在市救助管理站加挂"贵阳市未成年人救助保护中心"牌子，全市 10 个区（市、县）实现未保委员会建立和未保中心挂牌全覆盖。

（一）注重顶层设计，规划制度统筹推进

1. 推动"两个规划"实施稳中向好

《贵阳市妇女发展规划（2016—2020 年）》和《贵阳市儿童发展规划（2016—2020 年）》（以下简称"十三五""两个规划"）实施以来，在推动妇女儿童事业发展上有高度，在推动妇女儿童发展规划落地实施上有力度，在围绕妇女儿童发展短板弱项上有创新，在妇女儿童发展目标实现上有成效。"十三五""两个规划"终期评估结果显示："两个规划"实施情况稳中向好、好中有新、新中有进、达标理想，妇女和儿童两个规划的总达标率为 95.76%、妇女规划达标率为 98.39%、儿童规划达标率为 92.86%。在谋划"十四五""两个规划"时，比照国家纲要不缺项不漏项，设置的部分目标值超过全国、全省平均值，努力实现妇女儿童发展达到全国领先水平。儿童发展规划主要包括儿童与健康、儿童与教育、儿童与家庭等 7 个领域72 项主要目标和 90 条策略措施。在新"两个规划"中分别增加"妇女与家庭建设""儿童与家庭"两个领域，强调建立完善家庭政策体系，充分发挥

---

① "1+1+5+6"工作体系：第一个"1"即一套高效权威便捷的统筹协调组织体系；第二个"1"即一体化监测预警工作机制；"5"即聚焦四类特殊未成年人群体关爱保护、预防未成年人犯罪、未成年受害人保护、早婚早育的专项治理、未成年学生法治宣传教育等 5 项任务；"6"即筑牢立法、家庭、学校、社会综合、网络、司法等 6 道保护防线。

妇女在家庭生活、树立良好家风中的独特作用。提出到 2025 年，贵阳贵安妇女儿童发展努力达到全国领先水平，妇女儿童的获得感、幸福感、安全感显著提升，进一步发挥省会城市龙头示范作用，引领带动全省妇女儿童事业高质量发展。

2. 持续家教规划为家教提供遵循

家教建设是"扣好人生第一粒扣子"的关键，人类社会文明的动态进步与发展，最关键的就是依靠家教培养教育新生人口，让社会文明后继有人。市妇联、市教育局、市文明办、市民政局、市文旅局、市卫健局、市科协、市关工委等单位联合制定实施《关于指导推进贵阳市家庭教育的五年规划（2016—2020 年）》，设立家庭工作专项资金，积极探索构建"党委领导、政府主导、部门联动、家庭主体、社会参与"的家庭教育工作机制。建立家庭工作管理、家庭教育专家、家庭教育讲师、家庭教育志愿 4 支服务队伍，为家庭工作提供业务指导、给予顾问支持、传授家教知识、开展志愿服务，形成学校、家庭、社会"三位一体"家庭工作网络。规划实施以来，贵阳市成立家庭教育工作规划实施领导机构 17 个，制定出台 21 个相关政策。组建家教工作宣讲队、服务队等社会组织 14 个、指导志愿者 2213 人，开展家庭教育服务队伍培训 226 次，培训人数 11775 人次[①]。出台《关于指导推进贵阳市家庭教育的五年规划（2021—2025 年）》，除上述 8 家单位外，新增检察、人社、广电 3 家，进一步增强部门联动合力。贵阳市家庭教育联动工作格局基本建立，家庭教育指导服务体系不断丰富，以各类家长学校为主体的指导服务阵地建设正在形成，家长家庭教育能力有所提升，未成年人成长的家庭和社会环境日益改善。

3. 将家庭保护融入相关目标与项目

一是开展贵州省"苗圃工程"试点项目。按照《中国儿童发展纲要（2011—2020 年）》0~3 岁儿童早期综合发展和《"健康中国 2030"规划纲要》目标，加快托育服务体系建设。树立"政府引导、家庭为主、多方参

---

① 资料来源于贵阳市妇联相关工作资料。

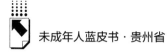

与"的工作理念,由教育、卫健、民政、总工会、妇联等部门引导,0～3岁儿童家庭为主体,围绕"养、护、教"的核心要义,加快发展普惠托育体系。贵阳市获2个省级"苗圃工程"试点项目,构建家庭、社区、机构"三位一体"婴幼儿护理照料社会化服务体系,建立起社区、幼儿园、家长沟通联系的桥梁。二是纵深推进家庭家教家风建设。贵阳市将家庭教育工作纳入城乡公共服务体系、经济社会发展总体规划、未成年人思想道德建设和精神文明创建、目标绩效考核、"三感社区"① 创建以及社会治理建设体系。黔南州"四个三"助推家庭教育促进基层社会治理,通过建立指导中心、家长学校和活动基地"三类平台",强补队伍建设、专业能力、线上服务"三个短板",实施文化引领、家庭关爱、家庭矛盾化解"三项行动",突出家庭文明创建、家教家风传承、文明新风培育"三大重点",助推家庭教育水平提升。

(二)加强阵地建设,搭建家庭学校桥梁

1.建立家长学校搭建家校桥梁

家庭是社会的细胞、国家的基本单元,是未成年人人生的第一所学校,家长是未成年人的第一任老师,家长学校的建设致力于让家长科学育儿、正确教子。一是在社区建立家长学校。贵阳市共有1686个村(社区),建立家长学校1547个,建成率91.76%,家长学校定期、不定期开展家庭走访、家庭教育指导服务和家庭家教家风宣讲等活动。其中,有690个城市社区,建立家长学校643所,191所引入专业社会工作者开展指导服务;共有996个农村社区,建立家长学校904所②。二是在教育机构建立家长学校。全市各类学校③建立家长学校912所(其中,幼儿园、小学、中学、中等职业学校分别建立家长学校267所、452所、179所、14所,占比各类学校分别是

---

① "三感社区":获得感、幸福感和安全感。
② 资料来源于贵阳市妇联相关工作资料。
③ 包含幼儿园、小学、中学、中等职业学校。

26%、85%、54%、14%）①。三是在网上建立家长学校。搭建 36 个在线家长学校，发挥网络优势，线上线下相结合开展家庭教育活动。持续创建家庭教育示范学校（家庭教育社区学校共建示范点），整体推进"家校社""三结合"教育模式，深化发展三者相衔接的指导服务网络。贵州省妇联与贵州省电视台合作，邀请家庭教育专家，通过动静 App 直播《家庭教育大讲堂》，全省 25 家社区家长学校进行线下观看。

2. 示范建设儿童之家呵护儿童成长

2019 年底以来，通过基层申报、专家评估和经费支持，贵州省独创儿童保护"三个一"② 工程省级示范点创建，并制作《贵州省城乡社区儿童之家建设指南》。贵阳市累计创建省级示范点 7 个③，获得贵州省级资金 32.15 万元。示范点配备阅览室、图书室、文化活动室等场地，以儿童之家工作领导小组为统筹，成立由家长委员会、儿童委员会、儿童保护委员会、志愿者组成的团队，提供娱乐、临时照料、课后托管、生活技能指导、品德教育、心理支持等方面的服务，并开展留守儿童困境儿童关心关爱活动，打造儿童关爱保护"暖心家园"、特殊儿童"爱心家园"和家长的"安心家园"。2022 年，贵阳市启动 12 个示范儿童之家、50 个基层儿童之家建设，儿童之家数量从 2019 年 429 个上升至 2022 年 545 个，增长率达 27%，儿童关爱服务设施不断完善。

3. 推动建成指导研究示范实践基地

一是设立家庭教育指导中心。2019 年，贵州省妇联设立家庭教育指导中心，组建起以李玫瑾、孙云晓等全国知名专家为顾问，由教育、心理、法律等领域专家组成的家庭教育骨干教师队伍。2022 年，贵阳市妇联、贵阳学院联合设立贵阳市家庭教育研究指导中心，建立"群团组织+高等院校+专家团队"的工作机制，通过"科研平台+研究项目+实践活动"的方式，

---

① 资料来源于贵阳市未成年人保护委员会办公室相关工作资料。
② 即：每个省级示范点至少有一名专业儿童保护工作人员，建成一个儿童保护阵地，构建一个儿童保护体系。
③ 分别是南明区 2 个、花溪区 1 个、观山湖区 2 个、开阳县 2 个。

将"《中华人民共和国家庭教育促进法》的有效实施研究""家庭教育对未成年人心理健康的影响及对策建议"等 23 个课题立项，获省级立项 16 个，占全省立项课题的 43%。遵义市妇联与市中院深度合作，成立"红城有爱·法护未来"家庭教育指导服务中心（工作站），按照"1+14"① 的模式，开展家庭教育指导、未成年人帮教、心理疏导、法律咨询、普法宣传等服务。二是建设家教家风宣传教育示范实践基地。2020 年，命名水东路街道办事处等 12 家单位为贵阳市"幸福家"家庭家教家风宣传教育市级示范实践基地。2021 年，以《"贵州省'幸福家'家庭家教家风宣传教育省级示范实践基地"管理办法（试行）》为指导，贵阳市向上推荐观山湖区明珠助老社、白云区大山洞街道办事处，获"幸福家"家庭家教家风宣传教育省级示范实践基地命名，以此传播中华民族传统美德、现代文明家庭理念，辐射带动更多家庭传承良好家风、弘扬文明风尚。

（三）开展家教项目，弘扬中华传统文化

1. 以"弘扬好家风"开展主题家教宣讲

家庭教育是一项系统工程，是学校教育和社会教育的基础，需要政府和社会共同努力。近年来，贵州省以"幸福家"家庭教育"七进"② 大讲堂为品牌，覆盖全省开展家庭家教家风建设，开展"护苗行动"项目专题、"女童保护"公益课堂等系列讲座。贵阳市以弘扬中华传统美德为重点，开展"弘扬好家风 传递正能量""强家教　正家风"等主题科学家教百场宣讲活动。邀请家庭教育专业讲师，组成宣教志愿者队伍，以《有效沟通构建和谐亲子关系》《学习高质量陪伴，学做智慧型父母》《我是法定监护人——父母对未成年子女的监护职责》等为题，抓实家庭教育、示范引领、实践养成。2018 年以来，累计开展科学家教主题百场宣讲 550 余次，直接受益人数 6 万余人。同时，通过网站、微信等媒体平台，增强活动的影响力

---

① "1+14"即：1 个市级家庭教育服务中心+14 个县级家庭教育服务工作站。

② "七进"指进学校、进企业、进机关、进社区、进网络、进家庭、进农村。

和覆盖面，不断增强"家庭风筝线"的可靠性和控制力。

2. 以"小桔灯"亲子阅读赋能家庭教育

为帮助家长给未成年人讲好"人生第一课"，贵州省妇联拓展思路、创新方法，打造"小桔灯"阅读品牌。通过亲子阅读活动，引导家长做一个榜样力量的阅读者、情境创设的支持者、阅读技术的挖掘者和共同探索的合作者[①]。开展"小桔灯"阅读活动赋能家庭，从 2018 年顾久先生担当"点灯人"启动项目，到党的二十大代表刘秀祥加入，全省项目团队壮大到 1822 人。举办 11 期省级培训，培养出 827 名领读者。在 9 个市州 88 个县区建立了 639 个"小桔灯"书屋[②]，从 2018 年 5 月，"小桔灯"亲子阅读推广项目在贵州省第一个家庭教育日启动，到开展上千场公益读书活动，"小桔灯"亲子阅读成为贵州省家庭文明建设一个响当当品牌。贵阳市先后在书店、图书馆等场所，举办"书香润德——我最喜爱的一本书""暑期亲子阅读季""'小桔灯'亲子阅读故事大赛评选"等主题活动，并荣获 2022 年贵州"小桔灯"百万家庭共阅读活动表现突出奖、项目组织奖等荣誉。

3. 以"好家风好家训"典型发挥榜样力量

2017 年起，贵州省将每年的 5 月 15 日国际家庭日，定为"全省家庭教育日"，通过评选"好家风好家训"、选树优秀家庭、开设家教专栏等方式发挥榜样力量。一是全面征集评选家风家训。2019 年，全国妇联推出最美家庭创建活动，启动"家家幸福安康工程"。贵阳市开展"晒家风·晒家训"家庭文明建设主题活动暨"家家幸福安康工程"启动仪式。随后，每年围绕好家风好家训开展征集活动，累计评选优秀家训 467 条。以"我爱我家"为主题，在荣获全国家庭工作先进者，全国、全省最美家庭中，挑选家庭代表，通过微信公众号、传媒 App、广播等平台传播展示全家福、家风、家训、先进事迹等 240 条，浏览量 2000 万余次。二是广泛选树先进家

---

① 王著、秦忠群、丁凯、熊连珍、廖薇、杨畠：《阅读在家庭教育中的应用研究：基于贵阳市中小学生家庭的调查数据》，2022 年 3 月。
② 《把爱带回家 暖童心伴成长 | 贵州"小桔灯"寒假故事会上线啦!》，"贵州省妇联"微信公众号，2023 年 1 月。

庭代表。自 2019 年以来，贵阳市陆续开展"明礼知耻·崇德向善在家庭"主题活动，评选"最美家庭""绿色家庭""生态文明家庭"等。五年来，共命名先进家庭/个人 879 户/人，其中，82 户/人获对应省级荣誉，18 户/人获对应全国荣誉。在《贵阳日报》《贵阳晚报》等主流媒体的报刊、微信、App、广播等设置专栏，开展新闻宣传、网络投票、"贵阳好家风"故事线上分享等。三是开设"教子有方"家庭教育专栏。在《贵阳日报》选登 23 期家庭教育优秀案例、家庭教育先进典型、专家解读家庭教育案例等，通过展示家庭、家长自己的"教子之道"及专家的解读点评，搭建家长与孩子沟通的桥梁。截至 2022 年 6 月，贵州省建设"幸福家"家庭家教家风宣传教育省级示范实践基地 10 家，组建宣讲队伍 91 支，大力开展"幸福家"家庭教育"七进"大讲堂①。

（四）开展法治宣传提升保护意识

1. 依托法治贵阳贵安建设开展普法宣传②

结合《贵阳贵安法治宣传教育第八个五年普法规划（2021—2025年）》内容，面向家长、未成年人开展多样化普法宣传活动。一是志愿者集中普法。在春节、"六一"、国家宪法日等节点，在广场、社区、学校等地，通过发放宣传资料、宣讲专题法律、提供现场咨询等方式，向群众宣传宪法、民法典、未成年人保护法、家庭教育促进法、预防未成年人犯罪法、反家庭暴力法等法律法规。据不完全统计，2018 年至今，累计组织志愿者4000 余人次，开展集中普法宣讲宣传 1855 次，覆盖群众逾 50 万人。二是新媒体云端普法。通过直播、"空中课堂"视频音频与微信推送、MG 动画与公益片宣传等方式，拓展普法覆盖面和有效性。如 2019 年以来，贵阳市妇联组织《直播学习民法典 妇联教您"慧"生活》等 3 场普法直播，观看人数达 79 万人次；录制"空中课堂"微视频讲座 21 期；开辟"妇联带您一起

---

① 施绍根：《用情呵护成长 同心守护未来——贵州全力推进未成年人保护体系建设》，《中国社会报》2022 年 6 月 2 日，第 A1 版。
② 资料来源于贵阳市妇联相关工作资料。

来学法"专栏 48 期，发布推送 692 期；原创《向家暴 say no》MG 动画、《反对家庭暴力共筑美好家园》宣传片。三是多部门联动普法。2019 年，市妇联、团市委、市法院、市教育局等联合开展贵阳市青少年法治教育、防性侵教育、防校园欺凌长效宣传进校园活动 120 余场，参与人员 3 万余人次，直接辐射带动 15 万余人。2022 年，贵阳贵安未保办牵头市委政法委、市检察院、市市场监管局等 11 部门开展"喜迎二十大、同心护未来"主题宣讲，涵盖校园普法宣讲、社区普法与个案咨询、住宿业强制报告培训等内容。

2. 打通维权渠道，维护未成年人合法权益

一是多条热线服务未成年人及其家庭。畅通"12345"市民热线、"12355"青少年热线、"12338"妇女维权热线、"12348"法律咨询热线、"400"青少年心理支持热线等热线电话，其中，"12345"市民热线还设置了青少年心理关爱专线。家长及未成年人可获得情感交流、心理疏导、家教辅导和维权法律帮助。二是形成多部门联合维权机制。在涉未成年人权益案件中，政法、公安、检察、法院、司法行政、教育、民政、卫健、团委、妇联及属地政府参与其中，基于最有利于未成年人的原则进行处置。2021 年，贵州省检察院等 9 部门联合印发《贵州省侵害未成年人案件强制报告联席会议制度》，旨在发现未成年人遭受或疑似遭受不法侵害时得到及时救助，保护未成年人身心健康。三是对未成年人权益受侵害事件开展家庭教育。在家长不履行监护责任、让未成年人独自在家等个案中，由未保、政法、检察、妇联等部门和属地政府，组成联合工作组，对家长进行普法教育，纠正其将未成年子女置于无监护状态的行为，并在批评教育后，由属地政府进行跟踪、回访，防止未成年人再次面临无人照料等现实危险。2022 年 1 月 14 日，遵义市中级人民法院未成年人案件综合审判庭依据《家庭教育促进法》当庭发出贵州省首张家庭教育令，在涉及抚养权的婚姻家庭纠纷案件中推行"《家庭教育告知书》+《家庭教育承诺书》"制度，打造家庭教育"遵法模式"。

3. 开展婚姻家庭辅导调适家庭成员关系

随着经济社会的快速发展，恋爱婚姻遭受挫折、离婚登记人数上升、家庭暴力、未成年人成长危机等社会问题层出不穷。从市妇联妇女儿童维权窗口接待情况看，2018 年以来信访事项呈不断上升趋势，"婚姻家庭权益类"最为集中，占到八成多。其中，"家庭暴力"占 43.92%；"家庭纠纷"占 24.64%；"离婚投诉"占 16.87%①。贵阳市通过整合政法、司法行政、民政等资源，协调和联动各级综治中心、法律援助站点、人民调解组织等，依托贵阳市共治网络平台、贵阳市网格化服务管理系统，实现信息即时共享，联动化解婚姻家庭矛盾纠纷。2020 年以来，在各区（市、县）婚姻登记服务中心建设 11 个"婚姻家庭辅导室"，累计投入 59.8 万元打造观山湖区、南明区、云岩区、清镇市、花溪区 5 个省、市级试点。锁定家庭建立和家庭破裂两个端口，组织人民调解员、心理咨询师、律师等专业人士"坐诊"，常态化提供婚前辅导、婚姻家庭矛盾调解、亲子关系调试等服务。经过婚姻家庭辅导室的服务，超八成家庭矛盾得到缓和，近四成夫妻放弃或暂缓离婚登记，有效降低夫妻矛盾、婆媳矛盾、亲子关系紧张、家庭暴力等问题给未成年人带来的身心伤害。

二 贵州未成年人家庭保护防线建立的经验

（一）党的领导和重视是筑起家庭保护防线的基石

少年强则国强，少年进步则国进步。让每一位未成年人茁壮、健康成长，是全党全社会共同的心愿。近年来，习近平总书记和党中央高度重视未成年人保护和家教家风建设，将未成年人保护和家庭建设提升到治国理政的高度，从立法层面、政策层面坚持对未成年人优先保护、特殊保护，构建有利于未成年人的家庭环境。我国《宪法》第 49 条、《未成年人保护法》第 21 条、《预防未成年人犯罪法》第 16 条、《家庭教育促进法》第 14 条、《反家庭暴力法》等法律均强调未成年人父母及其他家庭成员对未成年人保

---

① 资料来源于贵阳市妇女儿童维权窗口。

护的义务和责任。2016 年，全国妇联联合教育部、中央文明办、民政部、文化部、国家卫生和计划生育委员会、国家新闻出版广电总局、中国科协、中国关心下一代工作委员会共同印发的《关于指导推进家庭教育的五年规划（2016—2020 年）》，是家庭教育新时代的重要"里程碑"，对新时期的家庭教育起到重要的引领和导向作用。

（二）完善工作机制是筑牢家庭保护防线的保障

贵州省在全国较早成立了省未成年人保护委员会，以最高规格组建未成年人保护组织协调机构，是全国唯一由省委、省政府领导同志担任"双主任"的未保委，是全国省级第一家完成"未成年人保护条例""预防未成年人犯罪条例"修订并颁布实施的省份。健全一套高效权威便捷的统筹协调组织体系，建立一体化监测预警工作机制，坚持问题导向、确定聚焦四类特殊未成年人群体关爱保护、预防未成年人犯罪、未成年受害人保护、早婚早育专项治理、未成年学生法治宣传教育"五项重点任务"，围绕职能职责开展立法、家庭、学校、社会综合、网络、司法"六大保护防线"，搭建起了"1+1+5+6"未成年人保护"四梁八柱"①。各市（州）建立健全未成年人保护协调机制，挂牌设立未成年人保护中心、未成年人保护工作站，制定工作制度，健全工作机制，推动未成年人保护工作走深走实。同时，家庭教育方面，紧密结合《中国妇女发展纲要（2021—2030 年）》《中国儿童发展纲要（2021—2030 年）》《贵州省妇女发展规划（2021—2025 年）》《贵州省儿童发展规划（2021—2025 年）》（以下简称"两纲""两规"）中有关家庭教育主要目标的实现和策略措施的落实，"家家幸福安康工程"中家庭教育支持行动的实施，把家庭教育促进法的要求落到实处。

---

① 未成年人保护"四梁八柱"：四梁，指建立未成年人保护协调机制、明确未成年人保护各方的共同责任和分别责任、细化最有利于未成年人原则、建立未成年人状况统计调查分析制度；八柱，指未成年人监护制度、未成年人人身安全保障制度、未成年人受教育权保障制度、未成年人友好型社会环境建设制度、未成年人网络权益保障制度、未成年人福利制度、全面综合的未成年人司法保护制度、未成年人权利保护报告制度。

（三）深化部门协作是家庭保护防线的脉络

贵州紧盯未成年人保护关键环节和核心领域，精准施策、持续发力，全力筑起未成年人家庭保护防线。省民政厅工作专班研究制定 10 余项专项工作；聚焦"四个全覆盖"，重点对留守未成年人、困境未成年人进行监测，加强监护、救助和关爱服务。省委政法委也加强未成年人早婚早育的专项治理工作，持续优化"四位一体"监测报告制度，完善联动处置机制。团省委围绕强化预防未成年人犯罪，建立健全预防未成年人犯罪联席会议制度，推动开展"青少年零犯罪零受害社区（村）"试点创建工作。省检察院围绕强化未成年受害人特殊保护，依法严惩侵犯未成年人犯罪；大力推进"一站式"办案场所建设和使用模拟居家式环境；深入开展多元综合救助，从生活安置、复学就业、法律援助等方面帮助未成年被害人及其家庭摆脱困境。民政、教育、公安、卫健、司法、检察、法院、团委、妇联等部门互通共享数据信息，推动形成监测预警工作合力，构建多领域、全方位的未成年人信息监测网络。

三　贵州未成年人家庭保护防线存在薄弱环节

（一）家长未成年人保护意识尚需进一步提高

家庭是未成年人保护的第一把伞，家长（监护人）是未成年人保护的"第一责任人"。特困、留守、流动、单亲、残疾等困难困境未成年人往往来自"问题家庭"，未成年人的困难程度与家庭的异常程度呈现较高的相关度。家庭保护缺位的原因主要有：家长谋生无暇顾及、缺乏家庭教育的理论知识和方法、亲子沟通技能不足和家长自身矛盾转嫁到未成年人等方面。同时，受限于未成年人家长素质，部分家长重抚养轻教育，注重学习成绩、忽视德才教育，关注物质生活需求、忽略心理健康等观念，对未成年人权益保护意识不到位，存在教育缺位、教育不当和家庭暴力等问题，对未成年人缺乏正确有效的引导和沟通。部分家长有保护未成年子女合法权益的意识，但是缺乏维权的路径和方法。

（二）未成年人自我保护能力仍需进一步提升

未成年人所受教育主要来源于学校和家庭，当这两种场景对未成年人保护教育引导不足时，未成年人无更多树立自我保护意识、学习自我保护相关法律知识、增强自我保护能力的渠道。未成年人受教育过程中，同样需要知晓家庭保护的重要性，提升与家长沟通的技能。当未成年人权益遭受侵害，家庭和学校保护机制没有迅速响应时，未成年人缺乏自我维权的意识和能力。当家庭保护失效时，未成年人在寻求社会、司法等方面保护的能力不足，特别是受到不良"朋友"和网络信息影响，缺乏对是非善恶的甄别能力，甚至走上犯罪道路。

（三）社会对家庭保护的支持还需进一步强化

在现有传统学校教育体系下，没有教授国民如何经营家庭关系、做合格父母、正确开展家庭教育、掌握亲子沟通技巧等方面内容和课程，使得青年在步入婚姻时不知如何经营、生子育儿过程中不懂如何教育，家庭成员间存在分歧时不知如何有效沟通。随着观念的不断转变，社会逐渐认识到家庭教育在未成年人健康成长道路上有不可或缺的重要地位，意识到家长应当扮演好未成年人监护人的角色，承担起教育好子女的"第一责任人"职责。中共中央、国务院《关于进一步加强和改进未成年人思想道德建设的若干意见》强调"帮助和引导家长树立正确的家庭教育观念，掌握科学的家庭教育方法，提高科学教育子女的能力"。家庭保护在政府提供服务和社会提供支持的覆盖面和实效性上还需进一步提升，家庭保护和学校保护、社会保护、司法保护等方面的衔接还需进一步加强。

四　贵州未成年人家庭保护发展建议

（一）加强政策规划与阵地建设投入，为未成年人点亮前行"启明星"

一是牢牢抓住习近平总书记关于家庭家教家风重要论述和优化有利于未

成年人成长环境的根本遵循，围绕如何保障宪法、民法典、未成年人保护法、家庭教育促进法、反家庭暴力法和预防未成年人犯罪法等法律的落实，加快贵州省家庭教育促进相关条例的立法进程，让家长"依法带娃"更有针对性和可操作性。推进"两纲""两规"的有效实施，在未成年人保护专项工作、预防未成年人犯罪体系建设、中长期青年发展规划、儿童发展规划监测指标体系等内容中，加大对未成年人家庭保护防线建设、家庭教育指导、涉未成年人普法教育宣传、婚姻家庭矛盾纠纷预防化解等内容的支持力度，并细化工作措施。

二是加强家庭保护阵地建设，让未成年人有家以外的"避风港湾"，让未成年子女家长有接受教育和辅导的场所。2023年初，教育部、中宣部等13部门联合印发《关于健全学校家庭社会协同育人机制的意见》，明确了学校家庭社会在协同育人中的各自职责定位及相互协调机制。根据《贵州省"十四五"民政事业发展规划》"到2025年，城乡社区儿童之家功能覆盖率不低于95%"要求，加大资金投入力度，在各地开展儿童之家建设，形成家、校、社联动"三位一体"阵地，进一步补齐儿童关爱服务设施短板，通过课后照料、学习辅导、结对帮助等多种方式，为未成年人提供关爱服务。落实全国妇联、教育部等11部门印发《关于指导推进家庭教育的五年规划（2021—2025年）》要求，推动将家庭教育指导服务纳入城乡社区公共服务、公共文化服务、健康教育服务、儿童友好城市（社区）建设等，推动县级以上人民政府因地制宜设立家庭教育指导机构。加强家长学校阵地建设，在中小学、幼儿园、社区等地让家长学校"遍地开花"，让家长学校成为家长家庭教育水平提升的阵地和家校沟通的桥梁。

（二）加强家长和未成年子女双向普法，为未成年人撑起权益"保护伞"

一是通过多层次普法宣传让家长提升法治意识。围绕《贵州省法治宣传教育第八个五年规划（2021—2025年）》和家长应掌握的法律法规内容，通过集中宣传、专题宣讲、案例普法等方式，面向城乡居民、企业职工、机关干部等不同家长群体，分众化开展普法"进机关、进社区、进乡村、进企业"等活动。制作公益广告、微电影、微动漫、微课堂等作品，以网站、小程序、微信平台等网络的方式进行投放宣传，满足不同受众多层次、个性化需求。推动全民素质提升，让广大家长尊法学法守法用法，成为未成年人的法治老师和榜样。

二是加强未成年人普法宣传提升自我保护能力。进一步健全法治副校长制度，由教育、政法委、法院、检察院、公安、司法行政等部门形成合力，发挥法治副校长、法治辅导员的作用。同时，未成年人保护机构牵头各成员单位，探索未成年人易于接受的宣传形式和载体，从未成年人身心发展特点出发，站在未成年人的角度设计普法内容，从"大水漫灌"转向"精准滴灌"，让未成年人树立正确的人生观、价值观，提升辨别是非的能力，知晓在权益受到侵害时如何寻求有效帮助。

（三）加强家庭教育与家庭辅导服务，为未成年人搭建家庭"连心桥"

一是研发更多的家庭教育课程，提升家长"学历"。立足家长学校，依托社会组织的力量，广泛吸纳家庭教育指导师、心理咨询师、公益律师、社会工作者、志愿者等群体加入家庭教育队伍。深化"幸福家"家庭家教家风宣传教育品牌，对未成年人家长开展家庭教育讲座、个性化咨询和辅导服务，不断提高家长素质。推进研究校内家长学校、社区家长学校和网上家长学校的有效衔接，不断提升家庭教育的覆盖面、科学性和精准度，让家长时刻"主动"或"被动"接受家庭教育的熏陶，树立终身学习的榜样，通过言传身教潜移默化地感染身边的未成年子女。在此基础上，开展"最美家庭""文明家庭""好爸爸""好妈妈""好孩子"等模范的选树，让和谐、愉快、有序的家庭氛围感染每一个家庭成员。开展先进典型的宣传宣讲，发挥榜样的力量和示范带动作用，学有榜样、赶有目标，让争创先进典型的美好氛围在全社会广泛传播。

二是提升群众经营家庭的能力，为未成年人营造和睦氛围。试点建设婚

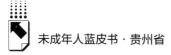
姻家庭辅导室，以多种方式开展婚姻家庭辅导服务。对申请结婚登记的新人，开展针对婚姻家庭相关法律、家庭角色和责任、沟通与冲突处理、家庭发展规划等宣传培训；对有需求的家庭成员开展婚姻质量测评，进行婚姻危机预防辅导，提供心理调适服务，开展家庭教育宣讲和亲子活动；对存在婚姻家庭矛盾的情形，进行情感危机干预和调节，提供情绪疏导、矛盾调解、法律咨询等服务。开展婚姻家庭矛盾纠纷的预防化解，加强婚姻家庭矛盾纠纷调解阵地、维权站点的建设。通过多方"外力"干预调和家庭关系，为未成年人营造和睦、友爱的家庭环境，不仅保护未成年人成长，更有利于促进未成年人成才。

参考文献

陈航宇：《加强家庭保护预防未成年人犯罪》，《法制博览》2020年第3期。

陈彦玲：《促进家庭教育全面发展共建共享温暖之"家"——市妇联全国家庭教育工作纪实》，《林芝报》（汉）2022年5月13日，第2版。

储招杨：《新法视角下未成年人家庭保护的理念解读与实施建议》，《青少年学刊》2021年第6期。

黄碧云：《超六成家长积极回应家庭教育问题》，《佛山日报》2022年5月10日，第A7版。

李明舜：《妇联组织实施家庭教育促进法的定位与职责》，《中国妇女报》2021年12月6日，第6版。

梁婧琪：《未成年人家庭保护的路径探索——基于2022年一季度在内江地区的调研》，《南方论刊》2022年第7期。

刘向宁：《我国青少年家庭保护制度的逻辑演进——以近30年来的主要立法和政策为中心》，《中国青年研究》2022年第6期。

施绍根：《用情呵护成长 同心守护未来——贵州全力推进未成年人保护体系建设》，《中国社会报》2022年6月2日，第1版。

中共中央党史和文献研究院编《习近平关于注重家庭家教家风建设论述摘编》，中央文献出版社，2021。

B.4
贵州未成年人家庭教育立法的
实践及完善路径研究

樊凌伊　王宏*

摘　要：《贵州省未成年人家庭教育促进条例》的颁布实施，为全省家庭
教育工作提供了强有力的法治保障。同时，与家庭教育有关的多
项政策不断出台，阵地建设、队伍建设不断加强，成效显著。随
着《中华人民共和国家庭教育促进法》的出台实施与经济社会
的快速发展，贵州省的家庭教育立法存在条款操作性有待增强、
职责协同不够明确、立法修订不及时等问题。未来，贵州省的家
庭教育地方立法需进一步从加强政府主导地位、强化政策供给、
完善立法技术等方面进行修订，为提升贵州省家庭教育公共服务
能力与促进家庭教育发展提供法治保障。

关键词：　家庭教育　地方立法　未成年人　贵州省

党的十八大以来，习近平总书记多次强调要"注重家庭、注重家教、
注重家风"，并深刻指出"家庭的前途命运同国家和民族的前途命运紧密相
连"。家庭教育一直被认为属于私人领域，是"家事"。但随着我国经济社
会的发展与转型，家庭事务与家庭教育早已超出了私人领域，转变为具有公
共社会性的事务，是影响着国家未来命运的国事和大事。强化家庭教育，关

---

* 樊凌伊，贵州师范学院马克思主义学院副教授，主要研究方向为理论法学；王宏，贵州财经
大学法学院副教授，主要研究方向为理论法学。

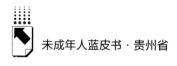

乎个人成长成才、家庭幸福美满，更是社会和谐与发展的基本保障。

《贵州省未成年人家庭教育促进条例》于2017年10月正式实施，贵州是全国第二个出台家庭教育地方法规的省份。出台五年多来，贵州不断健全未成年人家庭教育和保护的地方性法规体系，用法治思维和法治方式来帮助父母提升教育理念，规范教育行为。随着经济社会的快速发展，加之《中华人民共和国家庭教育促进法》的出台实施，家庭教育的内容与方式发生了场景与模式的变化，贵州的家庭教育立法体系中出现了一些不适应情形，比如条款操作性有待增强、职责协同不够明确等，需要及时修订进行完善与规范，实现对地方立法功能的优化和质量提升，为推进贵州省家庭教育高质量发展提供法治支持。

一 贵州未成年人家庭教育立法的特色创新与实施成效

2017年8月3日，贵州省人大常委会通过了《贵州省未成年人家庭教育促进条例》（以下简称《条例》），这是我国大陆地区第二部家庭教育地方性法规。《条例》自实施以来，家庭教育工作得到了前所未有的重视，家庭教育工作体制机制得到了进一步完善，实现了多部门统筹推进的良好工作格局。

（一）特色创新

《条例》作为全国第二个出台的条例，全文共计七章四十一条，分为总则、家庭责任、政府主导、学校指导、社会参与、特别规定、法律责任七个部分。与国家及其他省区市家庭教育立法名称不同，贵州的家庭教育立法更加突出了针对未成年人的家庭教育，有效解决了贵州未成年人家庭教育立法的重点难点，与后期《中华人民共和国家庭教育促进法》和其他省区市颁布的地方家庭教育法规相比，《条例》具有自身的特色和创新。

1. 关于家庭教育的培育内容

《条例》第二章"家庭责任"明确了父母应当与未成年人共同生活，因特殊原因不能共同生活的，应当委托其他监护人，并通过多种方式与未成年人交流。本章规定了家庭成员要学习家庭教育相关知识，倡导全社会注重家庭、家教、家风，培育积极健康的家庭文化，营造文明和睦的家庭教育环境。

2. 关于政府主导的定位职责

《条例》总则规定了建立家庭主体、政府主导、学校指导、社会参与的机制。第三章"政府主导"明确了各级政府要发挥主导作用，通过各种方式，督促有关部门做好家庭教育工作并营造未成年人健康成长的良好环境。各级政府要采取措施，建立健全部门联动机制，支持和帮助家庭教育缺失和外来务工人员的家庭，设定多种求助途径，便于未成年人遭遇危害与困境时寻求帮助。

3. 关于特殊家庭的专项工作

贵州是外出务工人口的大省，农村留守儿童数量较多，同时，特殊困境与流动人口家庭的家庭教育状况也不容乐观。由于各种原因，这类儿童合法权益受到侵害的事件时有发生。《条例》积极回应社会和群众关切，突出问题导向，第六章"特别规定"专章明确各级政府、家庭教育议事协调机构与家庭教育服务机构关照特殊困境家庭、留守儿童家庭、流动人口家庭的工作职责与范围。

（二）实施成效

《条例》实施以来，家庭教育相关政策不断出台，阵地建设不断加强，广大家庭知悉了相关内容，履行家庭教育主体责任，护航未成年人健康成长，贵州省家庭教育工作迈上了新的台阶。

1. 出台政策不断完善家庭教育工作机制

自2014年连续开展家庭教育专题调研并出台《条例》后，贵州有关部门和人员积极向两会提交保护未成年人等议案提案，推动地方性立法，不断健全未成年人家庭教育和保护的地方性法律法规体系。比如，出台《贵州省妇联"家家幸福安康"工作方案》，出台《关于进一步加强贵州省家庭家教家风建设的实施方案》，常态化开展寻找"最美家庭"活动，引导广大妇女和家庭建设好家庭、传承好家教、弘扬好家风，推动社会主义核心价值观在家庭"落细落小落实"。再比如，出台《关于指导推进贵州省家庭教育的五年规划（2021—2025 年）》等政策文件，进一步完善家庭教育的工作机制。

2. 整合资源不断加强家庭教育阵地建设

整合高校、社会各方优秀的家庭教育资源，成立贵州省家庭教育指导中心，并指导各市州拓展家庭教育学会或协会，开启了省妇联家庭教育专业化道路。2020 年，"贵州省家庭教育指导中心"等 10 家单位获全国妇联办公厅、教育部办公厅命名为"全国家庭教育创新实践基地"。省、市、县、乡、村五级妇联共建"幸福家"家庭家教家风省级实践示范基地 30 个，2022 年建"幸福家"社区（村寨）家长学校 25 个，探索社区（村寨）家长学校建设新路径，确保各级妇联开展未成年人家庭保护工作有平台有抓手。①

3. 队伍建设不断提升家庭教育服务水平

组建了以李玫瑾教授、孙云晓老师等全国知名专家为专家顾问，由省内教育、心理、法律等领域的核心专家和骨干教师等 192 人构成的省级家庭教育专业人员队伍。组建"幸福家"家庭家教家风宣传教育队伍近千人。组建"小桔灯"亲子阅读推广项目志愿者队伍 1800 余人。2018 年以来，共开展省级家庭教育"七进"大讲堂上百场，开展"幸福家"家庭家教家风宣传教育活动 2000 余场 43 万余人次。有关部门联合省妇联家庭教育专家团队开展《如何尊重并关爱孩子，避免家庭暴力》等家庭教育线上公益讲座 10 期，为全省广大家庭提供科学有效的家庭教育指导，营造保护未成年人的良好氛围，380 余万家庭参与线上线下学习。利用各级妇联微信公众号等平台，推广先进的家庭教育理念和方法；通过购买专业服务，针对困境儿童家庭、留守儿童家庭与流动儿童家庭开展家庭教育指导服务。

①　资料来源于贵州省妇联家儿部。

4.活动引领不断营造家庭教育良好氛围

在全省城乡常态化开展评选"五好家庭"和寻找"最美家庭"等丰富多彩的家庭文明建设活动,近 5 年来,共推出全国最美家庭 170 户、五好家庭 76 户,省最美家庭 607 户、五好家庭 50 户;推出"小桔灯亲子阅读推广项目",在社区、幼儿园、学校、各级图书馆、私人书坊、商业书店、儿童之家等建立"小桔灯"亲子书屋 693 家,招募项目志愿者 1822 名,开展省级示范线上、线下活动 727 场,举办年度省级大赛 5 次,助力家长履行好家庭教育主体责任;开展以"依法家教与爱黔行"为主题的家庭教育促进法、未成年人保护法宣传活动,发布《爱的守护》等未成年人保护法短视频,阅读量达 68 余万人次;联合主流媒体发布《铸牢中华民族共同体意识,培养家国情怀》等主题宣传海报 12 条,浏览量达 250 余万人次。开展"家庭心向党 喜迎二十大"最美全家福征集展播活动,展播全家福 89 个,670 余万人次阅读、点赞、转发。① 这些系列活动,进一步提升了儿童自我保护能力,增强了家长儿童保护意识,构建起学校、家庭、社会"三位一体"的保护网,强化了全社会关心和保护未成年人身心健康的意识和责任。

二 修订贵州未成年人家庭教育立法的必要性分析

《中华人民共和国家庭教育促进法》于 2021 年 10 月 23 日通过,标志着我国家庭教育从家事家规上升为国事国法。对照家庭教育促进法,贵州省六年前制定的《条例》部分内容与上位法不相一致,与当前贵州省家庭教育工作的实际也存在一定差距。为了维护国家法制统一,推动家庭教育促进法在贵州省的全面实施,有必要对《条例》进行全面修订。

(一)《条例》未能解决当下家庭教育的新问题

随着经济社会快速发展,生活各个方面都发生了深刻变革,家庭教育呈

---

① 资料来源于贵州省妇联家儿部。

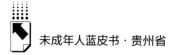

现一系列新情况与新问题，给新时代的家庭教育提出新的挑战，亟待通过政府政策供给与修订《条例》加以规范和引导。

1. 家庭代际分歧与家庭教育发展失衡

家庭代际分歧主要表现为两代人的代际冲突。祖辈历经社会政治经济的变迁，从物质的匮乏到丰富，随着时代不同与生活场域的变化，其自身的习惯难以直接移植到新的生活场域。由于外在社会环境与心理生理存在差异，共同居住在一起的两代人在观念和行为方式上出现矛盾与对立，科学育儿逐渐取代经验育儿，而祖辈仍习惯于按原有方式来照顾未成年人。由于没有明确的照顾责任分工，家庭教育存在代际分歧，家庭中缺乏规范，未成年人面对不同意见的教育方式往往不知所措。此外，经济发展水平不同直接导致并加剧了家庭教育发展的失衡。经济发达地区的家庭教育明显好于欠发达地区，城市好于农村。欠发达地区的家长忙于生计，家庭教育方式简单传统，普遍存在"训斥、打骂、控制、支配与强迫"等教育行为，家庭教育缺乏科学有效性，难以形成正确引导教育的观念。无论城市与农村，仍然普遍存在重智轻德的现象，偏离了全面发展的教育目标。

2. 农村留守与困境儿童家庭教育缺失

截至 2021 年 6 月 1 日，全省尚有孤儿 1.2 万人，事实无人抚养儿童 1.6 万人，被纳入"低保保障"的儿童 75.4 万人，重度残疾儿童 6.9 万人。贵州是外出务工大省，仅 2021 年脱贫劳动力外出务工就超过 300 万人，截至 2021 年底贵州省留守儿童数量达 87.5 万人，主要集中在 6~14 周岁，处于生理和心理发展的重要时期。① 农村家庭往往忽略家庭教育的主体责任，家长主体意识不强，简单地将孩子交由祖辈或旁系亲属监护，家庭教育中的亲子教育转为隔代教育。通过近几年我国流动人口报告统计数据可以得知，乡村孩子 95% 都是由祖辈进行监护，且祖辈只有 30% 的人文化程度在小学以上，同时父母与孩子之间缺乏沟通，60% 的孩子与父母的联系一周不超过两

---

① 《贵州儿童关爱保障成效》，人民资讯，2021 年 6 月 1 日，https：//baijiahao. baidu. com/s？id＝17013111638 65414859&wfr＝spider&for＝pc。

次。他们的父母长年外出务工，而受委托监护人通常受教育程度低，无法开展良好的家庭教育。虽然目前全省儿童之家已建设万余个，但调研发现，儿童之家建设和运行的水平较低，很多儿童之家由于缺乏运营人员的投入，最后成了物资堆放的仓库，没能达到应有的效果。

3. 未成年人"精神抚养"意识不强

随着社会的不断进步与发展，按理说，现代家庭中应该更加注重子女的精神滋养与全面发展。但现实却相反，家长越来越关心孩子的学习成绩，除了要求孩子对书本知识的掌握，对孩子人格发展、道德素养以及社会技能等方面发展却要求不高。不少家庭认为教育孩子的第一位责任属于老师与学校，家庭教育意识淡薄。通过随机调查，关于家风家教的 1000 份调查问卷显示，在回答家庭最关心孩子什么时，800 人选择了身体健康，占 80%；其次，680 人选择学习成绩，占 68%；380 人选择了道德品质，占 38%；另外选择兴趣爱好的 210 人，占 21%。[①] 家长们认为，给孩子提供吃、穿就行了，好好学习，以后养活自己就够了，忽略用陪伴和爱来促进未成年人精神素养的发展。

4. 数字媒体带来的家庭教育代沟困惑

互联网带来了数字化便捷的生活方式，也带来了数字代沟，尤其是家庭成员之间在面对数字媒体时理念、体验、技能与使用方面存在差距。《2020年全国未成年人互联网使用情况研究报告》显示，脱贫攻坚战和数字中国建设如期完成，我国城乡未成年人互联网普及率差距并不显著，差距仅为0.3 个百分点，城镇未成年人互联网普及率达到 95.0%，农村未成年人达到94.7%。然而，互联网越是普及，对家庭教育成员的网络素养要求就越高。当下的未成年人是名副其实的"数字一代"，家长对于未成年人网络素养的培养，需要从观察者角色转换为参与者角色。未成年人的网络素养教育与风险防范，首先要依赖于家长的网络安全意识和网络素养，而疏于管理或"网盲家长"并不能很好地对子女进行数字媒体教育，不利于未成年人正确

---

① 资料来源于贵州省妇联家儿部。

使用智能手机，使得数字媒体的发展反而进一步加剧了数字代沟，拉开了家庭数字教育差距，动摇着教育公平。在数字媒体时代，家长和未成年人必须重视数字媒体教育，政府关于家庭教育政策的制定应更加关注内在质的公平，即如何利用数字共同受益而促进教育公平。

（二）《条例》未能满足当下家庭教育的新需求

《条例》在促进贵州未成年人更好成长方面发挥了重要作用，但从《中华人民共和国家庭教育促进法》新近出台与《条例》五年来的实施情况看，当前贵州家庭教育的地方立法出现了一些新需求。

1. 家庭教育内涵性有待扩展

家庭教育的内涵影响着家庭教育的立法目的、篇章结构与调整范围。狭义的家庭教育以未成年人发展为主要目的，促进子女健康成长是家庭教育的主要责任，把调整对象限定为未成年子女。如此只用修订完善未成年人保护法中"家庭保护"一章内容，归为未成年人法律体系的一部分即可，没有必要单独立法。然而揆诸现实，未成年子女的家庭教育问题不仅仅是未成年子女的教育问题，也与家庭其他成员的教育息息相关。如果把家庭教育化约为仅针对未成年人的家庭教育，是不能解决实际问题的。目前，国家层面与各省区市的地方家庭教育立法均采用了家庭教育的狭义内涵，这点需要进一步完善。广义的家庭教育以家庭发展为终极目标，是双向互动的亲子教育，家庭教育的立法目的也应该是实现父母与子女的共同终身成长，促进家庭整体关系发展，健全家庭功能，广义的家庭教育定义更符合家庭教育的本质。因此，从家庭教育发展目的出发，贵州省《条例》的修订及配套法律规定可以适当扩展家庭教育内涵，以有效解决家长自身的教育学习问题。

2. 立法修订时效性有待提高

贵州省《条例》毕竟早于《家庭教育促进法》出台五年有余，难免会出现和全国性立法相冲突、重复的现象，这便影响了地方立法的实效性。例如，《家庭教育促进法》已明确规定关于家庭教育指导、宣传义务等内容，其某些条款比大多数地方立法更加细致。家庭教育是教育的起点和基点，也是教育体系的一个重要方面。家庭教育的全国性立法把教育行政部门与妇联共同作为牵头责任主体更为科学和合理。所以，为更好衔接《家庭教育促进法》与应对立法运行过程中出现的新问题、新情况，贵州省地方立法机关需要及时根据全国性立法的相关规定调整地方立法的内容，以增强家庭教育地方立法的科学性和合理性。

3. 条款内容操作性有待增强

《条例》要求"各级人民政府应当建立特殊困境未成年人关爱救助机制"，但《条例》本身并未对"特殊困境未成年人"进行清晰的界定。这一点，《条例》应当及时修订，与2021年修订的《贵州省未成年人保护条例》保持一致。《条例》在描述相关责任主体有关违法情节达到何种程度方面，以"情节严重"来概括，并未给出具体界定办法，在认定时难免会受到主观判断影响。此外，问责形式也表述模糊。在对主体进行问责时，缺乏对某种违法行为确定且具体的法律责任规定，笼统规定为"责令改正""依法给予处分"，对于改正效果跟踪与指导有所忽视。《条例》的修订必须避免立法问责模糊的问题，对于违法行为不能仅给予批评教育，还应根据违法行为的具体特点、结果的严重性等，对应规定相关民事、行政和刑事法律责任，增强家庭教育立法的引导力与约束力，避免违法行为发生。《条例》中类似鼓励性与倡导性等"软法"比较多，这导致法律条款含义模糊、可操作性较弱。开展家庭教育指导志愿服务未明确鼓励支持的标准等事项，导致激励机制过于模糊。凡此种种，在现实中不免遭到强制性、实效性不足的质疑，容易造成"不执法也不违法"的现象。

4. 部门职责及协同性有待明确

《条例》规定政府要发挥主导作用，建立健全部门联动机制，但具体工作分别由各级妇联、教育行政、民政等部门共同承担，各部门职责内容不同，对家庭教育的关注与切入角度不同，导致家庭教育工作很难形成长效规范机制，家庭教育工作容易呈现多头管理、相互推诿、制度真空等无序的现象。此外，《条例》第八条规定，县级以上政府妇女儿童工作委员会是本行政区域内议事协调机构，负责组织、协调、指导、督促有关部门做好家庭教育相关工作，但具体工作的推进还是需要明确主管部门来牵头，监督和法律责任体系还需具体明确，如此才可以保障规范主体落实相关义务，避免责任不明，相互推诿。家庭教育是一项庞大且系统的工作，需要各责任主体各自担责与相互配合，《条例》存在多元主体责任分担不明与各责任主体间协同性不够等问题，导致现实中在开展家庭教育相关工作时容易出现缺位、越位等问题。

三 贵州未成年人家庭教育立法的路径

《条例》的出台顺应了时代需求和家长需要，面对经济社会快速发展，贵州省家庭教育工作也面临着诸多挑战。建议未来贵州家庭地方立法对标《中华人民共和国家庭教育促进法》，结合现实中的具体问题，重点关注以下几大方面。

（一）推进家庭教育法治队伍建设

家庭教育法治队伍建设是家庭教育的有力抓手与必要前提。首先，加强家庭教育法治研究队伍建设。目前，家庭教育的研究群体主要集中在贵州个别师范院校，以教育学、心理学的专业队伍居多，而法学界参与的人数不足，从法治视角研究家庭教育的成果少，这意味着贵州省家庭教育的法治研究还未进入法学主流视域。所以，需要打造人民群众与专家学者共同参与家庭教育的政策法治与机制体系研究。比如，《家庭教育促进法》作为我国家庭教育领域的第一部法律，意义重大，应借助法律释义学的基本方法，对每一个条款进行深入研究，推动《家庭教育促进法》的文本研究与地方立法落实，进而完善贵州省家庭教育地方立法的体系化，同时也产生宣传效应。其次，加强家庭教育法治宣讲队伍建设。建立健全家庭教育培训制度，培养家庭教育专门法治人才。各部门把《家庭教育促进法》纳入普法清单，将其作为年度落实普法责任制考核内容，积极宣传普及《家庭教育促进法》相关条款知识。深入各地高校，加强对家庭教育类法律法规学习，开展

《家庭教育促进法》的宣讲和重点条款解读；在社区、中小学家长会等地点集中宣传《家庭教育促进法》，提升家庭教育的法治意识，树立科学的教育观念。最后，加强家庭教育法治服务队伍建设。学校通过学科建设与业务指导等方式，形成教育前置性和预防性的良好生态，促进家庭教育科学发展，建设家庭教育法治服务队伍。针对涉案未成年人或者涉案家庭，要加强未成年人司法保护，建立健全规范化、专业化的家庭教育指导工作机制；公检法司要强化协同配合形成合力，为完善家庭教育国家支持和社会协同提供保障和服务；以保护未成年人合法权益为原则，进一步实现家庭教育指导、矛盾纠纷化解、子女探望落实、普法宣传帮教等功能规范化、常态化，共同为未成年人营造良好的法治和社会环境。

（二）采用家庭教育广义内涵界定

家庭教育采用广义内涵符合家庭教育的未来与政策。首先，家庭教育问题是引起未成年人种种问题的第一起因。单单谈论未成年人家长对于子女的教育并不能有效解决问题根源。现实中，部分家长无视自身的因素，对待子女教育重视度不够，过分依赖学校，认为教育孩子是学校和教师的事情，还有的家长外出务工后，将子女的监护权随意移交给了祖辈或亲朋，狭义的家庭教育不能解决家长的问题。其次，家庭教育广义内涵符合我国建设学习型社会和加强家庭建设的宏观政策方向。采取广义的家庭教育内涵意味着家长在家庭生活中角色的转变，通过法律的规定，把家长与子女同归为受教育者，共同学习，营造幸福的家庭，促进社会和谐。最后，家庭教育立法采用广义内涵能够避免立法资源的浪费。采取广义的家庭教育立场来制定家庭教育法，不仅能够促进家庭整体关系发展，定位健全家庭全面功能，而且将立法视野扩展到整个家庭之中，统一高效协调各类资源，从而节省成本。

（三）强化家庭教育中的数字网络教育

首先，加快推动农村家庭教育数字培训。农村留守儿童和困境儿童所在家庭较城乡普通家庭而言，其家长更加缺乏数字媒介的观念，《家庭教育促进法》第三十条专设一条，规定了健全农村留守儿童和困境儿童关爱服务体系，注重家长和未成年人的数字素养培养和网络安全教育。其次，加强对未成年人的网络教育与监管。明确网络教育和社会监管中各方责任。针对一些未成年人沉迷网络游戏的现实，加强学校的网络教育职责，强化监护人预防未成年人沉迷网络的责任。对预防网络欺凌、禁止将手机等智能终端带入课堂等社会关切的问题也作出相应规定，力求实现对未成年人的线上线下全方位保护。明确各类场所对涉及未成年人保护的要求和公共场所的安全保障义务，对未成年人寻求自我保护也要作相应规定。最后，保障家庭教育网络教育经费。加大薄弱边远农村学校的硬件设备投入，抓好科技赋能的时代机遇，精准化配置家庭教育支持和保障，积极推动协同式家校网络教育。

（四）重视立法的及时性与技术性

新时代，我国社会的主要矛盾转化为人民日益增长的美好生活需要和不平衡不充分的发展之间的矛盾，习近平总书记指出："人民群众对立法的期盼，已经不是有没有，而是好不好，管用不管用，能不能解决实际问题。"立法要从"有法可依"向"良法善治"转变。首先，《条例》的修订要重视法律的可执行性。贵州省2017年10月颁布实施《条例》，在促进全省家庭教育发展、家长履行责任和义务等方面取到了积极作用。但在实践中存在内容不够具体、针对性和可操作性不强、作用发挥不到位等问题。《条例》修订要聚焦贵州实际，上位法规定明确具体的，尽量不再重复，坚持问题导向，通过立法切实及时解决家庭教育发展中的实际问题，少一些原则性的条款，多一些细化、量化的规定，切实做到所立之法能站得住、行得通、真管用。比如，实施多部门联席会议制度并建立促进委员会实现对各职能部门的垂直指导和管理，也可规避多头管理下责权不明的问题，建议赋予妇女儿童工作委员会、妇联一定的行政管理权限，细化家庭教育指导服务的具体措施，建立考核评价与社会反馈机制等。其次，《条例》修订要突出法律的及时性。《条例》内容与上位法抵触或者不一致的，进行修改或删除；对于符合上位法精神且符合贵州省实际的规定，予以保留；将《家庭教育促进法》中规定较为笼统的部分进行细化，结合贵州省实际情况，使立法内容更好落地、立法目标充分实现。坚持系统化整体性思维，注重法规的协调性。比如，与《贵州省未成年人保护条例》《贵州省预防未成年人犯罪条例》等一并统筹考虑，使之既相互衔接又各有侧重，为贵州家庭教育事业发展提供更全面的法治保障。最后，增强《条例》立法的技术性。立法技术影响立法的质量和法律的实施效果，综合考量贵州省家庭教育的特殊问题，凝练出有用经验并加强配套法律制度的建设。强化国家与地方家庭教育立法的一致性与互补性，灵活运用相关政策，扩展家庭教育立法内容。

（五）增强家庭教育保障激励机制

家庭教育保障激励机制是家庭教育高质量发展的保障。首先，增加激励性措施。家庭教育地方立法是为了解决家庭教育发展问题，具有引导促进和鼓励支持的功能。《条例》中大量"应当"的命令式法律术语强制父母、学校和社会机构履行家庭教育的职责与义务，比如规定每年父母应当与未成年人团聚，缺乏评判标准，执行效果难以实现立法初衷，建议以奖励或补助的形式推动家庭教育工作的开展。其次，积极推动构建与拓展家庭教育服务体系。深入贯彻习近平总书记系列讲话中关于"注重家庭、注重家教、注重家风"的指示精神，出台家庭服务体系建设的指导方案或意见，制定家庭教育指导服务的规范和标准，建立家庭教育指导服务从业管理规范，明确家庭教育机构设立的准入门槛、培训基本要求甚至收费标准等，同时在师范院校中探索设立家庭教育研究和培训机构，摸索出一条适合贵州家庭教育发展的路子。加强家庭教育行业规范和管理，建立家庭教育指导服务准入制度。最后，积极推进建设"家校社"协同育人体系。党的二十大报告首次将"健全学校家庭社会育人机制"写入党的政治报告，彰显出家庭教育在教育体系中的重要位置。2023 年 1 月 13 日，教育部等 13 部门联合印发《关于健全学校家庭社会协同育人机制的意见》，建议《条例》将建立"家校社"共育工作体系作为落实《家庭教育促进法》的突破口，引导中小学建立系

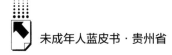

统化、规范化家校社共育体系。建立健全家庭、学校、社会协同育人机制，积极搭建各责任单位内部的反馈信息沟通渠道，共同助力贵州省家庭教育向前向好发展。

（六）提升受托监护人的教育能力

增加对困境未成年人的特殊保护是家庭教育的底线要求。首先，扩展贵州省特色特殊保护的专章内容。针对贵州省农村留守儿童和困境儿童人数规模较大、权益保护不足等问题，对留守和困境未成年人实施特殊保护，明确监测预警、风险评估、生活保障、教育保障、医疗保障等制度，强化各级各部门职责，细化各项保护机制措施。其次，帮扶特殊儿童的受托监护人提升教育能力。增强留守孩子家长、受托监护人的家庭教育意识，让其更重视家庭教育，并勇于担当家庭教育的职责。在父母务工后，孩子在各方面依然能获得关心与帮助。最后，加强外出务工家长开展线上线下家庭教育培训。通过各种培训与学习指导监护人提高社会责任感，确保监护人与孩子的沟通交流能够有爱有心有效。

参考文献

邓静秋：《家庭教育促进法的宪法逻辑》，《苏州大学学报》（教育科学版）2021 年第 4 期。

丁晓东：《社会法概念反思：社会法的实用主义界定与核心命题》，《环球法律评论》2021 年第 3 期。

江国华、童丽：《促进型地方立法实证研究》，《社会科学研究》2021 年第 3 期。

姜国平：《论我国家庭教育的政府职责及其立法规范》，《中国教育法制评论》2019 年第 1 期。

姜明安：《软法的兴起与软法之治》，《中国法学》2006 年第 2 期。

李明舜：《家庭教育立法的理念与思路》，《中国妇运》2011 年第 1 期。

刘丽、邵彤：《我国家庭教育地方立法的经验与不足———兼评〈中华人民共和国家庭教育法（草案）〉》，《湖南师范大学教育科学学报》2021 年第 3 期。

罗爽：《我国家庭教育立法的基本框架及其配套制度设计》，《首都师范大学学报》（社会科学版）2018 年第 1 期。

魏衍、李海云：《我国家庭教育立法研究》，《教育评论》2020 年第 5 期。

杨咏梅整理《新中国 70 年家庭教育经验与反思》，《中国教育报》2019 年 6 月 27 日，第 10 版。

叶强：《论家庭教育的政府责任及其立法规范》，《湖南师范大学教育科学学报》2020 年第 1 期。

学校保护篇

The Chapters of School Protection

B.5
新时代青少年主流意识形态塑造的
困境与对策分析

汪 勇　袁凯松　冯康姝　潘 萍*

摘　要： 青少年主流意识形态塑造是一项关系国家未来发展、伟大复兴事
业的重要任务，是学校、家庭、社会协同推进的重要事项。新时
代党和国家十分重视意识形态问题，注重青少年价值观塑造，意
识形态领域形势发生全局性、根本性转变，取得了巨大成就，主
流意识形态认同度显著提升；但仍然存在泛娱乐化以及各式各样
错误思潮的影响，呈现注意力分散、认同度有待提高的状况。对
此，需要统筹规划、加强顶层设计，结合青少年的身心特点、时
代特征以及主流意识形态的内涵和内容建设，从而对"拔节孕
穗期"的青少年进行有效的价值引领，使其成为德智体美劳全
面发展的社会主义建设者和接班人，让其为我国改革事业稳定接

* 汪勇，贵州医科大学副教授，法学博士，主要研究方向为网络意识形态、青少年保护；袁凯
松，贵州省委宣传部四级调研员；冯康姝，开阳县第六小学教师；潘萍，贵州开放大学（贵
州职业技术学院）党委教师工作部（人事处、教师工作处）教师。

续发展建功立业，为中华民族的伟大复兴事业培育生力军和中坚力量。

关键词： 青少年 主流意识形态 价值观 贵州省

青少年是祖国的未来，他们对主流意识形态的认同程度影响着社会主义伟大事业的前途和命运。党的十八大以来，我国"意识形态领域形势发生全局性、根本性转变"①。中共中央、国务院印发的《中长期青年发展规划（2016—2025 年）》，把"思想道德"作为青年十大发展领域的问题，明确社会主义核心价值观的主流意识形态建设，要求进一步提高人民的文明素质和思想道德水平，筑牢实现民族伟大复兴目标的共同思想基础。我国主流意识形态认同持续增强，但随着网络技术的发展，泛娱乐主义、历史虚无主义、新自由主义等错误思潮以更加隐蔽形式不断渗透，影响着青少年的身心发展；长远来看，势必影响我国现代化强国建设和中华民族伟大复兴任务完成。对此，需要审视新时代青少年成长的环境特点、心理特征，以及思想状况中存在的问题，探寻有效的应对之策。

一　新时代青少年主流意识形态塑造的现实要求

改革开放以来，我国取得了举世瞩目的成就，特别是党的十八大以来，我们办成了许多大事，取得了历史性成就和历史性变革。中国特色社会主义进入新时代，社会主要矛盾发生转化，人们生活环境、话语体系都出现新特点，这也给青少年主流意识形态塑造提出了更高要求。

---

① 习近平：《高举中国特色社会主义伟大旗帜为全面建设社会主义现代化国家而团结奋斗——在中国共产党第二十次全国代表大会上的报告》，人民出版社，2022，第 10 页。

（一）生活环境新变化的要求

如今，科学信息技术的飞速发展，特别是网络新媒体的出现，使人们生活空间、生存方式发生了颠覆性变化。网络空间已经成为当代青少年的重要活动场所，成为他们重要的学习、社交和娱乐工具，深刻影响他们的成长。2021 年，我国未成年网民规模达 1.91 亿人，未成年人互联网普及率达 96.8%。① 网络、智能手机的普及，使网络空间成为青少年成长过程中不可或缺的活动场域，网络改变着我国社会空间、人际交往和社会结构。毫无疑问，当代青少年属于互联网的"原住民"。一定程度上，青少年的学习、生活和交往的中心转移到网络虚拟空间，网络虚拟空间的视频平台成为获取信息、拓展知识的重要渠道。作为互联网"原住民"或者说"数字原住民"，青少年智识尚未成熟，加之网络空间的变革和迭代速度日趋加快，绝大部分青少年不具备有效辨别网络空间中各种纷繁复杂的信息的能力。他们有着与父辈们迥异的生活图景，网络数字信息技术在给青少年获取信息知识、人际交往带来便利的同时，也通过这一空间重塑和重构了他们的学习工作、人际交流和娱乐方式等方面，可以说，数字化的网络虚拟空间与青少年的人生成长嵌为一体。如今，在人们生活的数字化、网络化的大趋势下，元宇宙、ChatGPT 等新的网络信息技术新形态不断更新与迭代，作为数字"原住民"的青少年，他们的生活生存环境发生了巨大变化。"元宇宙基于高度发达的 AI 算法、网络虚拟技术和生物数字技术，在实体宇宙中构造了并非真实存在却能全方位沉浸体验、立体式实时交互、多维度真切感知的时空场景系统。"② 而目前兴起的问答式的 ChatGPT，看似是获取知识和信息的重要渠道，但算法黑箱仍不能忽视，其提供的回答带有 AI 训练和设置的偏见。这一系列网络数字新形态在技术应用、生活方式和伦理价值等方面至今存在诸多不确定性，这也给未来

---

① 共青团中央维护青少年权益部、中国互联网络信息中心：《2021 年全国未成年人互联网使用情况研究报告》，2022，第 1 页。

② 张敏娜：《元宇宙技术对未来文明的价值演绎》，《理论与改革》2022 年第 6 期，第 54～67 页。

网络空间的发展带来更多的未知挑战。这些挑战无疑会影响"互联网原住民"的青少年的健康成长，并给青少年主流意识形态建设提出更高要求。

（二）新时代话语转换的要求

"每个时代都有每个时代的精神，每个时代都有每个时代的价值观念。"[①] 进入新时代，社会主义矛盾发生变化，主流意识形态的话语内容和表征系统，不论是顶层官方话语，或是底层宣传话语，在原有的体系上都发生了变化，结构更加多元，内涵更为丰富。话语作为表达人们思想、观念、意识的重要载体，是对现实物理世界的阐释和说明，反映人们对物质生产活动的认识。但是在解读中国实践、构建中国理论上，我国阐释性话语还存在解释力和构建力不强的问题，尤其在国际上声音不够响亮，话语体系建设明显滞后。"还处于有理说不出、说了传不开的境地。"[②] 究其原因，除了人们存在认识限度和话语表达受局限之外，还存在对社会现实的认知深度不够、存在话语的"言不由衷"局面，不能完全及时反映社会当下的境况。此外，主流意识形态话语具有严谨性和规范性，常常缺乏生动活泼的表达形式，其底层的宣传话语多数难以符合青少年的话语习惯和表现形式，从而不易捕获青少年的心。

话语作为思想、观念、意识等认知的外部表征而存在，本身具有天然的滞后性。主流意识形态话语作为传递党和国家核心价值理念的核心载体，需要克服话语滞后性，依据时代背景、社会环境、言说对象、理论内涵等因素变化适时调整，从而保持话语的有效性。新时代主流意识形态话语发生了深刻的变化，加之青少年的话语方式有其独特性，要想让主流意识形态在塑造青少年价值观方面发挥主导作用，需要深入挖掘青少年喜闻乐见的新时代阐释话语和表达形式。

---

① 中共中央党史和文献研究室编《十八大以来重要文献选编》（中），中央文献出版社，2016，第 3 页。

② 习近平：《习近平谈治国理政》（第二卷），外文出版社，2017，第 346 页。

（三）青少年心理适应的要求

青少年处于身心发展的塑形期，是逐步达到生理、心理和道德成熟的阶段。随着身体的急剧变化，认知、情感和意识等心理方面也表现出巨大变化，并逐步形成比较稳定的道德意识和价值观念。在成长过程中，青少年产生了独立意向，情绪易于波动，富于幻想，充分体现了复杂的心理特征。青少年处于价值观念形成的关键时期，意志、性格和思想等皆未定型，由于阅历尚浅，观察事物不全面不深刻，处理问题容易冲动、感情用事，心理发展不成熟，同时具有非常强的可塑性。他们渴望"独立"，在心理上处于"断乳"的人生阶段。进入高中阶段后，青少年在理性思维和精神追求方面，快速发展，自我认知加强，关注自己的心理素质，从简单的兴趣爱好向社会价值转变，开始更高层次的精神追求，意识到自己该如何安身立命、立足社会，逐步形成家庭和社会责任。在现实社会中，面对复杂的社会环境和生存境遇，他们的这一心理特征变得更为复杂，从而需要精心培育。正如习近平总书记所言，"青少年阶段是人生的'拔节孕穗期'，最需要精心引导和栽培"。[①] 青少年处于成长、成熟的关键时期，在价值观念问题上，时常怀疑自我，感到迷茫，此时需要教育者给予积极的引导和栽培，使其形成正确的世界观、人生观和价值观。

二 新时代青少年主流意识形态塑造的困境剖析

青少年处于心智走向成熟的关键阶段，除了自身发展的特征之外，科学技术的飞速发展，泛娱乐化、功利主义、新自由主义等层出不穷的错误思潮，给青少年主流意识形态塑造带来了巨大挑战。

（一）数字技术发展引发青少年价值迷失的潜在风险

科学技术的进步与人类社会发展密不可分，每一次技术的变革都会深深

---

① 习近平：《习近平谈治国理政》（第三卷），外文出版社，2020，第329页。

地影响人类社会发展，社会结构、风俗习惯、价值观念等都会随着技术发展而变化。如今，我们俨然步入以互联网、大数据、云计算为核心的数字时代。数字技术的日新月异与普遍应用，使人类社会发生了深刻变革。特别是网络空间的兴起打破了传统空间的阻隔，全球互联、即时通信，使人们的联系不再受地理区域的限制。许多活动逐步由现实空间转向网络虚拟空间，人们的活动范围得到拓展，并依据兴趣爱好，工作职业和价值理念重塑了人们的连接方式。网络空间中传统的中心化、层级化被消解，社会关系和社会结构的整体单一形式被瓦解。这也为多元价值和多元文化提供了场所和空间，数字技术的网络空间呈现许多新的特征，如时间和知识的碎片化，人与人关系的原子化，日常活动的线上化，社会生活的智能化，等等。当下全球范围内兴起的元宇宙、ChatGPT 更深化了这一浪潮，技术成为当代社会的最大变量，深深影响着人们生产生活的方方面面，带来了不可预知的颠覆性革新。在文化内容方面，网络空间提供了前所未有的海量文化资源，加速了文化传播速度，拓展了传播范围，降低了文化生产门槛，网络文化空前繁荣；但另外，文化呈现的碎片化、肤浅化，助推了现代社会的焦躁和焦虑，"快餐文化"应运而生，夹杂低俗恶俗文化，甚至生产出错误价值的文化产品。

数字技术主导网络化生存生活环境，青少年不可避免地成长于其中。他们以各种渠道和途径接入这一空间，青少年上网渠道多元，使用台式电脑、笔记本电脑、平板电脑、智能手表等设备上网的比例分别为 41.1%、38.4%、45.7% 和 39.3%，较 2020 年均有所提升；使用手机上网的比例为 90.7%。[①] 即便是在学校的严格限制下，青少年中绝大部分也拥有属于自己的上网设备，未成年网民中拥有属于自己的上网设备的比例达到 86.7%。数字技术、网络空间虽然在学习生活中给青少年带来便利，在信息内容等方面却存在诸多潜在风险。一方面，青少年在信息浩如烟海的网络空间中容易迷失自我。网络时代的"后真相"特征，使信息充斥着虚假和反转，面对

---

① 共青团中央维护青少年权益部、中国互联网络信息中心：《2021 年全国未成年人互联网使用情况研究报告》，2022，第 15 页。

错综复杂的信息，辨别能力有限的青少年常常迷失其中。另一方面，数字技术的算法智能化，依据个人喜好进行信息推荐，从而使得个体在网络空间中接收的信息具有同质化特征，久而久之陷入信息的"茧房"，多维社会认识被单一维度取代，进而产生对事物或社会的片面化理解，甚至被别有用心的"意见领袖"误导，走向极端。

（二）泛娱乐化致使主流意识形态引导的弱化

在商业资本的驱动、新媒体技术的加持以及社会心态的催促下，泛娱乐化的社会现象大肆泛滥。据"人民论坛"跟踪调查，泛娱乐化自 2017 年来多次跻身国内影响最大的十大思潮之列。娱乐最初是一种调整人们身心健康的重要调节器，是缓解紧张情绪和疲惫身心的本能需求。但随着经济社会的发展，娱乐泛化渗透至各个方面和各个领域。本不该娱乐的被娱乐了，解构了原本崇高、严肃、权威的思想文化，致使其庸俗化和低俗化。娱乐被"异化"，泛娱乐化对审美情趣的歪曲、对崇高精神的消融、对理性思维的消解、对主流价值的解构，从根本上与娱乐本意相背离。娱乐在资本的裹挟下，与技术合谋，异化为资本增值的手段，为了获得更多的消费者和支持者，部分商业资本毫无底线，万物皆可"娱乐"，不惜一切手段，把文化价值和文化产品"当作追逐利益的'摇钱树'，当作感官刺激的'摇头丸'"[1]。娱乐的极端化使得文化产品呈现媚俗化、低俗化和恶俗化的现象严重，造成"经典被篡改、历史被戏说、传统被颠覆、英雄被调侃、崇高被解构，感官刺激取代精神洗礼、低俗表象遮蔽思想深度、插科打诨的油滑消弭意义追问与现实思考"[2]。与此同时，泛娱乐化的网络符号表达衍生了新的社会文化景观，借助微信、B 站、抖音等数字技术社交新平台，短视频、直播、表情包、动漫，以及 AR、VR 等虚拟形式构筑了视觉新世界，

---

[1] 中共中央党史和文献研究室编《十八大以来重要文献选编》（中），中央文献出版社，2016，第 124 页。

[2] 刘艳：《泛娱乐化视域下思想政治教育的困境及突围》，《新疆社会科学》2022 年第 4 期，第 173~179 页。

将娱乐至上推向了一个"新高度"。青少年由于理性思维能力弱，更多以感性思维来评判所接收的信息，而泛娱乐化迎合了这一特征，且通过日常传播的大众媒介方式融入他们的生活，常以电影电视、动漫、视频、网络游戏等表现形式，深深影响着青少年的价值观念和行为规范，严重地削弱了主流意识形态的引导和规范作用。

（三）西方错误思潮致使主流意识形态丰富内涵的消解

进入新时代，习近平总书记把意识形态工作摆在了"极端重要"的高度，加强了对意识形态领域的治理，使得主流意识形态建设取得了巨大的成就，明确了坚持马克思主义在意识形态领域指导地位的根本制度，传统文化和精神价值得到彰显，人民群众文化自信明显增强，从而有效地遏制了西方敌对势力和错误思潮的渗透，但并不意味着这些问题就彻底解决了。意识形态安全依旧是维护国家安全的重要方面，其斗争的严峻性仍不容小觑。必须清醒地意识到，各式各样的错误思潮不同程度地冲击我国主流意识形态，并在一些特殊时刻和重要节点以新的形式集中发起攻击，矛头直指中国特色社会主义。它们试图从理论逻辑、历史逻辑维度来否定马克思主义、否定党的领导，进而瓦解社会主义中国。

如今，我国踏上了迈向现代化强国和中华民族伟大复兴的新征程，世界遭遇百年未有之大变局。国内外各式各样的"杂音"层出不穷，民粹主义、逆全球化、民族主义、历史虚无主义等思潮，混淆视听，分化社会，它们具有的错误或消极导向，对我国主流意识形态造成了干扰，不利于我国的发展。因此，我们必须对青少年加强思想意识形态教育，让他们树立正确的人生观价值观，以保障中国未来的发展拥有健康的思想意识基础。

三 新时代青少年主流意识形态塑造的对策分析

新时代青少年主流意识形态塑造是一项系统工程，需要从制度机制、话语体系、表达形式等方面下功夫，同时需要社会、家庭、学校、政府等各方

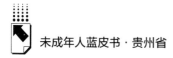

协同发力来实现合力育人，为中国特色社会主义建设培育合格的建设者和接班人。

（一）增强叙述话语时代转换的价值引领

"意识形态是在现实的社会历史中随物质生产的发展而逐渐发展起来的、代表并维护特定阶级利益的思想观念和价值体系。"① 因此，随着社会实践的不断深化、社会环境的不断变化，主流意识形态也需要不断丰富和发展。主流意识形态在社会思想文化中居于统领地位，就其内涵而言，并不是静止不变的，经济社会发展、生存生活环境的变化要求它必须与时俱进，这也是主流意识形态的理论内在性规定和实践性要求。加强新时代青少年主流意识形态塑造，需要我们顺应时代发展，及时更新充实主流意识形态话语体系内容。中国特色社会主义进入新时代，中华民族伟大复兴开启新征程，不言而喻，主流意识形态内涵变得更加丰富，其话语体系也将随之发展。党的十八大以来，以习近平同志为核心的党中央坚持辩证唯物主义和历史唯物主义原则，准确把握国内外发展大势和发展规律，团结各族人民取得了历史性成就和历史性变革，实现了马克思主义中国化的新飞跃，形成了21世纪马克思主义——习近平新时代中国特色社会主义思想，丰富了我国主流意识形态内容。一方面，要根据党的创新理论的不断推进，进一步加强主流话语的提炼总结，如"新时代""中国梦""美好生活""美丽中国""人类命运共同体"等，并加强对各行业领域话语内容的研究提炼，进一步充实主流意识形态话语体系内容。另一方面，需要结合青少年的特点，加强理论研究和阐释，把主流意识形态话语以青少年易于接受的话语体系进行展现，使这一系列新思想新话语展现出应有的魅力和说服力，使青少年在使用中潜移默化地接受、吸收和传播，引导青少年朝着正确的方向发展。

---

① 孟献丽：《社会主义意识形态的"变"与"不变"（1949—2019）》，《求索》2019年第3期，第32~38页。

（二）创新表达形式活动方式的多元样态

主流意识形态作为上层建筑的重要组成部分，需要借助载体来表征其含义。在科学技术高速发展的今天，意识形态的表达形式，除了基本的语言和言语外，日益呈现网络化、多元化和多样化趋势。首先，在传统意识形态传播媒介领域，要创新主流意识形态叙述话语，采用青少年喜闻乐见的表达方式，讲好故事。青少年的感性思维占据主导，易于接受故事的叙述方式。因此，我们需要讲好民族传统的文化故事，赓续革命精神的红色故事，挖掘时代精神的身边故事。其次，要善于借助隐喻表达，避免过多采用直白式和填鸭式的灌输方式。主流意识形态建设目的在于促进人们的认同，面对青少年，直白官方话语和抽象理论，难以取得良好效果，需要结合优秀传统文化，创新马克思主义理论的隐喻表达，做到易于理解和接受。如马克思的经典上层建筑的"大厦"隐喻，使经济基础与上层建筑的社会基本矛盾结构以空间的直观形式呈现。再次，创新主流价值融入日常活动的方式。要注重价值和道德的实践活动，引导青少年在日常实践中践行主流价值观，深挖节日、纪念日等蕴含的教育资源，以体验式沉浸式的方式让青少年积极主动参与相关活动，引导青少年在日常活动中吸取思想精华和道德精髓，从而增加底气和志气。最后，创新主流意识形态的网络符号表达形式。"信息形态多媒体化"[①]。青少年是新事物的重要接收者和传播者，如今不断革新的多媒体符号话语成为他们接收信息知识的重要载体，网络空间成为继校园之外知识接收的重要场域。主流意识形态必须主动作为，紧跟时代和科技发展，研发蕴含主流价值的动漫、电影、音乐、游戏、视频等网络表达样态，让主流意识形态充盈网络空间，"做强网上正面宣传，培育积极健康、向上向善的网络文化，用社会主义核心价值观和人类优秀文明成果滋养人心、滋养社会，做到正能量充沛、主旋律高昂，为广大网民特别是青少年营造一个风清气正的网络空间"[②]。

---

① 郭庆光：《传播学教程（第二版）》，中国人民大学出版社，2011，第107页。
② 习近平：《习近平谈治国理政》（第二卷），外文出版社，2017，第337页。

（三）强化多元主体协同建设的合力育人

青少年主流意识形态是一项复杂的思想建设工程，需要政府、社会、学校和家庭协同发力，营造主流价值引领的良好氛围，让青少年浸润在正确的价值观之中，引导他们扣好人生的第一粒扣子。其一，要加强青少年主流意识形态的领导体系建设。各级党委、政府和宣传、教育、司法等相关职能部门要从思想层面对青少年主流意识形态建设工作予以高度重视，把青少年意识形态建设工作纳入常态化的重要议事日程，定期研究部署工作，强化人员队伍、经费支持、法规制度建设，形成党委领导、政府主导、有关部门各负其责的常态化青少年意识形态建设工作体系。要加强法规制度建设，在现行关于青少年教育和保护相关法律法规的基础上，加强顶层制度设计，从思想政治教育、宣传舆论引导、社会法律保护及网络管理和行为规范等多方面统筹推进，突出主流意识形态的潜移默化效能，形成青少年主流意识形态建设的法规制度体系。要做好青少年意识形态的评估工作，根据时代变化、技术发展和思想动态，及时调整政策制度和参与单位，协调各单位意识形态建设工作。其二，社会环境层面，在政府主导下，营造良好积极向上的社会环境，把主流意识形态融入日常生活领域，重视日常生活领域舆论氛围的营造。既要加大对与意识形态紧密相关的公益性广告、标语的投放，以及图书馆、文化馆、少年宫、民俗馆、社区文化活动中心等建设，加强主流文化的供给，还要强化社会治理，加强促进社会和谐的贫富均衡、社会公平、平安幸福的社会建设，努力使人民群众的获得感、幸福感更加充实，让青少年成长在安全、舒适的社会环境之中，切实提高中国特色社会主义道路自信、理论自信、制度自信、文化自信。其三，学校层面，作为青少年主流意识形态塑造的主渠道和主阵地。要把立德树人的根本任务摆在首位，把主流意识形态教育工作贯穿教育教学全过程，重点加强学校思想政治教育，着力从学理上解决青少年对主流意识形态的理论困惑和思想迷惑，引导青少年树立正确的世界观、人生观和价值观，实现全程育人、全方位育人。其四，家庭层面，目前我国出台了《中华人民共和国家庭教育促进法》《关于在办理涉未成年人案件中全面开展家庭教育指导工作的意见》等法律法规，要进一步积极探索家庭、学校、社会协同育人机制，因地制宜、统筹规划、整合资源，建立学校与家庭、学校与社会机构联动的协同模式，各方协同育人，合力培育德智体美劳全面发展的社会主义建设者和接班人。

参考文献

郭明飞：《网络发展与我国意识形态安全》，中国社会科学出版社，2009。

胡伯项、李丁宁：《新中国成立以来主流意识形态话语体系的建构及启示》，《马克思主义理论学科研究》2023 年第 3 期。

季广茂：《意识形态》，广西师范大学出版社，2005。

刘鹏、王坤：《"后真相"时代网络空间主流意识形态安全面临的挑战与应对》，《福建论坛》（人文社会科学版）2022 年第 4 期。

岳杰勇：《社会转型对青少年意识形态教育的影响和冲击》，《人民论坛》2014 年第 11 期。

张勇、杨瑞华：《大众传媒与青少年意识形态教育》，《中国青年政治学院学报》2010 年第 6 期。

B.6
贵州省落实法治副校长制度实践调研

—— 以贵州省 Q 州为例

舒贵 邓可 张萍 杨光琼 杨家成*

摘 要： 法治副校长制度有利于推进平安校园法治建设，进一步提升师生法治水平，保护未成年人合法权益。当前，在落实法治副校长制度的实践中，存在法治副校长配备不足、履职能力不平衡、相关部门缺少沟通协作、资源未得到有效整合等诸多问题，在一定程度上影响了法治副校长制度的功能发挥。鉴于此，通过对当前贵州省 Q 州在落实法治副校长制度工作进行调查分析，就完善法治副校长制度从深化认识、优化法治副校长选聘、加强培训提升法治副校长履职能力、加强沟通协作、完善机制等五个方面提出几点思考意见，破解实践中的突出问题，全面助推法治副校长制度纵深落实，全力护航未成年人健康成长。

关键词： 法治副校长制度 青少年 法治教育 社会治理 贵州省

习近平总书记强调"普法工作要在针对性和实效性上下功夫，特别是要加强青少年法治教育，不断提升全体公民法治意识和法治素养"①。2022

---

* 舒贵，黔东南州人民检察院法律政策研究室主任、检察委员会委员、四级高级检察官；邓可，黔东南州人民检察院第八检察部副主任、三级检察官；张萍，镇远县人民检察院检察委员会专职委员、一级检察官；杨光琼，镇远县人民检察院第三检察部副主任、四级检察官助理；杨家成，岑巩县人民检察院办公室副主任、五级检察官助理。

① 赵婀娜：《在青少年心中播下法治种子（人民时评）》，《人民日报》2021 年 12 月 22 日，第 5 版。

年 5 月 1 日，教育部正式实施《中小学法治副校长聘任与管理办法》（以下简称《办法》），对进一步规范中小学法治副校长的聘任与管理、加强中小学法治教育、推动校园法治建设具有重大意义，也标志着全国统一的法治副校长制度的确立。学校作为开展青少年法治教育的重要部门，在进一步增强青少年法治教育的针对性和实效性，推进青少年法治教育规范化和常态化开展上发挥主体作用。2021 年 11 月，教育部制定发布了《全国教育系统开展法治宣传教育的第八个五年规划（2021—2025 年）》，将法治副校长制度纳入国家教育规划，由此可见，法治副校长制度已成为学校开展法治教育的一项重要举措。而贵州 Q 州作为贵州第一批入选全国法治政府建设示范地区和项目名单的少数民族自治州，更要深入推进落实法治副校长制度，进一步优化法治副校长工作。通过建立法治副校长制度进一步推动少数民族文化和法治文化深度融合，有效增强法治教育的针对性和实效性，为社会培养更具有法律素养的未来公民，为教育强国和法治中国建设作出新的更大贡献，推动法治社会构建。

一 法治副校长制度的演变发展与设立必要性

（一）法治副校长制度的演变发展

2002 年 10 月，教育部、司法部、中央综治办、共青团中央联合发布《关于加强青少年学生法制教育工作的若干意见》，指出"要完善兼职法制副校长和法制辅导员制度"①，在中小学推行兼职法制副校长制度，从政法机关选派政治觉悟高、有责任感、业务精、宣讲能力强的政法干部到所在辖区中小学校兼任法制副校长，协助学校开展法制教育和校园周边治安综合治理工作。2003 年 11 月，教育部等六个部门联合发布了《关于规范兼职法制

---

① 《平安校园》编辑部：《教育部〈中小学法治副校长聘任与管理办法〉政策解读》，《平安校园》2022 年第 2 期。

副校长职责和选聘管理工作的意见》（以下简称《意见》），对法制副校长的选聘任职条件、具体工作职责以及管理等作出了明确规定。为此，许多地方开始积极探索尝试从当地政法部门选派干警到中小学校兼任法制副校长，参与中小学校的法制宣传教育和校园及周边治安综合治理工作，法制副校长制度在全国开始大面积推广施行。

党的十八届三中全会将"法制宣传教育"改为"法治宣传教育"，在2020年12月，中共中央印发的《法治社会建设实施纲要（2020—2025年）》强调要完善法治副校长制度，"法制副校长"一词变为"法治副校长"。2021年6月，《中央宣传部、司法部关于开展法治宣传教育的第八个五年规划（2021—2025年）》颁布，提出要"加强青少年法治教育，落实'法治副校长'、法治辅导员制度"，且法治副校长也被写入新修订的《预防未成年人犯罪法》中。

（二）法治副校长制度设立的必要性

1. 设立法治副校长，是规范学校法治管理、推动校园法治建设的必然要求

依法治国，教育先行，依法治校是全面依法治国的重要组成部分，法治教育首先要从青少年抓起。中小学阶段学生正处于身心发育、培养良好习惯，树立正确世界观、人生观、价值观的关键时期，也处在基础素质和道德素质形成的起始阶段，因此，提升学校法治建设水平，正确有效加强对青少年的法治教育工作尤为关键。法治教育是一种集政治、思想、业务、实践于一体的综合性教育。特别是对于中小学青少年的法治教育，不同学龄段的学生成长认知水平不同，这对做好这一群体的法治教育提出了更高的要求，而法治副校长制度恰恰能够满足这些要求。一方面，法治副校长具有法律专业背景，从事相关法律实践工作，更能满足法治教育的专业化、实践化要求，补足中小学法治理论与实践不足的短板；另一方面，中小学法治教育师资队伍整体水平不高，人员素质参差不齐，来自中小学外部的法治副校长无疑增强了中小学法治教育的师资队伍力量，在一定程度上提升了中小学教师法治

教育的专业水平。

2. 设立法治副校长，是解决日益突出的未成年人法治问题、切实开展学校保护的现实需求

2021 年 6 月起，新修订的《未成年人保护法》和《预防未成年人犯罪法》正式施行。其中，《未成年人保护法》提出未成年人"六大保护"，在这六大保护中，学校保护排序第二，可见学校保护对于维护未成年人合法权益不受侵害的重要性。而当前随着社会经济的快速发展，青少年的成长环境得到很大改善的同时也容易滋生一些不良的现象。涉未成年人案件频发，有未成年人遭受不法侵害的，也有未成年人犯罪的，问题突出，形势严峻。从贵州省 Q 州近三年所办理的涉未成年人案件分析，在针对未成年人进行的不法侵害中，"性侵"案件占的比例较高，以检察机关为例，2020～2022年，贵州省 Q 州检察机关共对侵害未成年人犯罪提起公诉 470 件，其中性侵案件占 79.15%[①]。上述案件的发生在一定程度上暴露出学校管理上的漏洞与法治教育的缺失，导致未成年人法治问题突出，在司法机关办理的一些涉罪未成年人案件中，大多数的犯罪少年，对自己的行为罪责和认识是无知的，对当初的行为都后悔莫及，并表示"如果早知道这是犯罪，早有人和我说，当时就不会去做这些违法犯罪的事情了"。法治副校长制度的出台可以说是针对当前日益突出的未成年人法治问题开展学校保护的一项重要举措，也是当前中小学开展法治教育常态化、进一步增强青少年法治观念、在校园中营造学法用法浓厚氛围、抓好源头预防的迫切需求。

3. 设立法治副校长，是司法行政机关履行职责、加强未成年人保护、为未成年人提供全面法治保障的具体体现

随着全面依法治国进程的推进，近年来，各地政法相关部门一直在就法治副校长制度落实进行积极有益的探索，并出台了许多文件规定，同时与教育部门建立了长效工作机制，进一步保障法治副校长制度的有效落实，法治副校长制度逐渐完善，进一步提升了法治副校长工作的科学化和制度化水

---

① 如无特殊说明，本文相关数据均由贵州省 Q 州检察机关提供。

平。相关部门也在以不同形式深入校园开展法治副校长普法宣传，深入推进校园法治建设，这都是相关司法行政部门主动担当、积极作为、深化协作、及时回应群众关切、关心祖国未来的具体体现，也是司法机关为未成年人全面健康成长提供法治保障的具体举措。针对未成年人工作，司法机关不仅要做好对具体个案的处理，更要注重加强对未成年人法治宣传教育和对学生法律思维和法治信仰的培养，积极履职做好未成年人的综合保护工作，因此，法治副校长制度是司法行政机关立足现状、充分发挥职能优势，帮助和配合学校开展未成年人法治教育和法律保护的具体体现。

二　法治副校长制度的实践与成效

（一）法治副校长制度的实践

目前，设置法治副校长已经成为全国各地中小学校的普遍做法，Q 州中小学法治副校长实践工作主要呈现以下特点。

1. 由一般工作人员到领导干部延伸，实现全员参与，壮大普法队伍

就贵州省 Q 州而言，目前共有中小学（含幼儿园）2200 所，其中城区学校 671 所，乡村学校 1529 所，截至 2023 年 3 月，包括公安局、检察院、法院、司法局等司法行政部门共选派 1124 名人员在贵州省 Q 州 1501 所中小学（含幼儿园）担任法治副校长，领导所占的比例是 41.3%，由领导带头到全员参与，法治副校长队伍逐步壮大，并结合每所学校的法治需求以及人员的变动进行相应的调整补增。因贵州省 Q 州为少数民族地区，针对一些少数民族较为聚集的偏远村寨学校，选派精通双语的工作人员担任法治副校长，在所选派的法治副校长中，精通少数民族语言的有 274 人[①]。如在 Q 州的某县，该县检察院专门组建了"苗汉、侗汉"双语法治宣传队伍，实现双语普法，不漏一人，不断提升普法工作质效，向未成年人提供更多生动、

---

① 资料来源于本课题组调研数据。

通俗易懂的法律知识。

2. 由城市学校向乡村学校延伸，注重选派学校的均衡性，将普法资源向农村偏远学校倾斜

一些偏远落后的农村地区学校，尤其是以留守儿童为主的学校，法治教育资源缺失，导致学生合法权益更难以得到全面保障。为此，要在偏远农村地区学校优先配备好法治副校长。目前贵州省 Q 州乡村学校配备法治副校长的学校有 1174 所，比例达到78.2%。通过法治副校长将普法教育、法治进校园活动搬到乡镇村办学校、职业学校、特殊教育学校，走进低龄儿童、留守儿童、困境儿童，有效解决农村地区法治资源缺失的问题。

3. 由学生到家长，受教育主体不断扩大延伸，强化法治教育效果

《家庭教育促进法》的颁布实施，充分体现了家长对青少年的健康成长起着关键性的作用，如何帮助家长培育守法意识，引导其正确履行监护职责，开展家庭教育十分必要。为此，Q 州切实发挥法治副校长的职能作用，将受教育人群扩大至家长和老师，与学校教师紧密结合，发挥自身优势，通过邀请家长走进校园、走进课堂、走进检察院等办案机关，以参观、座谈、互动等形式，为家长、老师和孩子们现身说法，进一步推动构建家庭教育和学校教育良性互补关系，引导家长重视和参与青少年法治教育，有力保障未成年人合法权益。

4. 由传统线下授课到线上授课延伸，构建"学校+网络+学生"的宣教模式，提高普法质量

传统的普法授课模式已经不能满足当下青少年法治教育的需求，特别是在疫情期间，全国各地的中小学都不同程度停课。为了进一步满足青少年的法治学习需要，Q 州地区司法行政机关通过法治副校长授课、录制普法微课堂及普法小剧场等多种形式在线上推广，先后录制普法教育网络课程 10 余门，在贵州省 Q 州中小学校推广投放，通过"线上+线下"多维度普法打通"法治进乡村"最后一公里。

（二）法治副校长制度的司法成效

自 2021 年以来，贵州省 Q 州各司法行政机关深入 Q 州各中小学开展法治副校长进校园法治宣传 4000 余次，受教育群众 60 万人次。从 Q 州近 2 年来法治副校长工作开展的情况分析，法治副校长制度已成为学校对青少年开展法治教育和学校法治建设的重要抓手，在促进学校师生权益保护、预防未成年人违法犯罪以及推动学校及周边地区平安建设综合治理、推进国家治理体系和治理能力现代化等方面发挥了重要作用。法治副校长制度实践取得的成效主要有以下几个方面。

1. 有效提升学校法治教育和校园治理的能力和水平，推进平安校园建设

Q 州各地中小学已将法治副校长工作作为法治教育的一项重要工作纳入了学校法治工作计划。大部分学校和法治副校长之间协调配合，学校有效开展了法治宣传教育、整顿校园周边秩序等工作，并有效推动了强制报告、入职查询、从业禁止等各项制度的落实，学校结合实际建立起了符合法律法规、符合学校法治建设和学生自身发展规律的校规校纪及相关规章制度，全体师生法律素养和守法意识进一步提高，校园安全形势稳定。据统计，2022 年 Q 州案发的教职工"性侵"在校学生案件中，有 30% 是各中小学及时履行强制报告义务而发现的。同时，检察机关针对未履行强制报告义务追责 3 人，切实加强对未成年人全面综合司法保护。

2. 有效提升了未成年人以及家长的自我管控能力，进一步提高法治意识和法律素养

在调研走访中，大部分学生都认识到学法用法守法的重要性，通过学习相关的法律知识进一步规范了自身行为，培养了良好的行为习惯，增强了自我抵制不良行为的能力，知道受侵害时应如何保护自己以及触犯法律需要承担的后果。也让家长明白了对青少年法律意识的培养和法治观念教育的重要性和必要性，并表示在今后的家庭教育中要开启依法带娃模式，认真履行好监护人的职责。经对一些离异以及单亲的特殊家庭的学生走访调查，大多数学生表示自己现在和家长的关系改善了很多，家长也改变了一些简单粗暴的教育方式，自己也愿意和父母多交流了。

3. 有效提升了青少年健康成长的社会环境，预防和减少青少年违法犯罪

随着经济社会的发展，青少年面临的食品卫生、消防安全、交通出行、校园欺凌、"性侵伤害"等风险问题一度比较严重。为给青少年提供健康成长的学习环境，校园内建立安全治理体系、安全预防应急机制和安全事故处置机制就显得尤为重要，法治副校长在履职过程中，通过发挥自身专业知识和业务能力的优势，协助校方对校园安全机制进行管理，及时发现和处置安全风险和隐患，通过履职司法职能，为打造中小学校安全的育人环境提供可靠保障。Q州法治副校长在开展的校园普法宣传中发现公益诉讼线索20余条，关乎未成年人食品药品安全、交通出行安全、校园设施安全、向未成年人出售烟酒、电竞酒店等痛点难点，净化社会环境，预防和减少未成年人犯罪。

三　法治副校长制度实践面临的困境

经过对Q州中小学法治副校长制度落实情况进行走访调研，通过与担任法治副校长的司法人员、中小学师生等进行交流座谈等方式，也发现当前法治副校长制度在实践过程中面临以下几个方面的困境和问题。

（一）部分法治副校长成为"名义校长"，"有名无实"

1. 部分学校对依法治校重要性的认识不到位

《中小学法治副校长聘任与管理办法》规定，学校应当配合法治副校长做好相关工作，并为其提供必要的便利条件。在当前实际中，仍有部分学校认为学习成绩才是硬性指标，唯分数论孩子优劣。重点关注孩子的文化成绩，而忽视了对孩子道德品质及自我保护意识等方面的培养，未充分认识到法治副校长的作用，认为法治副校长可有可无，多是应付式联系法治副校长开展法治教育，没有结合学校实际的教育教学活动及校园管理情况提出法治

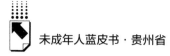
需求，或是等出现了校园欺凌、"性侵"等安全事件之后，才意识到法治宣传在预防学生犯罪及被侵害等方面的重要性，未充分发挥法治宣传预防功能的作用。

2. 部分法治副校长对身份的职能职责认识不到位

《办法》明确规定了法治副校长除了负责本单位的工作事务，还兼职充当学校法治员，协助学校开展法治教育、安全管理、依法治理等工作。但实践中，部分法治副校长不清晰本人的工作职责是什么，仅是完成自己的宣讲工作、上好法治课，未准确认识到自身身份多样性，没有切实履行《办法》明确的协助学校安全管理、依法治理等职责。在开展法治教育过程中，也没有结合学校的要求来开展法治教育，自身的业务知识与工作经历没有得到充分发挥，存在"应付式"履职的情况。

（二）法治副校长未能全覆盖，"扎堆普法"和"无人普法"现象并存

1. 校多人少的矛盾仍然突出，法治副校长配置未实现"一校一人"

《办法》明确了每所学校应当配备至少一名法治副校长。但从统计数据来看，贵州省 Q 州包括幼儿园、中小学、特殊教育学校及专门学校、中等职业技术学校共计 2200 所，而法治副校长只有 1124 名，存在一人兼任多所学校法治副校长的情况，且每年法治副校长均有调动调整，加大了法治副校长全面履职的难度。

2. 城乡学校法治副校长配置存在不均衡

按照《办法》要求，应当优先为偏远地区、农村地区学校和城市薄弱学校配备法治副校长。但在实践中，受到交通、学校人数、时间、教学条件等因素制约，贵州省 Q 州法治宣传仅实现城区全覆盖，城区部分学校配有 2 名及以上的法治副校长。但 355 所乡村学校未能实现"法治副校长"全覆盖。事实上，乡村学校留守儿童居多，很多监护人存在监护缺失及监护不力的情形，更需要发挥法治宣传的作用，在一定程度上弥补遵纪守法及自我保护方面法律知识的匮乏。Q 州地区司法机关办理的未成年人被侵害的案件，尤其是强奸、猥亵等性侵害案件受害者绝大多数系乡村学校的留守儿童，正

是由于监护缺失及自我保护意识不强，即使遭到侵害，孩子不能辨认"性侵行为"及出于害怕、担心等，未能第一时间报警，不利于司法机关打击犯罪。很多犯罪分子正是基于孩子未形成正确是非观念这一弱点，利用物质及金钱等方式诱骗被害人与其发生性关系或者让其猥亵等。

3. 法治教育未实现常态化，存在重要时间节点"扎堆普法"和平时"无人普法"的矛盾

《办法》明确规定，法治副校长每年应该到任职学校承担或者组织落实不少于 4 课时的、以法治实践教育为主的法治教育任务。实践中，法治副校长到学校开展法治课的次数和课时不够，绝大多数法治副校长都是利用特殊的时间节点，如春秋开学季、"12·4"国家宪法日等深入学校开展普法教育，期中或平时很少到学校开展法治教育课程，故未能达到《办法》要求的课时。每年的特殊时间节点，法治副校长忙碌的身影会穿梭于各个学校"扎堆普法"，特别是对于有多名法治副校长的学校，二人以上"扎堆普法"在一所学校的现象更加凸显。除此之外，受单位的本职工作繁忙等因素影响，法治副校长很难持续常态化开展此项工作，这导致"扎堆普法"和平时"无人普法"的矛盾较为突出。

（三）法治副校长履职能力不足，作用发挥不明显

1. 授课经验不足

《办法》规定法治副校长任职前，应当接受不少于 8 学时的培训。因为开展法治宣传教育，需要以法律知识为基础，采用教育教学方法与学生进行沟通交流传递法律知识、提升法治意识，法治副校长虽然具备丰富的法律知识，但没有接受过针对中小学生的教育教学方法的培训，不了解学校教育教学实践，缺乏教学经验，"因材施教"契合度不够高。中小学生文化知识储备不够和年龄较小，对专业的法律术语存在认知与理解困难，如未能因材施教就会使授课方式与效果大打折扣，无法真正实现法治宣传教育的作用和意义。

2. 授课形式单一

从法治教育手段来看，缺乏适合未成年学生身心特点的多元化教育方式，虽然不少地方在加强中小学生法治教育上进行了积极的探索，如开展模拟法庭、创作法治宣传作品、举办法律知识竞赛等，但由于贵州山区乡村较多，大部分乡村地区硬件资源有限，开展法治教育大多还是通过法治讲座、法治宣传展板讲解等线下方式开展，未能很好地结合社会的发展和学生的身心成长有针对性地开展创新性、多样性的法治教育，造成受教育的对象积极性不高，法治教育难以入脑入心。

3. 授课内容单一

目前法治进校园的内容存在无"纲"可依的情况，造成法治副校长在履行法治教育职能过程中，仍然以预防犯罪为主，法治教育多是停留在教育中小学生不要实施违法犯罪行为上，引导在校未成年人做到我不"犯人"，但对于遭受侵害后如何及时正确运用法律武器来维护自己的权益的教育较少，对于民事法律的讲解也很少涉及。

（四）各部门协同联动不够，法治副校长资源未能有效整合

1. 法治副校长与学校协同联动不够

一方面是在开展法治教育需求上沟通不到位。少数学校不主动与法治副校长联系，导致法治副校长与教育部门及学校相互之间未对法治需求结合校情进行沟通与磋商，没能共同研究解决学校存在的问题；另一方面是在参与校园治理上衔接不到位。大多数法治副校长注重的仍然是法律法规相关知识的宣讲，很少指导学校落实未成年人保护责任、指导学校开展未成年人犯罪预防、会同相关部门实施精准帮教以及协助学校依法处理安全事故纠纷等。此外，由于选聘的兼职法治副校长及辅导员多为各部门领导、一线工作人员，很难平衡好繁忙的业务工作与充分履职的关系，对履行法治副校长、法治辅导员职责难免有应付心理，工作质效得不到保证。

2. 各单位之间协同联动不够

法治副校长均是由各单位派出，由于各单位之间的沟通协调联动不够，

尤其是公检法司等司法机关，未能根据现实的法治需求进行磋商，存在各自为政、分散式普法的情形，故而未能将法治副校长资源进行有效整合，导致法治副校长的履职效果不明显。

3. 家庭与学校的联动不够

家庭是孩子的第一所学校，充分诠释了家庭教育的重要作用。而实践中，受生计需求及文化水平等因素的影响，家庭教育缺失或教育不当，有的家长甚至过度依赖学校教育而忽视家庭教育。事实证明，家庭教育跟学校教育相辅相成，家庭教育缺失、缺位的孩子很难通过学校教育进行弥补与矫正。

（五）缺乏相应的管理机制，未将赏罚分明落到实处

1. 对法治副校长的管理措施未落细落实

《办法》规定了学校、教育部门与派出机关要为法治副校长开展工作创造条件，将有关人员担任法治副校长工作情况纳入考核内容，并按照规定予以法治副校长表彰、奖励及补贴。但关于具体如何管理、如何考核及在考核、管理方面遇到问题如何解决等，学校、教育部门与派出机关均未有相应的标准及细化的举措，对法治副校长缺乏有效的刚性管理机制，对于履职尽责或敷衍塞责的法治副校长未作区分评价，干好干坏一个样，这不利于调动优者、能者的积极性。

2. 对法治副校长的激励措施落实不到位

《办法》虽然提到了按照规定予以法治副校长表彰、奖励及补贴，但在实际中，受到各学校、教育部门与派出机关是否重视与支持及财政等因素的影响，存在表彰奖励、树典型、考核等级及业绩方面未落实或者未全面落实的情形，尤其是交通、住宿补贴方面。法治副校长属于学校的"兼职副校长"，其还担任着派出单位的本职工作且非常繁忙，在激励措施不到位、缺乏相关经费支持和工作补贴的情况下，法治副校长很容易履职积极性减退，使这项工作停留在制度层面，影响履职效能的发挥。

3. 对未履职尽责的法治副校长的惩罚措施落实不到位

《办法》明确对工作成绩突出的法治副校长，要按照规定予以表彰、奖励，但党委、政府及学校、教育部门与派出单位对怠于履职及履职不力的法治副校长及其单位未有相应的惩处措施，这会导致部分法治副校长存在不求无功、但求无过的思想，继而履职不力。

四　对策建议

（一）深化认识，凝聚共识，推动法治副校长有"名"更有"实"[①]

法治副校长制度最初源于政法机关与教育部门的工作探索与协作，时至今日，更需要深化认识，凝聚共识，推动法治副校长制度的纵深落实，让"法治副校长"名副其实。

1. 学校要深化认识

学校作为法治教育的第一实施主体，要承担起依法治校的主导责任。为此，学校要切实转变思想观念，对于法治工作的开展要变"被动"为"主动"，严格落实《办法》的既定要求，做好法治教育的规划者与落实者、法治需求的收集者与反馈者、法治工作的配合者与支持者，杜绝"搞形式""走过场"，让法治副校长切实发挥依法治校"助推器"作用，让"法治"对于"学校治理"和"学生保护"的积极作用得以充分彰显。

2. 教育行政部门要深化认识

教育行政部门作为"法治副校长"工作的统筹管理主体，要承担起统管责任。《办法》对教育行政部门在法治副校长的选聘、培训、考评、奖励等方面作了规定，为此，教育行政部门也必须转变以往工作理念，在法治副校长制度落实过程中绝不只是单纯地"下文件"，更要充分发挥其牵头组织

---

① 郭开元、刘宗珍：《法治副校长，如何有"名"更有"实"》，《教育家》2021年第41期，第1~2页。

作用，要主动完善机制建设，积极协调必要保障，确保工作开展有序有质有效。

3.法治副校长要深化认识

法治副校长作为法治副校长制度的直接参与主体，要承担起直接责任。《办法》明确规定了法治副校长的六项职责，除了法治教育外，还需在履职期间协助开展保护学生权益、预防未成年人犯罪、参与安全管理、实施或者指导实施教育惩戒、指导依法治理等职责。为此，法治副校长要转变"上上课"的工作理念，切实根据学校的法治需求，以法治教育为切入点，抓实抓好法治教育，以点带面，推动法治副校长其他职责的实现与覆盖。

（二）优化选聘，抓好统筹，实现法治副校长"全覆盖""零缺口"

如前所述，目前"法治副校长"存在缺口，其中既有人数配备的不足，又有履职覆盖的不足，还有常态开展的不足。为此，可以优化选聘，抓好统筹，实现法治副校长"全覆盖"。

1.统筹人员选聘，补足人数配备

一方面，教育行政部门在组织开展法治副校长人员选聘时，要在现有法治副校长基础上优化资源配置，在确保法治副校长专业性的同时兼顾工作的时间可及性和可替代性①。另一方面，可以通过探索法治副校长由司法行政部门推荐优秀律师担任，或者由政法部门推荐退休干部担任等方式，吸纳社会力量，配齐配强人数。

2.强化考核引导，实现履职覆盖

严格落实《办法》规定，优先为偏远地区、农村地区选派法治副校长，同时派出单位要强化对法治副校长的履职考核，将履职情况作为当年评优评先的重要依据，促使法治副校长积极主动履职，最大限度实现履职覆盖。

3.创新宣传方式，促进常态长效

当前，法治副校长多在政法机关中直接选聘，但政法机关，尤其是基层

---

① 赵玄：《中小学法治副校长制度的回顾与展望》，《中小学校长》2022年第4期，第15~19页。

政法机关存在"案多人少"的现实矛盾，为此，要创新宣传方式，如由法治副校长各自录制宣讲音频或者视频，并在学校定时轮流播放，充分利用现有媒体平台实现履职常态化。

（三）组织培训，务实创新，助推法治副校长履职能力提升

立足新时代新发展阶段，法治副校长的履职要更加注重实效，通过参加业务培训，主动创新形式，实现履职能力提升。

1. 参加业务培训，开展教学研究

法治教育兼具法学和教育学双重属性[①]，法治副校长在法律知识储备、司法工作实践等方面具备较多优势，但在教育领域无疑存在短板，因此，法治副校长在履职前应当参加岗前培训，培训内容更加注重对教学方法、学生心理等方面的知识学习，还可以通过开展优质法治课教案评选和赛课等形式，系统开展法治教育课教学研究，以此提升履职能力。

2. 丰富活动形式，提高学生兴趣

青少年由于身心发育的特点，思维活跃、注意力集中的时间较短，因此要想通过法治宣讲给学生留下较深的印象，要有丰富的活动形式。一是丰富授课形式，改变传统的讲授式授课模式，以动画、微电影、情景剧等多样化形式进行授课，将抽象的法律知识变成学生更容易接受的形式，增加授课内容的趣味性，提升学生的参与性，突出学生的主体地位，让学生自主探究。二是增强学生体验感。法治教育活动开展场地不局限于学校课堂，法治副校长可以"走进"学校，也可以让学生"走出"学校，通过走进法治教育基地、开展法律知识竞赛、观摩法庭审判、开展模拟法庭等多形式的法治教育活动，以参与性、体验性、实践性教育，以学促用、学用结合[②]，让学生从内心敬畏法律，尊重法律，切实增强法治宣讲效果。

① 曹国华、章志丰：《检察视域下法治副校长工作机制的完善》，《中国检察官》2022年第11期，第11~14页。
② 黄瑛琦：《检察人员担任中小学校法治副校长的优势、困境及其出路》，《广西政法管理干部学院学报》2021年第5期，第115~122页。

3. 打造精品课程，提高课堂质量

法治副校长必须做到因"校"制宜。一要提前沟通，了解校方需求。不同学校有不同的特点，也会有不同的法治需求，因此要就在校学生知识水平、整体行为模式、以往教学经验等与学校提前沟通，才能确保满足授课对象的需求，定制合适的"法治大餐"。二是用活典型案例。通过讲述真实案例，以案释法，贴近社会生活实践，对其中的法律问题进行透彻分析和生动解读，充分调动青少年学习法律的兴趣，既有效提高学生的法律素养，也能更好地适应和认识社会生活，提升法治课堂的质量和效果。

（四）对接沟通，协作联动，凝聚"法治副校长"工作合力

"法治副校长"工作是一项系统性工作，其工作开展及成效巩固需要多个部门之间的协同推进。

1. 加强学校与法治副校长的对接沟通

学校作为法治副校长履职的主要阵地，要不断加强二者间的对接沟通。一方面学校要注重收集学生、教师和家长的法治需求并定期反馈，主动邀请并提供条件让法治副校长开展相关工作。另一方面法治副校长要主动问需，在工作针对性和实效性上下功夫，不定期回访，跟踪问效。

2. 加强各部门间的协作联动

一是教育行政部门要主动加强同法治副校长派出单位的沟通，在法治副校长的选聘、培训等方面做好对接。二是法治副校长派出单位间要加强协作，特别是在履职上要事前磋商，打破"各自为政"现状，有效整合资源，开展集中式普法，提升工作质效。

3. 搭建沟通平台，加强家校共育

法治副校长制度运行着重关注未成年人的健康成长，家庭同学校一样作为学生的启蒙"教育者"，在法治副校长工作开展中与学校的作用发挥一致，因此，学生及其家庭与学校及其法治副校长的互动尤为重要，学生及其家庭一方面是学校法治需求的主要反馈者，另一方面是法治副校长履职成效

的重要体现者，必须搭建好家校沟通平台，丰富家校合作模式，形成家校共育合力。

（五）完善机制，促进管理，确保"法治副校长"工作力度

《办法》是当前开展"法治副校长"工作的最高指引，对法治副校长的选聘、管理、考核等问题也提出了明确要求，但并未细化，各地应当结合工作实际建立细化机制，促进科学管理。

1. 落实法治副校长管理机制

教育行政部门作为聘任单位，要及时关注所聘任法治副校长的工作情况，建立法治副校长提前解聘、续聘、改聘的相关办法，制作动态台账，便于掌握全县法治副校长最新动态。学校或者派出单位要对法治副校长工作情况做到底数清、动态明，对于因工作变动或其他原因不宜或者不能继续履职的法治副校长，应当及时报告教育行政部门，由教育行政部门组织调整。落实《办法》提出的建立法治副校长联席会议制度并定期召开会议进行研判。

2. 落实法治副校长保障激励措施

对于法治副校长开展工作，教育行政部门要争取党委、政府支持，将法治副校长履职经费纳入地方财政预算，满足法治副校长履职所必需的培训、资料编印、住宿交通等费用需要。派出单位要积极支持法治副校长开展工作，保障法治副校长在任职学校有必要的履职时间和条件。同时对履职成效明显的法治副校长，教育行政部门应当予以表彰、奖励或者联合派出单位予以表彰、奖励，以此从各方面提高法治副校长履职积极性，发挥法治副校长的积极作用。

3. 落实法治副校长考核机制

教育行政部门将是否主动邀请法治副校长开展工作、是否提供履职条件等纳入对学校的考核；派出单位将法治副校长的履职情况纳入其个人考核内容，重点听取学校对法治副校长履职的评价情况；司法行政部门将法治副校长履职情况纳入对派出单位的普法考核；地方政府将教育行政部门组织开展法治副校长工作情况纳入专项考核。

（六）积极探索，机制延伸，推动"法治副校长"常态长效

法治副校长制度运行的落脚点是学校治理和学生保护，其常态长效的实现更需依靠"学校"本身落实。为此，可以在法治副校长现行基础上积极探索。

1. 在中小学设置专门法治课程

设置独立的"法治课程"，目的在于引导学生认识我国宪法和法律体系，掌握生活所需的法律常识[①]，在探索阶段，法治课程内容以法治理念、法律常识、典型案例为主；法治课程设置可以参照计算机、体育等课程开设，润物细无声，让学生在日常的学习中自觉学法、懂法、守法、用法。

2. 建立专职"法治副校长"机制

《办法》规定法治副校长履职是"协助"开展工作，始终属于"兼职"，虽然可以采取各种措施在某种程度保障法治副校长履职，但法治副校长在履行"专职"时，对于"兼职"难免存在履行困难的情形，因此，可以探索设立"专职"法治副校长，其来源主要通过学校招录，或者聘请政法机关退休干部，通过设置专职法治副校长确保依法治校的常态长效。

"少年法治兴，则国家法治兴。"法治副校长制度的推进落实关系中小学治理体系的完善，更关系青少年学生的权益保护和健康成长，学校、教育行政部门、法治副校长及其派出单位应当积极行动起来，严格落实《办法》要求，进一步深化对法治副校长工作的认识，凝聚法治副校长制度落实的共识与合力，完善制度机制，加强协作配合，统筹推进并努力改善法治副校长工作，持之以恒、久久为功，让法治之花在青少年心中生根发芽。

[①] 李红勃：《当前中小学法治教育存在的问题及解决对策》，《课程·教材·教法》2020 年第 11 期，第 84~91 页。

B.7
优化青少年法治教育的探索与实践

——以威宁县"法治音乐课"为视角

蒋仕祥　王化宏　戴兴栋　王戬*

摘　要： 近年来各级各类学校及相关部门通过多种途径积极进行了多样化的青少年法治宣传教育，广大青少年的法律素养显著提升。但现阶段青少年法治教育仍存在一些问题，对青少年法治教育的重要地位和作用认识不足，青少年法治教育定位不够准确。未来青少年法治教育需要引入创新的方式和方法，同时，学校法治教育的评价体系也需完善。威宁县人民检察院积极探索系统的法治音乐课程建设，并注重法治教育与音乐教育的有机结合，以此构建富有活力且可持续发展的地方特色中小学法治音乐教育。

关键词： 法治音乐课　中小学生　教育实践　法治校园　贵州省

一　引言

党的二十大报告提出："全面依法治国是国家治理的一场深刻革命，关系党执政兴国，关系人民幸福安康，关系党和国家长治久安。"[①] 习近平总

---

* 蒋仕祥，贵州省毕节市威宁县关工委副主任、威宁县人民检察院关工委常务副主任、全国青少年普法教育优秀辅导员；王化宏，贵州省毕节市威宁县人民检察院党组书记、检察长；戴兴栋，贵州省毕节市威宁县人民检察院政策研究室工作人员；王戬，贵州省毕节市威宁县人民检察院检察委员会委员、一级检察官。

① 渝宕克：《党的二十大精神读本——七一客户端暨〈党课参考〉全媒体系列党课二十讲 第一讲 全面建设社会主义现代化国家、全面推进中华民族伟大复兴的政治宣言和行动纲领》，《党课参考》2022年第 Z1 期，第 5~25 页。

书记强调："法治建设既要'抓末端，治已病，更要抓前端，治未病'。每一个孩子走上犯罪歧途，每一个孩子遭受侵害，都让家庭痛苦，社会痛心。源头治理、深化治理，是最切实有效的保护。"教育的使命在于培养德智体美劳全面发展的社会主义建设者和接班人，致力于实现立德树人的目标。学生的成长需要关注理想信念的树立、道德品质的培养、知识智力的提升，以及身心素质的全面发展。这些方面的综合发展是不可或缺的，旨在塑造具有坚定信念、品行端正、卓越才干和健康心态的新时代青年。虽然各中小学校已经对法治教育给予了一定程度的重视，但长效法治教育机制仍亟待深化，学生整体的法治信仰还比较薄弱，法治意识有待加强。当下深入研究中小学法治教育创新工作，有助于强力推进新时代中国特色社会主义法治建设。

2016 年 6 月，教育部、司法部、全国普法办联合制定出台《青少年法治教育大纲》，指出："加大对青少年法治教育研究的支持，设立专项科研课题，注重一线教师参与合作研究与成果推广。统筹安排相关经费，支持青少年法治教育。鼓励社会组织开发适合青少年的法治教育读本、课件。司法机关深入学校开展法治宣传教育，与教育部门、学校合作开发法治教育项目。行政部门利用学校法治教育平台提供资源和实践机会。"①

二　中小学开展法治教育的重要意义

青少年承担着祖国未来发展的重任，是民族复兴的希望。唯有提高青少年群体的整体素养，才能为国家培养更多的优秀人才。为实现全面依法治国、加快建设社会主义法治国家的目标，深入贯彻党的十八届四中全会关于"将法治教育纳入国民教育体系，从青少年抓起，在中小学设立法治知识课

---

① 教育部、司法部、全国普法办：《关于印发〈青少年法治教育大纲〉的通知》，《中华人民共和国教育部公报》2016 年第 9 期，第 13~22 页。

程"的要求①，国家需加强青少年法治教育，促使青少年在成长过程中树立法治观念，培养自觉遵法、守法、学法、用法思维和行为方式。青少年法治教育是提升全民法治素养的基础工程，对于塑造青少年良好的法治意识至关重要。

中小学校是法治教育实践的重要领域，其使命在于引领中小学生树立正确的法治观念，学习和掌握法律知识，以培养他们守法意识并善用法律，成为具备新时代法治素养的合格公民，这直接关系到国家未来的繁荣昌盛、民族发展的长远计划以及社会稳定的可持续发展。只有通过高水平的法治教育，我们才能唤醒青少年心中法治的强音，点亮每个智慧的火花，使他们在遵纪守法的道路上熠熠生辉。与此同时，只有不断加强实践环节的探索与创新，才能为中小学法治教育工作开启全面健康、可持续发展的崭新篇章。

（一）培育学生法治观念，持续强化法治意识思维

从本质上来看，法治作为社会组织和规范行为的基石，旨在通过建立公正、公平、可预见和可执行的法律体系，服务于人类社会的发展和进步。在中小学生的法治教育中，应充分认识到他们是法治教育的核心对象，强调其主体地位的重要性，并确保法治教育在培养学生合法权益意识、法治观念和法律素养方面发挥积极有效的作用。法律的核心价值在于保障个体的尊严，同时也要考虑规范与惩罚的效力。通过强化法治教育，让中小学生正确认识法律的本质，认识到法律的服务属性，即保护人的自主权益，捍卫人的人格和尊严，让每个人都能平等、自由且协同发展，惩罚违法犯罪行为人，促进社会和谐发展。

为了培养中小学生内化的自律型法治观念，法治教育应引导他们理解和遵守法律法规，同时提供指引，使其在此基础上积极承担和履行个人权利与义务，逐步深化对法律的认知并实现自我约束能力的提升。

---

① 教育部、司法部、全国普法办：《关于印发〈青少年法治教育大纲〉的通知》，《中华人民共和国教育部公报》2016年第9期，第13~22页。

（二）提升学生法治素养，有效培养社会法治公民

中小学法治教育的核心目标在于根据学生的成长需求和认知能力，通过结合实际案例和法治实践，为学生提供基础培养，并全面提升他们在法律知识、法治意识、法律思维、法治精神和法律信仰等方面的素养水平。这样的教育旨在引导学生深入理解法律的价值和作用，培养他们的法治观念和法律意识，形成扎实的法律思维和兼具责任感的法治精神。通过实际案例和法治实践的引导，学生将更好地理解并遵守法律法规，进而构建社会公平正义和法治建设的良好环境。这包括向学生传授相关法律知识，引导他们形成正确的法治观念和意识，在面对问题时运用法律思维和方法进行判断和决策，并培养他们具备法治精神，如公正、平等、尊重法律、遵守法规等。通过系统的法治教育，学生将深入理解法治的重要性和作用，对法治基本精神和法律产生持久且坚定的认同，并自觉地遵守法律，以行动支持社会的和谐稳定。这样的培养不仅有助于个人的成长，还能为社会的进步和文明发展做出积极贡献，使广大的中小学生树立权利与义务相统一、法律面前人人平等、宪法法律至上的理念，秉持尊法、学法、守法、用法的价值追求和自觉行为。全面培养学生具备法治素养，使他们崇尚法律、担负责任、怀有敬畏之心，促进塑造良好的法治氛围，为社会公平正义和法治文化建设打下坚实基础，推动中国特色社会主义经济在新时代的发展，培养出优秀的"法治公民"，助力新时代中国特色社会主义法治建设进一步发展。

（三）建设中小学法治校园，以提升法治教育实效

中小学生因其高度可塑性而成为法治教育的关键对象，这使得中小学在这方面发挥着至关重要且高效的作用。在中小学阶段进行法治教育，具备强大的系统性、高效率和多样性的优势。通过积极推动法治教育的开展，可以有效促进中小学法治校园的全面发展。建设法治校园对预防和减少中小学生违法犯罪案件具有根本性的意义，同时也能够培养他们遵守法律、尊重法治的意识和习惯，积极促进形成安全而和谐的法治校园环境。校园可以看作一

个小型社会，在这个小型社会中构建法治校园实质上就是在为学生创造一个与他们的日常生活密切相关的法治环境。通过在中小学进行法治教育，可以引导学生树立遵纪守法的价值观念，使他们能够在实践中更好地理解和应用法治原则。这样的教育方法能够加深学生对法治的认识，并培养他们积极参与法治实践的意愿，从而提高法治教育的实际效果。

三　中小学开展法治教育的现状及困境

（一）教育目标模糊，法治认识不足

当前在某些地区、部门、学校，法治教育的重大意义仍未得到充分的认识和高度关注。受"分数论"的影响，许多家长、学校和社会普遍将升学率作为衡量教育成果的主要目标，甚至是唯一标准，导致法治教育相比其他学科并没有得到足够重视，成了可有可无的教育领域。一些学校没有充分认识到道德与法治课程在培养学生法治意识和素养方面的重要性。由于缺乏全员参与和合作，教师和学生在法治教育方面出现了认知不足和目标模糊的问题，特别是存在一种片面的看法，认为思政教师或司法机关应承担大部分法治教育责任，而与其他学科教师关系不大。学生在法治学习中存在的问题，即缺乏真实情境和实践活动的经验，导致他们难以将所学内容与社会事件有机地结合起来。这种情况削弱了学生对法治学习的感受，同时也限制了他们在解决实际问题时运用法律知识的能力。

（二）缺乏有机结合，导致协调度不足

在实际的法治教育管理中，平台整合不足和教育缺乏系统性问题仍然存在。学校、家庭和社会三者之间的教育缺乏有效的结合，协调度不够。在课后或寒暑假期间，学生往往需要通过家庭和社会来加强其法治素养。但现实情况是，很多家长将所有的期望都寄托在学校身上，而忽略了自身对子女进行有效教育的重要性。即使家长试图进行相关教育，但也面临着自身对法律

知识的欠缺问题，因此他们对孩子的教育也比较受限，难以入手。此外，对于已经离开学校但尚未就业的青少年来说，由于家庭监护不足，只能通过社会环境来约束，造成法治教育脱节的状况。

（三）法治师资短缺，法治培训不足

由于法治教育的发展需要，中小学部分法治教师的专业能力与需求存在不匹配的情况。编写适应青少年认知特点和兴趣的法治教育教材，以及提升教师的专业素养，不仅是培养学生法治素养的基本要求，也是促进法治教育深入课堂的关键。为了解决这个问题，教育界引入并广泛使用了《道德与法治》教材，这使得法治教育在教育学领域具备了更强的实践性，同时也融合了法学的特点。这进一步提高了对法治教师队伍建设和综合素质提升的要求。多数中小学教师缺乏法学专业背景，无法满足中小学专职法治教师在教学实践中所需的法治知识、法治精神、法治思维和法治实践经验等。同时，兼具法学专业知识背景和法治课程组织能力的教师数量极其有限。在学科教师群体中普遍存在法治知识匮乏、缺乏全面的法治培训等难题，这使得他们在有效组织和实施相关主题活动上遇到了困难，从而未能实现法治教育的彻底融入，进而导致法治教学效果不理想。中小学法治教师在专业素养和专职性方面仍受到一定限制，迫切需要通过提升他们的法治知识水平和教育教学能力来确保中小学法治教育扎根并不断发展。

（四）心理教育缺失，心理疏导不足

目前青少年犯罪率居高不下，除了受到外界环境的影响外，青少年自身心理问题也是一个重要的因素。中国心理学会的相关研究发现，中小学生中存在心理问题的学生较多。其中，极少数存在严重的心理问题，表现为自控能力极差、难以自我调节等，这些问题的出现有可能引发违法犯罪行为。但对于大多数有轻度心理问题的学生而言，通过一定的教育和心理疏导能够得到显著的改善。这些学生常常表现出法律意识淡薄，缺乏对国家、社会和家庭的感恩之心。他们往往以自我为中心，缺乏关爱他人和维护公共设施等社

会责任感和积极进取精神。目前，未成年人总体犯罪人数呈上升趋势，犯罪愈加暴力化，低龄未成年人犯罪人数占比上升，青少年犯罪团伙数量不断增加。值得注意的是，网络上一些负面内容充斥着学生的生活，如果不能及时加以引导，正能量思想就难以在学生中发挥积极作用。这也将阻碍中国式现代化的进程，因此加强青少年心理素质和法治观念教育显得尤为重要。在法治教育中，引入针对性、有效的心理健康知识教育，是解决问题的一条有效途径。因此，在"法治音乐课"课程中，可以增加青少年心理健康方面的知识内容，从而达到更好的教学效果。

四　积极创新，培育法治教育新模式

（一）发展历程简介

2013年，曾任威宁县人民检察院副检察长的蒋仕祥经威宁县委批准"改非"以后，被选派到龙场镇河块村担任第一书记，在驻村工作期间非常重视教育扶贫工作，连续三年被市、县先后评选为优秀驻村干部。作为一名共产党员，他时刻牢记"以人民为中心"，深知教育扶贫是从根本上阻断代际贫困的有效手段。在驻村工作期间，他经常到龙场镇的中小学校上法治课，上音乐课。由于法治课理论性较强，中小学生缺乏直观感性的体验，因此单纯地讲解宣传法律条文以及法治理论等并不能引起学生强烈的兴趣，导致学生接受程度不够高，实际效果也很有限。因此，在最初的阶段，法治进校园工作总是无法取得理想的效果。然而，上音乐课的课堂效果却非常好，学生活跃，互动性较强，学生对音乐充满了天生的热爱。音乐是最美好的心灵引导，能够使学生性情平和、向善，能够让学生的情商和智商都得到良好的开发。在经过深入细致地探索和实践之后，蒋仕祥便萌生了将音乐课与法治课结合为"法治音乐课"的设想，开始了长达10年之久的探索与发展。

2020年下半年，威宁县人民检察院"守未联盟"团队在主要领导的精心指导和关怀下，开始创作法治歌曲。第一首法治进校园歌曲《梦醒》创作完成。它采编于某位未成年人犯罪入狱后所写的"忏悔书"。歌词真实感人："曾经自己热血膨胀，刀光棍影无比疯狂，绚丽青春就不该这样。一场斗殴，青春迷航，含泪思量，前途渺茫……"

2021年初，第二首法治歌曲《如果可以》也创作完成。歌词大意："如果可以，我愿转身回到从前。如果可以，我愿守候父母身边，愿自由与我共舞……"歌曲委婉动听，朗朗上口，已被编入《贵州原创音乐》传播推广。随即这两首法治歌曲被制作成MV编入课件中，并在多所中小学校传播、学唱。

2023年2月，在市、县关工委和县人民检察院主要领导的高度重视和精心指导下，为威宁县城6万多易地扶贫搬迁群众中1万多名中小学生特别打造的感恩党和国家的励志创新歌曲《话迁喜》创作完成，并已制作成MV。歌词是："小小少年，仰望未来。沧海桑田……"

近年来，威宁县人民检察院积极选派检察人员到中小学担任法治副校长，深入开展"法治进校园"活动，取得了良好的效果，创设有地方民族特色的"法治音乐课"，为大力加强青少年法治教育做出了积极的贡献。

（二）社会效果显著

法治音乐课自初创以来，已给威宁县几十所中小学校约9万名师生及家长授课①，取得了广泛而深刻的社会效果，受到了广大师生的喜爱。2017年《检察日报》以《用音乐奏响最美法治课》为题刊登，并给予了充分的肯定和赞扬。2021年6月10日，《贵州日报》刊载《毕节"法治音乐课"润物细无声》一文，称其为值得推广的法治教育新亮点。2021年10月，"法治音乐课"在第三届毕节市老干部工作创新大赛中荣获创新奖、陈述奖、答辩奖三个一等奖。2021年，威宁县人民检察院与威宁县部分中小学签订《青蓝工程》协议，在"法治音乐"工作室的精心指导下，部分音乐教师的法治音乐课授课水平得到了很大的提升，取得了很好的教学成果，得到了广

---

① 资料来源于贵州省毕节市威宁县人民检察院内部统计。

大学生及家长的认可，现正逐步推广。目前，威宁县人民检察院"法治音乐课"工作室与威宁县部分中小学共同将"法治音乐课"作为创新课题项目逐级申报。

2022年3月，蒋仕祥荣获中国关工委、中央政法委、司法部、共青团中央、中国法学会联合表彰，并被授予"全国青少年普法教育优秀辅导员"称号。2022年11月1日，《贵州日报》再次大篇幅以《威宁检察院"法治音乐课"护航成长》为题进行宣传。

五　优化中小学法治教育的路径探索

面对现行中小学法治教育的现状困境，为了促进中小学法治教育的有效实施，威宁县人民检察院正在积极探索一套系统的法治音乐与心理学相结合的教育课程体系，从而达到提高学生参与法治教育的积极性。通过情景式、趣味性的教学模式，加强对法治教育人才的培养，提高法治教师的专业能力，全面传递应有的相关法治精神。

（一）创新授课模式，打造教学品牌

在情境教学中，教学情境是至关重要的组成部分。"情"主要指应增强情感教学环境的创造，"境"则指学生存在的物理环境。通过构建浓厚的音乐氛围，可以有效激发学生的学习兴趣，并提供正确引导学生思维的方法。

1.以生活性原则，缩小教学鸿沟

对于生活教育而言，应结合学生实际生活经验与形象生动的司法案例来创建相应的教学情境，从而缩小教学内容与现实生活之间的鸿沟。在陶行知关于生活教育的理论中，"生活即教育"，因此将法律条文、司法案例和音乐课程有机结合在一起，可以有效地提高学生对教学内容的领悟和理解能力。通过引导学生将已有的生活经验与教学内容加以联系，或引导学生针对具体生活情境进行教学资源的挖掘和思考，可以提升学生的兴趣和情感。

2. 以音乐形象原则，创情景式教学

利用音乐创造生动且形象的情境来教学，确保与学生的年龄和心理发展水平相适应。同时，根据不同年级的特点选取适宜的教学内容。在创建教学情境时，应基于感性形式，帮助学生获得更为深入的常识认知。在开展中小学法治教育中，除了要满足学生的感性需要外，还需要注重形象刻画，调动视觉、听觉等因素，促进学生想象力的释放，协调并统一情感与认知，运用青少年乐于接受的方式、易于理解的语言、更有感染力的案例来普法，让青少年充分理解法不容情。

音乐能影响人的情绪，它体现在人的理智上。轻松愉快的音乐能使大脑及整个神经功能得到改善；节奏明快的音乐能使人精神焕发，消除疲劳；旋律优美的音乐能安定情绪，集中注意力，增强人们生活情趣，有利于健康的恢复，音乐对精神情绪有极大的影响。音乐凭借唤醒沉睡的心灵、联结碎裂的情感和整合纷乱的身心而显得无比瑰丽，宛若一道独具匠心的自我谱写与情感洒脱的交响曲。音乐可以满足人类内心对自我表达与情感释放的深切渴求。当现实世界中，万般困扰和焦虑袭来，令人倍感渺小和束手无策时，音乐便成为超然的引路人，能化解维度间的客观与主观矛盾，重塑内心的平衡与调和。在那弥漫的旋律里，学生们仿佛能够穿越恒星辽阔，汇入浩瀚宇宙之中，与大自然发生柔美亲和的邂逅。音乐不仅能排解纠结困惑，更能冲破观念的桎梏，点燃无限创造与潜能，并为思维注入展翅翱翔的动力。

学科性原则要求创设的教学情境应符合所教授学科的本质特点，凸显其特征，并与教学内容紧密结合，突出重点。为提高中小学生的法治素养和道德修养，开展道德与法治课程显得至关重要。在创设教学情境时，需要体现德治、法治、心理健康与音乐的内在联系，确保学生正确理解学科知识的内涵，为实现多方面的教育目标，包括法律知识、法律意识和法律行为等，创造有利条件。

3. 融入情感性，调动情感需求

在创设教学情境的过程中，对于情感体验的要求应该既密切联系知识和技能基础，又注重挖掘和调动学生的情感需求，凸显课程的核心价值。针对中小学生群体具有较强的模仿能力和可塑性的特点，教学内容必须与学生真

实生活密切相关，并同时注重课堂朗诵、学唱、演唱，以及音乐表演等艺术形式的情感表达，从而达到充分调动学生情感共鸣的目的。

（二）遵循法治逻辑，健全教育体系

在中小学校开展独立的法治音乐教育课程教学。确立明确的育人目标，包括培养学生的法治意识、法律素养和公民责任感等。这些目标应该与现有的法治教育目标相衔接，并能够体现音乐教育的独特性。确定适当的授课时间和学习活动方式。考虑到中小学生的学习负荷和专业平衡，合理安排课程时间，确保法治音乐教育与其他学科的协调统一。同时，设计富有趣味性和互动性的学习活动，如音乐表演、创作与演绎、讨论和实践等，使学生能够深入参与到法治教学中，增强学习效果和吸引力。注重法治教育课程的实践教学。让学生在实际情境中运用法治知识，培养他们的问题解决和法律应对能力。此外，编排独立的法治音乐教育读本也是关键。系统、有机地整合音乐和法治知识，结合具体案例和实际情境，使学生能够全面理解和运用所学内容。

（三）课程多类结合，营造沉浸式课堂

"法治音乐课"以非常巧妙的教学方法，运用"寓教于乐"的方式消除了学生的学习疲倦和无趣感。经过不断的探索、发展，通过反复教学实践、升级打造，现在的"法治音乐课"已形成了一套有效的教学模式。实践充分证明，它具有很强的可操作性、可复制性和可推广性。该课程有纸质版和多媒体版两种教学模式，可以根据不同的环境和条件进行授课。可在大礼堂通过多媒体教学方式给上千名学生上大课，也可在普通教室上几十人的小课。上课时间也相对灵活，可根据不同年级和人数安排上课的时间和内容。课堂氛围甚好，既热烈有序，又互动欢快，极大地提高了学生的学习兴趣，在轻松愉快的环境中学习到丰富的法律和音乐知识，学生们记忆深刻，终生难忘。现已成熟的有幼儿园、小学、初中、高中等不同阶段的课程，还有面向家长和教师的相关课件。

"法治音乐课"内容目前分为三大板块：第一板块主要介绍习近平法治思想以及法律的概念，其中包括《中华人民共和国宪法》《中华人民共和国刑法》《中华人民共和国未成年人保护法》《中华人民共和国预防未成年人犯罪法》等基础法律知识。通过以案释法的形式，进一步加深学生对法律规定、违法后果等的理解。第二板块主要讲述的是健康的三个标准：身体健康、心理健康和社会道德规范与社会适应能力。其中，重点阐述心理健康的十个要素：对自己有信心和希望；关心他人和家庭；喜欢学习、满意自己的成就；保持广泛的兴趣与活动；能发挥自己的潜在优点；知道自己的短处，也愿意接受他人的帮助；能接受失败和挫折，并且愿意面对困难，正视困难；能接受并适应环境的变化；时时充实自己，促进自我成长与成熟；会享受人生，使自己的生活过得有意义。强调学生应在德智体美劳等方面全面发展，使自己成为有理想、有道德、有文化、有纪律的社会主义建设者和接班人，成为担当民族复兴的时代新人[1]。第三板块主要是结合实际需要将音乐与法治内容有机结合，寓教于乐。在课堂上教唱法治歌曲，如《梦醒》《如果可以》，教唱《我和我的祖国》《话迁喜》《我爱你中国》《走向复兴》等经典、爱国、感恩、健康、积极奋发向上的歌曲，培养学生爱国、感恩、积极向上的情怀。在歌声中注入法治、道德理念。在健康优美的歌声中让学生全面感受和领悟真、善、美的内在意义，培养学生健全的人格魅力和正确的行为准则。提高学生对健康标准的认知，同时关注身心两方面，通过培养乐观、开朗、友善等积极向上的性格特质，使其具备自我调节的能力和健全的心理素质，充分激发他们的学习热情和求知欲望，引导他们积极进取，健康快乐地成长。

（四）以内在契合点，增强情景性体验

法治作为社会的基石，它保障了社会的发展稳定，音乐则是文化领域

---

[1] 陈思蒙、段鑫星：《论习近平关于师德师风重要论述的生成逻辑》，《社会科学辑刊》2023年第1期，第43~49页。

中不可或缺的重要内容。从历史上看，法治与音乐常处于独立的二元状态，很难融合。可喜的是，威宁县人民检察院已成功将法治教育内容有机融入音乐教学之中，创设了沉浸式的"法治音乐课"教学方式。音乐是人类最优美的语言，当两者结合，法治课堂就变得生动起来，法治的种子也在同学们的心里欢快地扎根了下来。这种新型的教育方式，既能够最大限度地激发学生们的学习热情，也能有效地帮助、引领青少年学生深入学习了解更多法律知识，同时也学习到了相关的一些音乐知识。非常有效地增加了学生学习法治知识的情趣，让他们对课堂所学习的内容记忆深刻，教学效果非常理想。借助音乐情景教学方式、方法，给学生讲解身边的案例、法律规定以及危害后果等，增强交互式情景课堂体验，不断拉近学生与社会生活之间的距离，并引导学生对社会予以正确认知和了解，实现与社会的紧密融合。这种情境式教学方法，可以不断提高学生对教材内容的理解水平，使学生对生活形成正确的感悟，实现生活与课堂教学的紧密融合，从而取得良好的教学效果。

在课堂教学中，还可以通过乐器伴奏和乐理常识学习等多种方式创设一个融洽有序、互动欢快的学习氛围，有助于提高学生的学习兴趣。运用情境教学法，突破传统模式中存在的缺陷，彰显学生的主体性地位，引导学生自主探究并分析课程内容，能使学生更好地掌握法律知识，不断加深沉浸式学习体验，促进学生思维健康发展，满足其锻炼思维的需求目标，并给予正确指导和巧妙的引领。

相信通过不断完善和推广，"法治音乐课"将会为中小学生提供更加直观、生动、实用的法治教育，帮助他们更好地理解和感受法治内容，在人生的旅途中成为有担当、有责任、有良知的新时代好青年。同时进一步将"法治音乐"与大数据科学技术有机融合，接入"守未联盟"，通过设置线上云上基地、云课堂等功能，整合线下家庭、学校、司法、社会各方力量及资源，推动形成线上线下相结合的"守未联盟"新模式，有效助力未成年人司法保护工作"单兵作战"难题的解决，形成全社会共同关心、守护未成年人健康快乐成长的"联盟"，共同做好新时代未成年人司法保护工作。

六　结语

法治是现代文明的重要标志之一，承载着国家和民族的法律信仰和精神力量。音乐作为人类最优美的语言之一，具有巨大的感染力和引领思潮的魅力。充分将法治内容与音乐氛围有机地结合起来，可以丰富教育方式和手段，让学生在非常轻松愉快的环境中掌握和理解法律常识。这种创新的教育方式可以激发学生的强大潜力，促进其身心全面健康发展，可以加倍培养更多具备独立思考能力和健康心理素质的优秀青少年人才，为社会发展源源不断地注入持续的活力。

根据中央关于新时期对未成年人思想道德、法治教育建设的总体要求，威宁县人民检察院将不断创新、发展、完善"法治音乐课"课程内容，积极推进"法治音乐课"专业师资培训计划，培养更多高水平的"法治音乐课"教师，为推动法治毕节、法治威宁建设做出更大的贡献。

参考文献

郭立森：《深入贯彻落实党的二十大精神 推进河北基础教育高质量发展》，《河北教育》（综合版）2022 年第 11 期。

李红建：《全力打造人民至上的高质量司法》，《唯实》2022 年第 12 期。

李梦、李畅、徐洁：《中小学开展法治教育的意义、困境与对策》，《中国德育》2023 年第 4 期。

李秀荣、夏玉玲、崔莹莹、高太忠：《基于面源污染的河北省农村生态环境保护研究》，《唐山师范学院学报》2015 年第 2 期。

新华社记者：《争当德智体美劳全面发展的新时代好儿童》，《人民日报》2023 年 6 月 2 日，第 1 版。

B.8
贵州省预防未成年人犯罪调查研究

——基于专门学校教育视角

共青团贵州省委、贵州省预防未成年人犯罪工作联席会议办公室联合课题组 *

摘　要： 专门学校是教育矫治有严重不良行为未成年人的有效场所，旨在帮助引导有严重不良行为未成年人树立正确的价值观，培育法治意识和规则意识，纠正心理和行为偏差。加强专门学校建设工作，对有效预防未成年人犯罪、促进未成年人健康成长、维护社会安定和谐具有重要作用。本文以专门学校教育为视角，探究专门学校在预防未成年人犯罪工作中的必要性。党的十八大以来，贵州省委、省人民政府高度重视专门学校建设和专门教育发展，构建了省、市、县三级预防未成年人犯罪工作机制，不断规范专门学校学生群体入学年龄、入学和离校相关制度，开设专门教育课程符合学生实际，不断创新发展，抓好义务教育和职业教育。在此基础上，进一步思考专门学校的改革路径，通过科学布局和设置专门学校，建立健全管理体制机制和社会支持体系，开展重点家庭教育指导帮扶服务等措施，努力发挥专门学校主阵地优势，多措并举，推进专门教育高质量发展，为深化贵州省专门学校和专门教育发展提出对策建议。

关键词： 专门学校　专门教育　未成年人犯罪　贵州省

---

* 执笔人：陈禄，贵州财经大学教师，共青团贵州省委、贵州省预防未成年人犯罪工作联席会议办公室联合课题组成员。

一　引言

习近平总书记指出："少年强则国强，当代中国少年儿童既是实现第一个百年奋斗目标的经历者、见证者，更是实现第二个百年奋斗目标、建设社会主义现代化强国的生力军。"2014年，贵州省出台实施"育新工程"，为贵州省专门学校和专门教育有效预防矫治未成年人违法犯罪打下了坚实基础，积累了丰富经验。特别是2021年以来，贵州省牢牢把握《中华人民共和国预防未成年人犯罪法》《中华人民共和国未成年人保护法》修订契机，相继颁布实施了《贵州省预防未成年人犯罪条例》《贵州省未成年人保护条例》（以下简称"两法两条例"），针对贵州省的实际，条例不仅是进一步细化《中华人民共和国预防未成年人犯罪法》相关条款，还填补了省级预防未成年人犯罪的配套法规的空白。贵州充分发挥制度优势，在推进专门学校建设和专门教育高质量发展上担当作为，为有效预防未成年人犯罪取得显著成效提供法治保障。新修订的《未成年人保护法》《预防未成年人犯罪法》《关于加强专门学校建设和专门教育工作的意见》《贵州省预防未成年人犯罪条例》《贵州省未成年人保护条例》（以下简称"两法两条例一意见"）等法规制度提出"专门学校""专门教育"建设。贵州省充分发挥法规制度优势，进一步促进专门学校的改革发展，努力发挥其在预防未成年人犯罪中的主阵地作用，符合新时代社会治理和发展的需要，为法治贵州和平安贵州建设做出应有的贡献。

二　专门学校的重要意义

（一）专门学校对有严重不良行为未成年人开展集中矫治教育体现了国家责任

国家责任是基于补偿正义、社会利益保障、公民权利保护和生存托底制度等衍生的国家法律责任和法律义务①。未成年人法治体系建设应当强调国家责任的立场②。预防未成年人犯罪，引导未成年人健康成长，对未成年人已经发生的严重不良行为开展集中矫治教育体现了国家责任。《预防未成年人犯罪法》第五条明确规定了各级政府在预防未成年人犯罪中的组织、领导和综合治理责任；第六条明确规定了国家在专门学校建设发展规划和开展专门教育的组织和实施中的责任，规定："专门教育是国民教育体系的组成部分，是对有严重不良行为的未成年人进行教育和矫治的重要保护处分措施。"预防未成年人违法犯罪是促进未成年人健康成长的底线要求，是一项源头性、基础性工作，关系每个家庭的幸福安宁和社会和谐稳定。专门学校作为对有严重不良行为未成年人开展教育、感化、矫治的重要阵地，不仅是一种特殊的教育形式，也是我国基础教育的重要组成部分，在预防未成年人违法犯罪方面发挥着不可替代的重要作用。

（二）专门学校开展集中专门教育是有效预防未成年人违法犯罪的重要途径

《预防未成年人犯罪法》第43条规定："对有严重不良行为的未成年人，未成年人的父母或者其他监护人、所在学校无力管教或者管教无效的，可以向教育行政部门提出申请，经专门教育指导委员会评估同意后，由教育行政部门决定送入专门学校接受专门教育。"自2020年国家废除"收容教养"制度后，专门学校承接了其部分功能，《预防未成年人犯罪法》规定了专门学校开展集中专门教育的职能和定位，还把专门教育作为国民教育体系的一个类别，这既体现了国家和社会非常重视"问题孩子"的学校保护和权益保障，同时也是有效预防未成年人违法犯罪的重要途径。专门学校的专门教育要像普通学校一样，在实施专门教育过程中按照法律赋予的职能定

---

① 肖姗姗：《国家责任理论指导下专门矫治教育制度的基本构思——以〈刑法〉与〈预防未成年人犯罪法〉的修订为基础》，《湖南师范大学社会科学学报》2022年第4期，第82~91页。

② 孙谦：《中国未成年人司法制度的建构路径》，《政治与法律》2021年第6期，第2~14页。

位，合理规范制定教学大纲，对有严重不良行为的未成年人开展德智体美劳全面发展的教育，为社会主义现代化建设培养合格建设者和接班人做出专门学校应有的贡献。

（三）专门学校保障严重不良行为未成年人享有平等的接受义务教育的权利

对未成年人开展义务教育是所有学校法定的责任和义务。专门学校招收的有严重不良行为未成年人这一群体，其中一部分正处于接受义务教育阶段，专门学校保障这些适龄未成年人继续完成义务教育，是法定的职责和义务，发挥教育保护作用。专门学校根据教学大纲实施义务教育，开设义务教育课程、安排教学计划和教学活动，完成规定动作，保障专门学校有严重不良行为未成年人同等享受与普通学校一样的义务教育，保障其平等的受教育权；也可以根据专门学校实际，因材施教，充分发挥专门学校教育、矫治和感化的职能，调整教学内容和教学时间，适当增加法治、思政、体育、美育、劳动教育和心理健康教育、特殊教育、职业教育课等，促进有严重不良行为未成年人身心健康成长。

三　贵州省专门学校的主要做法

党的十八大以来，贵州省以习近平新时代中国特色社会主义思想为指导，深入贯彻落实习近平法治思想，全面贯彻党中央关于加强未成年人保护、预防未成年人违法犯罪工作的精神和要求，以宪法为根据，以"两法两条例一意见"修订实施为契机，坚持从贵州实际出发，强化问题导向，着力完善相关制度和工作机制，加强对专门学校的建设和专门教育的领导和指导，为更好地保护未成年人健康成长提供坚强的法治保障和基础条件。

（一）高度重视，成立省、市、县三级预防未成年人犯罪工作机制

省级层面建立了贵州省预防未成年人犯罪工作联席会议（以下简称联

席会议）制度，联席会议主要职责是贯彻落实上级重要决策部署，定期研判问题并统筹协调解决问题，研究预防未成年人犯罪重要政策、重要工作、改革创新重点事项，指导、督促、检查各市（州）党委、政府预防未成年人犯罪工作落实等。各市（州）、县（区、市）党委、政府以"两法两条例一意见"精神为指导，成立了部分市（州）和部分县（区、市）专门教育指导委员会，明确了各级专门教育指导委员会的工作职责并逐步建立工作机制。同时，专门学校认真学习"两法两条例一意见"精神，安排部署落实具体工作措施，改革不符合法律法规等条文的事项。

（二）明确对象，规范专门学校学生群体入学年龄

贵州全省专门学校招收学生主要是执行 2014 年贵州省出台实施"育新工程"的规定：年龄在 12 周岁至 17 周岁，有严重不良行为的未成年人、符合政府收容教养条件的未成年人、司法机关采取非羁押措施的未成年犯罪嫌疑人、人民检察院作出附条件不起诉决定需要观护帮教的未成年人、人民检察院作出附条件不起诉决定尚在考察阶段的未成年人、人民法院判处免于刑事处罚或非监禁刑的未成年人等。2019 年，中共中央办公厅、国务院办公厅印发《关于加强专门学校建设和专门教育工作的意见》，规定了其他不满 12 周岁的有严重不良行为、违法犯罪的未成年人、有多次或顽固性强的一般不良行为未成年人、需接受专门教育的未成年人，根据其父母或其他监护人或者所在学校提出的申请或委托，采取体验式学习的方式将其送进专门学校开展 2~6 个月的专门教育，提前预防未成年人实施犯罪行为。

（三）规范程序，建立比较规范的入学和离校相关制度

入学程序：由各地政法、司法和公安等部门审批同意将有严重不良行为的未成年人派送到专门学校，专门学校学生学籍保留在原就读学校。关于确定专门教育期限的做法贵州省主要有三种：第一种是由政法、司法和公安等部门送来时就明确规定了期限。第二种是入学时由教育行政部门及专门学校根据学生严重不良行为程度、受教育程度确定 3 个月至 3 年不等的学习期

限。第三种是部分成立了市级专门教育指导委员会（或未成年人保护委员会）的采取入学听证程序，听取公安机关、司法行政部门、人民法院，人民检察院、学校、父母或其他监护人、未成年人本人等各方意见，提出具体的专门教育期限。离校程序：贵州省主要做法有三种：第一种是部分专门学校严格按照学生入学时规定的学习期限执行，学习期满经评价合格的，可以离校。第二种是学校制定了一套考核评价制度，采取学分制教育，若学生在修满规定学分时，行为综合素质评价结果合格，可提前离校。第三种是采取积分制，以入学时规定的学习期限作为参考，将学生的思想道德素养、学习能力、交流与合作、心理健康、行为习惯等进行量化和积分制考核，在校期间必须修满所规定的积分且行为综合素质评价结果为合格，可以离校。

（四）注重德育，开展结合学生群体实际的专门教育课程

各专门学校坚持一手抓矫治、一手抓教育，深化思想道德教育，强化学生思想行为教育矫治，并将九年义务制教育作为基础性课程。同时，结合区域客观条件和学生特点，因材施教，开拓创新，开展了各具特色的职业教育和特色教育。各专门学校基本都实行准军事化管理，将军事化训练纳入常规课程，加强内务整理，强化令行禁止，规范和培养学生的良好行为习惯。加强法治教育和警示教育，组织学生到看守所、戒毒所参观，到法院旁听庭审，提升学生法治意识。注重礼仪和感恩教育，组织开展红色经典学习、传统国学经典学习等，帮助学生树立正确的世界观、人生观、价值观。同时，各学校采取配备心理咨询师、心理医生进驻学校、不定期咨询等形式，对专门学校学生进行及时的心理疏导，有效配合了学生的矫治教育。

（五）创新发展，抓好义务教育与职业教育有机结合

各学校按照义务教育年级分班模式，对学生开展分级分班教学，一部分学校聘请初级中学教师进校开展义务教育阶段教学；另一部分专门学校根据学生实际，因材施教、自编教材，学校教师自行组织义务教育阶段教学，确保学生逐步达到义务教育相应要求。调研中发现，一些专门学校紧密结合受

教育对象学习积极性不高、文化素质较差、难以跟上义务教育步伐的实际情况，组织编写了适合本校专门教育的教材，在教学实践中取得了较好效果。根据入学学生不同的教育阶段，有的专门学校还延伸拓展开设了高中阶段课程，弥补了专门学校义务教育结束后的教育空白。此外，各学校还开展了各具特色的职业教育。各专门学校不同程度地开设了植物盆栽、计算机、养殖、汽修、缝纫、美容美发、烹饪等课程，让离校学生有一技在手，增强其自食其力、远离违法行为的信心和决心，取得了良好效果。特别值得肯定的是，部分专门学校探索实践办学模式，拓展专门教育工作外延，引入职业院校、机构和社会力量参与办学。

四　强化专门学校的意见建议

（一）科学布局，建立健全贵州省专门学校和专门教育管理体制机制

1. 强化建章立制，持续规范制度机制建设

政府应加大学习贯彻落实"两法两条例一意见"的力度，加强统筹协调，按照依法依规治理的要求，把已经修订完善的法律法规、规章制度实施和执行到位，清理和修订完善与现行法律法规、规章制度相冲突甚至有矛盾的制度办法等，及时理顺法律关系；按照《中华人民共和国预防未成年人犯罪法》关于"公安机关、司法行政部门负责未成年人的矫治工作，教育行政部门承担未成年人的教育工作"的规定，进一步规范和理顺专门学校和专门教育管理体制机制，让专门学校和专门教育在预防未成年人犯罪领域发挥应有的作用。结合贵州实际，修订专门学校建设和专门教育领域相关法规制度，对专门学校建设和专门教育整体规划、总体目标、布局设置、科学管理、招生入学和转出程序等方面进行规范；对构建科学的专门教育体系、系列配套学生管理制度、师资队伍建设、工作保障等方面做进一步细化，形成针对性强、可操作的制度举措，指导全省各地有序开展专门教育工作。

2. 加强统筹协调，全力保障制度建设落地落实

各相关单位和部门要认真履行专门教育指导委员会的职责任务。各级专门教育指导委员会发挥"指挥棒"作用，省级教育行政管理部门应督促还没有成立专门教育指导委员会的各市（州）和县（区、市）人民政府尽快成立专门教育指导委员会，尽快形成省、市（州）、县（区、市）三级专门教育指导委员会的工作机制，经常性开展研究解决专门学校在教学、管理等相关工作中的困难和问题。国家实施专门学校的专门教育对有严重不良行为的未成年人开展集中教育矫治，是深入理解和执行对未成年人犯罪特殊预防和临界预防理念的集中体现。各单位各部门应切实履行好《贵州省预防未成年人犯罪条例》明确的职责任务，协同推进"党委领导、政府主导、部门联动、学校和家庭尽责、社会协同、公众参与、法治保障"的预防未成年人犯罪工作格局落地见效，聚焦"育人"这个根本任务，优化规划设计，加强政策支持、资金投入，把贵州省专门学校打造成未成年人保护和预防犯罪工作的基础工程、希望工程、民心工程，共同推动新时代贵州省专门学校和专门教育高质量发展。

（二）规范办学，建立健全专门学校和专门教育社会支持体系

1. 加大宣传力度，多渠道宣传专门学校的教育理念和社会价值

保障未成年人权益的水平，是衡量一国发展水平和文明进步的重要标准。要切实加大宣传力度，通过多种渠道宣传专门学校的教育理念与社会价值，建立专门学校多维度的社会支持网络，促进社会各界对专门教育的了解，使社会力量能够走进专门学校，提供多种形式的帮教。

2. 探索实施多元社会支持体系，多维度参与社会实践活动

对于部分学生，可以探索与普通学校相似的学生管理教育方式方法，有序引导他们多参加校外活动，为他们与普通学校的学生同台竞技、公平竞争提供平台和机会，通过同台竞技的契机，让学生能够全面参与到社会活动中来，一方面得到更好的社会支持和帮扶，另一方面也能通过社会化的手段引导学生更好地全面发展。可以探索实施正常的寒暑假制度，经常带学生参加

校外文体活动和比赛，通过走出学校、有序参加社会活动等方式，搭建与社会积极沟通的桥梁，积极推进社会力量参与支持体系建设，建立社会力量支持专门学校和专门教育的长效机制。

（三）多措并举，发挥专门学校矫治严重不良行为的主阵地作用

1. 规范义务教育及专门教育教学内容，实施全省统编教材和教学大纲

统一编印教材，利用现代化信息手段，办好义务教育阶段、高中阶段教育教学。针对专门学校的具体实际，为了高效利用和节约资源，可探索由省级教育行政部门根据专门学校学生特点统一编印教材，适当降低学习难度，因材施教，同时组织教学经验丰富的教师通过统编教材、上网课的方式，确保专门学校学生保质保量完成义务教育阶段教学计划和教学活动。高中阶段课程也可通过与全省优质高中学校对接，聘请教学经验丰富的教师开展教学辅导帮扶。针对专门学校学生特点，以规范其行为为教育目标，注重学生的思想道德、心理健康、职业教育，开展义务教育时更加注重法治教育，从德智体美劳五个维度教育引导规范学生行为。在提升学生的学习兴趣和学业自信方面，通过班会、团会、亲子会等多种方式，定期举办志愿服务、社会帮教、义工等课堂延伸活动，开办丰富多彩的选修课，加强与相关部门、社会机构合作，引导学生到警示教育基地参观学习，参加体育劳动锻炼和亲子互动交流，通过身边人讲身边事教育引导他们增强品德修养、法治观念，养成良好的行为习惯，保持身心健康；发挥学生主观能动性，提高学生的课堂参与度和学业参与度，让学生在玩中学、在学中成长，不断提升专门学校教育矫治专业化、规范化、科学化水平。

2. 加强校校、校社联动合作，发挥专门学校和专门教育辐射带动作用

依托相关社会力量，引入省内职业院校专业力量合作办学，促进"校""企"联合，办好专门教育的职业教育，如采取职业院校"学徒制""实习实训""名师工作室""工作坊"等模式，积极组织学生进工厂、进企业、进车间学技能、"长本事"，走进社会后成为"对社会有用的人""积极作为的人"，努力开辟"专—职""专—企"深度融合的发展道路，实现专门学

校内涵式发展。发挥专门学校实施专门教育的相关优势，广泛建立德育实践基地、法治教育基地、家校合作教育中心等，辐射带动社会积极发挥教育矫治功能；探索专门学校与未成年犯管教所的合作模式，为在押未成年犯提供义务教育和职业教育等。

（四）落实责任，开展重点家庭教育指导帮扶服务

1. 对重点家庭落实家庭教育指导帮扶

根据"两法"及贵州省"两条例"的规定要求，有必要对重点家庭的教育进行指导帮扶，将其纳入社会治理服务体系建设内容。政府相关工作部门、工青妇等群团组织和社会组织有责任对有严重不良行为未成年人家庭以及农村留守儿童、困境儿童家庭和离异家庭、管教不负责任家庭开展经常性的法治宣传、心理健康辅导、家庭亲情关怀、就业指导和推荐、社会帮扶等有针对性的家庭教育指导，提高有严重不良行为未成年人家庭及农村留守儿童、困境儿童家庭和离异家庭、管教不负责任家庭教育意识与能力，着力预防有严重不良行为未成年人重新犯罪，不让他们身上的不良行为、严重不良行为等不良社会倾向行为再次发生。

2. 签订专门学校家长责任书

家长是孩子监护、保护的第一责任人。对于一部分监管监护孩子失职失责的父母，公检法部门可以采取要求其进行强制教育学习等方式督促孩子的父母提高监管的意识，认真履行监管、监护责任。《预防未成年人犯罪法》规定："父母或其他监护人应当积极配合教育矫治工作，不得妨碍阻挠或者放任不管。"遗憾的是，没有专门针对不认真履行监管、监护责任的父母应承担的法律后果，这也导致专门教育家庭责任宽松现象发生。对此，可以借鉴国外的方法，如英国的养育令，对有严重不良行为未成年人送专门学校和离开专门学校时需与专门学校签订加强监护责任协议，协议内容明文规定父母在子女教育、陪伴、探望、参加亲子课程和提高法治意识等方面的义务。通过签订家长责任书，加大父母对孩子关心关爱的力度。

B.9
贵州省未成年人专门学校建设
与管理的实证研究

——以六盘水市为例

赵杉 朱寰 李玉鹏*

摘　要： 专门学校建设和专门学校管理教育工作是预防和减少未成年人犯罪的重要工作举措。本文以六盘水市为例，在实证研究的基础上，从专门学校的发展历史和重要意义出发，客观地描述了专门学校师资不足、学校规模小、财政投入不足、资金缺口较大等现状和专门教育指导委员会设置情况及一些典型做法，指出目前专门学校建设与管理存在学校分布不"均"、办学硬件不"硬"、办学软件不"全"等问题，以此为基础，提出了争取各方加大支持力度、健全完善相关的制度机制及强化教师、管理人员素质建设等对策，进一步加强专门学校建设。

关键词： 专门教育　专门教育指导委员会　未成年人　贵州省

近年来，我国未成年人犯罪人数呈上升趋势，是目前影响社会稳定和谐的重要因素。虽然新修订的《刑法》将刑事责任年龄下限调整到 12 周岁，但仅限于部分罪名，因不满法定刑事责任年龄而不予以刑事处罚的情况仍然大量存在。如果不能针对性地对这部分未成年人进行干预矫治，不仅不会消

---

* 赵杉，六盘水市委政法委常务副书记；朱寰，六盘水市委政法委执法监督科科长；李玉鹏，六盘水市委政法委执法监督科工作人员。

除犯罪隐患，而且再犯罪的概率仍会较高，因此，发挥专门学校的教育矫治功能显得尤为重要。专门学校致力于运用军事化管理、教育矫正、感化等手段矫正有严重不良行为或违法犯罪的未成年人，能够有效预防和控制未成年人从违法向犯罪转化、由轻微犯罪向严重犯罪转化，真正帮助有严重不良行为或违法犯罪的未成年人回归正常人生活，让其成为对社会有用之人。

一 专门学校的发展历程及意义

（一）专门学校的发展历程

专门学校是对有严重不良行为的未成年人进行专门教育的一种特殊教育学校，是我国国民教育体系的组成部分。在我国，专门学校最开始被称为"工读学校"，是中国借鉴苏联教育学家马卡连柯成立"高尔基工学团"的成功经验，以教育矫正违法犯罪的未成年人行为为办学理念创办的学校。[1]在"工读学校"被收容教养的未成年人需要开展半天劳动，半天学习政治理论和文化课。在我国，工读学校最先于 1956 年由最高人民法院、最高人民检察院和多部门联合发布通知提出，将"因不满 18 周岁不承担刑事责任或刑期已满但不满 18 周岁，且无家可归、无监护人管制的 13 岁以上的罪错少年"限定为收容教养对象，这也是我国最早的关于收容教养的规定。1981 年国务院颁发了《关于办好"工读学校"的试行方案》。1987 年 6 月 17 日，国务院办公厅转发了国家教委、公安部、共青团中央关于办好"工读学校"的意见，肯定了"工读学校"对于教育挽救犯罪未成年人的突出作用，要求继续办好"工读学校"，将"工读学校"作为义务教育的重要组成部分持续开展，使用与普通义务教育学校相同的教材，并与职业技术教育相结合[2]。1999

---

[1] 益小青：《加强专门学校工作和专门教育工作 ｜ 新法解读⑥》，团中央权益部，2020 年 12 月 31 日。

[2] 益小青：《加强专门学校工作和专门教育工作 ｜ 新法解读⑥》，团中央权益部，2020 年 12 月 31 日。

年国家制定的《预防未成年人犯罪法》规定了"工读学校"的功能和学校管理的具体要求。在此期间，工读学校逐渐演变为义务教育的补充，即在义务教育基础上，对厌学或行为偏差等"问题学生"控辍保学、精准扶困并进行思想、道德、法治、心理健康及职业技能教育，并有针对性地开展教育矫治工作。这种形势与司法保护工作存在较大距离，使得"工读学校"无法满足公众对未成年人犯罪行为防治的高期望。"工读学校"自成立之时，一直是采取教育行政部门主办、公安机关协办的办学方式。社会上很多人把"工读学校"误认为是少年犯管教所，所以有些家长明知自己的孩子处于失控状态、濒临犯罪边缘，宁愿让其发展下去也不愿意将孩子送到"工读学校"接受教育，"工读学校"陷入招生困境。2012年修订的《未成年人保护法》将"工读学校"改为"专门学校"。2020年新修订的《未成年人保护法》和《预防未成年人犯罪法》中，收容教养的概念均已被专门矫治教育所替代，对专门学校的建设和管理提出更高的要求，明确了政府各单位的职责职能，同时创新性地提出了建立专门教育指导委员会指导专门学校相关工作的工作机制，负责组织领导、统筹协调专门学校相关工作，有力推进专门学校向标准化、规范化、精细化发展①。此外，贵州省根据《预防未成年人犯罪法》并结合本省实际制定了《贵州省预防未成年人犯罪条例》，该条例针对贵州省专门学校点多、规模小、不规范等问题，依据中央有关要求和上位法精神，按照省规划、市统筹、县落实的思路，对专门学校建设的规划布局、发展方向、师资保障等做出了细化规定，支持建设义务教育、高中教育、职业教育贯通的专门学校，明确专门教育指导委员会组成和日常工作机构，细化了未成年学生进出专门学校的制度衔接，在规范专门教育制度方面进一步做出了具有贵州特点的探索。②

---

① 益小青：《加强专门学校工作和专门教育工作 ┃ 新法解读⑥》，团中央权益部，2020年12月31日。
② 贵州省人大常委会：《关于〈贵州省预防未成年人犯罪条例（草案）〉起草说明》，2021年7月30日。

（二）创办专门学校的重要意义

未成年人代表着祖国的未来、民族的希望，肩负着实现中华民族伟大复兴的历史重任。维护未成年人的合法权益，不仅是保障未成年人健康成长的需要，更是中华民族兴旺发达的需要。党的十八大以来，以习近平同志为核心的党中央高度重视未成年人保护工作，习近平总书记指出："祖国的未来属于下一代。做好关心下一代工作，关系中华民族伟大复兴""对损害少年儿童权益、破坏少年儿童身心健康的言行，要坚决防止和依法打击"。专门学校作为教育矫治有严重不良行为和违法犯罪未成年人的有效场所，对于推动未成年人罪错行为预防矫治、保障未成年人健康成长具有重要意义。

1. 创办专门学校是国家义务教育的延续和补充

目前，有严重不良行为学生的管理教育成为普通学校的痛点和难点问题。部分普通学校对具有严重不良行为的学生简单地以开除和要求转校等方式处理，不利于未成年人的健康成长。专门学校针对在学校或社会中存在违法犯罪行为和严重不良行为的未成年人进行教育、感化、挽救，具有不可替代的作用，是我国教育体系的重要组成部分。特别是近年来屡见不鲜的校园暴力、校园欺凌事件，专门学校通过"因材施教、分类教育"，根据义务教育阶段课程标准，结合实际设置相关课程，开展专业化的心理辅导、法治教育、爱国主义、道德教育，帮助学生树立正确的世界观、人生观、价值观，对有严重不良行为的学生进行思想转化并规范其行为习惯，是义务教育阶段"最后一公里"的重要补充。[①]

2. 创办专门学校是家庭进一步强化家庭监护的桥梁纽带

当前，贵州省留守未成年人、单亲家庭未成年人、隔代监护、流动人口未成年人、事实无人抚养未成年人大量存在，这部分未成年人家庭监护的严重缺失缺位是导致未成年人产生严重不良行为甚至走向违法犯罪道路的主要原因。当未成年人开始出现逃学、打架甚至小偷小摸等不良行为时，如果家

---

① 高继生：《建立"专门学校"完善义务教育》，《教书育人》2018 年第 2 期，第 19~20 页。

庭监护不及时甚至未曾发现，未成年人必然走上违法犯罪道路。而现实情况是，大部分家长在未成年人被送入专门学校后，才开始意识到自己疏于对未成年人的管教，重视程度才发生转变。

3.创办专门学校是预防未成年人犯罪的重要举措

专门学校作为教育矫治有严重不良行为和违法犯罪未成年人的有效场所，对于预防未成年人犯罪具有重要作用。截至2022年，六盘水市专门学校教育矫治未成年人违法犯罪取得明显成效，转化成功率平均达到97.87%，六枝特区专门学校达到99.54%以上。同时，专门学校通过提供特殊的教育和培训，帮助未成年人提升各种能力，如表达、沟通、决策和问题解决等，增强他们离校后适应社会的能力和自我管理能力，减少未成年人再犯罪的风险。

二 六盘水市专门学校建设规模与特点

（一）六盘水市专门学校建设规模情况

目前六盘水市有专门学校3所，分别是六枝特区育才学校、盘州市阳光学校、钟山区新兴学校，水城区暂无专门学校，共有8个班级，可同时容纳学生210人，目前在校177人，其中盘州市可容纳学生54人，但目前在校已达61人，已超过最大可容纳学生数（见表1）。

表1　六盘水市专门学校情况

学　　校	设立时间	主管部门	班级（个）	可容纳学生数（人）	在校学生数（人）
六枝特区育才学校	2014年	六枝特区教育局	2	56	51
盘州市阳光学校	2013年	盘州市教育局	3	54	61
钟山区新兴学校	2007年	钟山区教育局钟山区委政法委	3	100	65
合计			8	210	177

全市 3 所专门学校办公经费均来源于财政拨款，无其他筹措资金渠道，由于地方财政紧张，近三年未能足额申请到目标经费，财政拨付的办公经费 2/3 用于在校学生的生活费用，同时学校还需承担部分聘用人员工资，资金缺口较大（见表 2）。

表 2　全市专门学校近三年工作经费拨付情况

单位：万元

年份	目标经费	财政拨付资金	其他渠道筹集资金	资金缺口
2020	277.24	221.7	0	55.54
2021	272.38	236.2	0	36.18
2022	276	223.8	0	52.2

全市专门学校共有在职教职工 107 人，其中管理人员 9 人，专职教师 46 人，驻校民警 4 人，医务人员 4 人，安保人员 28 人，其他聘用人员 16 人，师生比分别为：最高为盘州市阳光学校 1∶2，其次是六枝特区育才学校 1∶5，最后是钟山区新兴学校 1∶10（见表 3）。

表 3 全市专门学校在职教职工情况

单位：人

学　校	管理人员	专职教师	驻校民警	医务人员	安保人员	其他聘用人员	师生比
六枝特区育才学校	3	13	1	2	6	5	1∶5
盘州市阳光学校	3	27	1	1	10	5	1∶2
钟山区新兴学校	3	6	2	1	12	6	1∶10
合　计	9	46	4	4	28	16	

（二）六盘水市专门学校办学特点

1. 区别于一般学校，党委政法委积极统筹参与，多部门齐发力，助推专门学校做实做强

全市3所专门学校均由教育部门和党委政法委共同进行管理，既与一般学校一脉相承，又区别于一般学校。党委政法委参与管理，公安、民政、财政、妇联、共青团等多个部门参与协调管理，有利于统筹协调政法机关资源，方便专门学校日常管理运行及处置特殊情况，进一步强化学校教学管理，以思想教育和行为矫正为重点，不断提升教育矫治能力水平。如六枝特区育才学校由六枝特区政法委牵头建立；盘州市阳光学校由盘州市教育局主管，盘州市委政法委参与管理；钟山区新兴学校由钟山区委、区政府于2007年1月19日挂牌成立，学校由区委政法委、区教育局共同管理。

2. 明确办学宗旨，着眼于矫正不良行为习惯，消除不良心理隐患，以转化具有严重不良行为的青少年学生为目标

六盘水市专门学校建设中充分认识到专门学校的特殊性，强化辖区3所专门学校明确办学宗旨，既运用教育心理学中醒悟、转变与自新三个阶段理论对有违法和轻微犯罪行为的青少年开展教育，又根据学生的爱好科学设置文化课程，依托国家义务教育课程，学校根据学生的爱好自主研发经典诵读、法律常识、礼仪教育、心理健康、国防教育（军训）、劳技课程等。如六枝特区育才学校始终坚持"让学生成人、让教师成功、让家长放心、让社会满意"的办学宗旨，确定了"教真教善教明理、育智育心育品性"的办学目标，以"培养习惯、张扬个性、顺势育人"为办学理念，以"立德正身、求实创新"为校训，以"至诚至真、尚德明礼"为校风，以"善于沟通、敢于创新"为教风，以"学会生活、学会做人"为学风，不断推动学校教育高质量发展。自建校开班以来共计接收矫治学生230人，离校176人，2019~2020年累计接收矫治学生120人，离校73人，现有学生54人。

3. 发挥警示作用，坚持社会干预性教育，接纳普通学校有"偏常行为"学生进行短期的体验式（警示）教育

让普通学校有"偏常行为"（包括讲脏话、说谎话；经常迟到早退；拒绝承认错误；抽烟喝酒；不服从学校管理；故意扰乱学校秩序；无理取闹；不好好学习，追逐异性；沉迷于网络等九种）的学生短期（3天或5天）与专门学校学生同吃、同住、同学习、同劳动，在实际学习、生活、劳动中体验、感悟、识别美与丑，善与恶，真与假，对与错。如，盘州市阳光学校自2019年以来，共接待"体验式"学生200余人次，配合普通学校开辟了一条探索"偏常行为学生"矫治教育新路，受到普通学校和家长的好评。

4. 强化日常管理，细化专门学校学生流转、结业、评估程序

六盘水市专门学校根据流转机制在不同班级流转，学生完成规定的学业经日常量化考核评估合格后准予结业离校，分为三个层级评估，包保老师—班主任—校长。学生离校后，由包保老师进行为期一年的"一月一帮教"。在学习管理方面，除闭环式管理外，学校实行"六化"管理模式，即人格化管理、亲情化管理、集体化管理、法治化管理、军事化管理、精细化管理。此外，学校实行24小时轮流值班制度，全体教职工分组值班，每个班早上9点交接班，对学生实行24小时闭环管理、矫治教育，确保学生安全和学校和谐稳定。男女生实行分区域管理，女生集中由女性教职工专职管理。学校保护未成年人隐私，对学生学籍等情况严格保密，通过专门学校的教育转化，大部分学生走上正途。如，钟山区新兴学校建校以来，共接收违法犯罪未成年人3256人，接收的3256名学生中3230名得到良好教育转化，1600余人重新回到普通教育学校继续接受教育，其中，490余人升入了普通高中或职业学校，960余人走上自食其力的道路，个别学生还考入大学、参军等，未成年人违法犯罪人数呈逐年下降趋势。

（三）强化组织保障，设立专门教育委员会，助力专门学校正规化、常态化

六盘水市政府根据《预防未成年人犯罪法》及中共中央办公厅、国务院办公厅印发的《关于加强专门学校建设和专门教育工作的意见》的要求，于

2022年12月26日成立六盘水市专门教育指导委员会，负责组织领导、统筹协调专门学校成立相关工作，专门教育指导委员会下设办公室在市教育局，目前各县区也比照市级模式相继成立了专门教育指导委员会。六盘水市专门教育指导委员会设立主要有以下六个特点：一是运行机制初步建立。目前已建立了联席会议制度、挂钩督办制度、会商会办制度、入学评价制度、毕业评估制度等制度。二是明确部门职责，细化部门工作任务，做到"事有人抓，有人抓事"，形成了齐抓共管的新格局。三是建立学生入学评价机制，规范了送入学政策，从由学生家长护送入学转变为由学校主体送入学，扭转了因家长不愿送入学或学校不主动送而导致学生变成社会闲散青少年的局面。四是指导学校根据教学大纲，合理设置课程，坚持行为教育与学科教育相结合，在扭转学员"三观"和纠正行为习惯的同时学习基础的文化知识，为回归学校做好文化知识基础准备。五是指导学校围绕"立德树人"的目标，采取现身说法、法治案例、人生规划等教育形式，丰富德育教育内容，进一步发挥德育的育人、感化作用。六是建立学员肄业回归学校跟踪制度，加强与接收学校的沟通联系，继续加强学员的思想政治工作，高度关注学员的回归成长，让学员快速融入学校教育生活中，快乐健康地成长。通过专门教育指导委员会的推动，六盘水市专门学校的运转机制、基础设施建设等得到明显改善，工作取得较好成效。

三　六盘水市专门学校教育管理的典型做法及经验

盘州市专门学校高度重视并大力推进管理教育工作，形成了具有学校特色的工作局面和亮点，坚持"层次化、兴趣化、法治化、社会化"的"四化"教学，让学生学有所乐，学有所得。一是"层次化"教学。根据学生文化层次和身心发展状况，分三个层次开班教学：第一个层次为励志教育班，以思想品德、法治、纪律、规则、礼仪、心理健康教育和军体训练为主；第二个层次为普通教育班，依托国家教材，开展义务教育；第三个层次为提升教育班，对普通教育班品学兼优的学生，经考核合格进入提升教育班学习，参加中考，为实现"大学梦"奠基。二是"兴趣化"教学。根据学生的爱好科学设置文化课程。依托国家义务教育课程，学校自主研发经典诵读、法律常识、礼仪教育、心理健康、国防教育、劳技等16门校本课程，尽最大可能提升学生的学习积极性；成立计算机兴趣小组、手工制作兴趣小组、种植兴趣小组，培养学生实际动手能力，掌握实用的劳动技能；与云南曲靖应用技术学校签订友好合作协议，将计算机方面的特长生送入云南曲靖应用技术学校学习；与盘州市职业技术学校合作，将有汽车修理与美容、烹饪、护理爱好的学生送入该校学习，让学生学有"一技之长"。三是"法治化"教学。开齐开足法治课程，以思想道德教育为基础，开展法治意识强制教育；定期组织学生到戒毒所、拘留所和看守所参观学习，以警示教育引导学生遵守法律法规。四是"社会化"教学。与盘州市检察院、司法局和社会各界人士创立"基地+社会"教育模式，成立未成年人观护帮教基地，对主观恶性较小、悔罪态度较好的"三无"（在本地无监护条件、无固定住所、无经济来源）涉罪未成年人采取非监禁措施，学校和检察院共同在诉讼期间对其进行教育、监督、观察、矫正和保护；成立未成年人法治教育基地，由司法局组织有关人员对学生进行丰富多彩的法治宣传教育；聘请公安局、检察院、司法局领导及律师、关工委领导、优秀党员、"两代表、一委员"、道德模范、企业家到校上课，对学生们进行全方位的社会教育；开展"家庭式"教育，邀请家属与学生共度"中秋""端午""春节"等节目，吃月饼、放鞭炮、吃年羹饭，让孩子们感受亲情真爱；孩子离校后，协调亲属和户籍地乡（镇、街道）、村（居、社区）关工委负责后续教育，解决孩子离校后继续教育和管理问题。

四　六盘水市专门学校建设与管理存在的问题

（一）学校分布不"均"，影响矫治成效

中共中央办公厅、国务院办公厅印发《关于加强专门学校建设和专门教育工作的意见》，要求"县级以上地方政府根据需要合理设置专门学校"。

目前全市有 3 所专门学校，分别位于六枝特区、盘州市、钟山区。水城区作为拥有 80 余万人的人口大区，每年需要送入专门学校接受教育矫治的有严重不良行为未成年人较多，却没有设置专门学校，而钟山区新兴学校目前的办学规模有限，很难同时满足钟山、水城两个区的专门教育需求。经统计，2019～2021 年水城区送入专门学校接受教育矫治的未成年人仅 3 人，对未达刑事责任年龄的未成年人水城区主要以教育和要求家长对其进行约束为主，导致部分未成年人没有得到很好的教育和实质性的帮教。对部分未达成刑事和解或者父母不具备有效监护条件的未成年犯罪嫌疑人，如不批准或不起诉有再次犯罪的可能性，导致部分案件不敢大胆对其适用附条件不起诉或者酌定不起诉，刑事司法政策不能得到很好的落实。

（二）办学硬件不"硬"，暗藏风险隐患

一是校舍、设施老化。六盘水市三所专门学校均有不同程度的校舍、设施陈旧、老化问题，存在较大的安全隐患，如钟山区新兴学校校舍经鉴定为 C 级、D 级危房，教育教学设施老旧，墙体开裂，楼顶、地板渗水严重，厕所是旱厕，围墙高度不够，年久失修。原定于 2021 年 9 月搬入水钢马坝村内新修的学校，但因资金原因，无法搬离旧学校。二是容纳规模较小。校园场地、校舍容纳规模有限，配套设施不完善，不能满足辖区内（严重）不良行为未成年人分级教育矫治的需求，如六枝特区育才学校因学生宿舍有限、配套设施不够，不具备招收女生的条件。学校现有宿舍 7 间，每间宿舍住 8 名学生，最多可容纳 56 名学生，现有学生 54 名，宿舍紧缺问题亟待解决；盘州市阳光学校可用面积 500 多平方米。仅有一栋教学楼，建筑面积约 1080 平方米。有厕所 1 个，8 个蹲位。食堂为临时搭建，活动场地仅有 100 多平方米，学校办学条件异常艰苦，仅能容纳 54 名学生，与学校原计划招生规模 200 人差距较大，目前该校在校学生已达 61 人，超过最大可容纳学生数，很多有（严重）不良行为的未成年人因此没有机会得到及时的教育矫治。因为没有必需的教育矫治功能室及活动场地，学校很多教育矫治功能，如情绪排解等无法实现，教育矫治难度较大。三是校园选址不合理。如

钟山区新兴学校位于六盘水市第二十四中学内，师生、车辆出入不便，对双方学校的管理均产生影响。

（三）办学软件不"全"，增加矫治难度

一是管理机制不完善。新修订的《预防未成年人犯罪法》施行以后，规定了罪错未成年人的矫治教育评估及分级教育矫治，但现行的管理模式无法贯彻落实分级教育矫治相关规定，教育矫治成效有待进一步提升。如六枝特区育才学校隶属于六枝特区教育局，六枝特区政法委、公安局、司法局参与学校的教育和管理并履行相应职责；钟山区新兴学校由区委政法委、区教育局共同管理，公安、民政、财政、妇联、共青团等多个部门参与协调管理；盘州市阳光学校隶属于教育局，政法委、公安局、司法局参与学校管理并履行相应职责，缺乏统一有效的组织协调机构，势必增加教育矫治难度，影响教育矫治效果。二是入学、办学模式不规范。入校学生均为违法犯罪尚不够处罚年龄的特殊教育对象，学生进校入学由公安机关管理，学生提前、期满离校由公安机关和政法委审核批准，学校实质是双向开展学生安全监管工作和教育教学工作，由区委政法委和区教育局双重管理，在管理上容易出现责任不明确、责任分解不到位等情况，极大地增加了学校工作的难度。三是工作经费缺乏限制学校正常运转。专门学校经费来源主要是靠国家财政拨款，近年来时常出现未按时足额拨付的情况，无法保障专门学校的日常工作运转。如钟山区新兴学校工作经费由财政按每月8万元拨付（含学生生活费及全部职工日常运转费用），全年96万元。但实际落实中，经费未拨付或拨付不足等情况时有发生，学校日常运转、学生生活费等开支较大，日常工作运转困难。由于经费紧张，教师外出参加培训机会较少，教师学习提升、教育教学方向缺乏专业指导，难以有效提升专门学校教师教育矫治等方面的能力。四是学校编制无法得到有效保障。因学生大部分由公安局送入，学校学生人数存在不确定性，从事未成年人专门教育和矫治的专业性、稳定性、持续性不能得到有效保障。如，盘州市阳光学校现有编制28个，按照盘州市120万人的人口规模，学校最大招生规模为200人，原编制49个，

现只有编制 28 个，削减编制 21 个，削减 42.9%，无法保障应有的教育矫治效果。

五　对策建议

专门学校的地位和作用是普通学校和其他机构无法代替的，有关部门应加强规划、管理和扶持，政府加大对专门学校在人力、物力、财力等方面的投入，让专门学校成为优质的教育资源，以完善社会监管矫正体系为抓手，进一步适应新时代对罪错未成年人开展分类干预的社会需求。

（一）争取各方加大支持力度

一是充分发挥专门教育指导委员会组织协调作用，加强与党委、政府沟通，将专门教育学校建设纳入经济社会发展计划和规划。二是由市级层面指导各县区实行以政府投入为主、受教育者合理分担、其他渠道筹措经费的投入机制，由各县区负责统筹安排专门学校成立、教职工工资待遇及发展所需的财政资金，配合市教育局等相关部门研究和执行有利于专门学校发展的政策。三是省级层面出台相关管理制度，在学校的管理、招生对象、入学程序及教育体系、教育资金等方面统一省级层面标准，建立健全专门学校的管理，明确统一管理、办学标准，如一般学校的问题学生的体验式教育是否应纳入学校临时性管理。

（二）健全完善相关的制度机制

一是充分发挥考核指挥棒作用，将专门教育工作纳入平安建设考核评价体系，指导协调解决学生安全管理相关工作，发挥平安建设协调机制等作用协调解决专门教育工作中出现的困难与问题。二是建立评估机制和标准，根据《预防未成年人犯罪法》的相关规定，未成年人的父母或者其他监护人向教育行政主管部门提出申请，经专门教育指导委员会评估同意后，由教育行政部门决定送入专门学校接受教育。专门学校应当在每个学期适时提请专门教育指导委员会对接受专门教育的未成年学生情况进行评估，经评估适合转回普通学校就读的，专门教育指导委员会应当向原决定机关提出书面意见，由原决定机关决定是否将未成年学生转回普通学校就读。三是引入社会力量参与教育矫治。现阶段矫治教育期限届满均由专门学校自行进行评估后离校，没有其他人员介入评估，建议引入企业、社会组织、大学生志愿者等社会力量，如由公检法送入学校的，在离校评估时还应听取相关单位的意见建议。四是调整管理体制。根据《预防未成年人犯罪法》规定的各职能部门工作定位，调整专门学校管理体制，由专门教育指导委员会统筹，进一步明确政法委、财政局、法院、检察院、民政局、卫生健康局、发展改革委、教育局、公安局、司法局、人力资源社会保障局、团委、妇联、关工委在加强专门学校建设方面的职责职能，凝聚工作合力。

（三）强化教师、管理人员素质建设

一是提高专门学校的教师选拔标准，除了具备普通学校教师的基本素质外，还应该具有法律常识、心理健康、安全教育等方面的知识，并具有较强的事业心、责任感、高尚的教育情怀。只有高水平的教师队伍和高质量的教育矫治，提高学生的教育转化成效，才能消除社会对专门学校长期以来的疑虑，让家长放心地把子女交给专门学校管教。二是地方政府加大对"专门学校"的建设投入，要进行比普通中小学更高标准和规格的校园建设，使"专门学校"在校园环境、硬件设施上都达到普通学校标准甚至高于普通学校标准，这样的"专门学校"才是"问题学生"的乐园，才能达到"适彼乐土，爰得我所"的建设效果。三是提升教师福利待遇，最大限度地激励专门学校教师干事创业的激情。优化教师职称、职级评选制度，对于符合职务、职级晋升条件的教师，按程序及时办理晋升手续。加强教师的职业培训，适时选派教师到发达地区专门学校交流学习。四是加强配备政法干警参与教育矫治。专门学校目前接收的学生中涉及严重不良行为的较多，应引起高度重视，按照"公安机关、司法行政部门负责未成年人的矫治工作，教育行政部门承担未成年人的教育工作"的法定要求，应加强政法干警的配备工作，切实履行法定的矫治教育及监管职责。

社会保护篇

The Chapters of Social Protection

B.10

贵州省困境未成年人心理健康
干预路径研究

——以易地搬迁集中安置区困境未成年人为例

蔡雅娟　姚　娟*

摘　要： 心理健康是我国"十四五"国民健康规划中的重要任务之一，本文以贵州省易地搬迁集中安置区的 430 名困境未成年人为例，探讨困境未成年人的心理健康干预路径。研究发现，困境未成年人的心理健康和生活质量问题凸显；心理健康风险主要来源于个体因素和社会支持因素，两种因素之间相互影响。本研究在社会生态系统理论指导下，从宏观、中观、微观三层系统切入设计心理健康干预路径。前后测结果对比显示，干预路径对存在心理问题的困境未成年人能起到良好的干预作用，对心理亚健康群体也有预防作用。在实践基础上，本文提出增加资金投入、建设儿童

* 蔡雅娟，北京春晖博爱公益基金会专业发展副总监；姚娟，北京春晖博爱公益基金会专业发展副总监。

活动中心、设置儿童社工专岗、构建心理分级管理体系、充分利用同辈群体支持、健全家校社政共育机制等具体建议。

关键词： 困境未成年人　心理健康　社会生态系统　贵州省

一　引言

新《未成年人保护法》出台后，贵州省积极响应，于 2021 年 9 月 1 日正式施行了修订版的《贵州省未成年人保护条例》（以下简称新《条例》）。新《条例》在六大保护的基础上增加了特殊保护，明确提出"本省对留守未成年人和孤儿、流浪乞讨未成年人、事实无人抚养未成年人、残疾未成年人、重病未成年人等困境未成年人实行特殊保护"[①]。新《条例》施行后，贵州省政府强化推进了对困境未成年人的关爱帮扶工作，尤其关注其心理健康状况。

心理健康是"人在成长和发展过程中，认知合理、情绪稳定、行为适当、人际和谐、适应变化的一种完好状态"，它"是健康的重要组成部分，关系广大人民群众幸福安康、影响社会和谐发展"[②]。心理健康是我国"十四五"国民健康规划中的重要任务之一[③]，《中国儿童发展纲要（2021~2030 年）》强调要"关注和满足孤儿、事实无人抚养儿童、留守儿童和困境儿童心理发展需要"[④]。然而以往的研究表明，困境未成年人的心理健康状况不容乐观。国家卫生健康委员会与联合国儿童基金会在 2017 年的调查显示，心理行为问题是当前留守儿童和困境儿童面临的突出问题，并且随着

---

① 《贵州省未成年人保护条例》第七十一条（贵州省人民代表大会常务委员会公告 2021 第 16 号）。
② 《关于加强心理健康服务的指导意见》（国卫疾控发〔2016〕77 号）。
③ 《国务院办公厅关于印发"十四五"国民健康规划的通知》（国办发〔2022〕11 号）。
④ 《中国儿童发展纲要（2021~2030 年）》（国发〔2021〕16 号）。

年龄的增加，问题更加凸显；"在小学四年级和初中一年级阶段，留守儿童在情绪控制、注意力、社会适应能力、自伤行为风险等方面表现出更多的问题"[1]。中国科学院心理研究所发布的《中国国民心理健康发展报告（2019~2020）》也指出，贫困地区农村留守儿童的心理健康状况明显差于非留守儿童[2]；缺少父母照顾与陪伴的青少年表现出更多的抑郁和孤独问题[3]。困境未成年人的心理健康状况直接影响了其生活质量[4]。生活质量是指"从心理健康、生理健康、生活满意度以及社会功能等多个方面对人们的身心健康水平进行综合性评价"[5]。在一定意义上，生活质量是对个体身心健康更系统、更深层次的理解；心理健康的现实目的与意义是获得更高质量的生活。然而有关研究表明，我国留守儿童和困境儿童的生活质量普遍偏低[6]。

困境未成年人是特别需要关爱和保护的特殊群体之一，面对日益凸显的心理健康问题，该如何提升其心理健康水平呢？本研究将心理健康与生活质量相结合，在了解困境未成年人心理健康状况的基础上，从生活质量的各个维度分析心理健康风险因素，以此设计干预路径，实施并验证干预效果。在研究对象上，聚焦于贵州省易地搬迁集中安置区中的困境未成年人。该群体具有双重特殊性，一是受原有困境因素影响，二是受易地搬迁带来的生活环境、生活方式改变的影响，其心理健康状况和生活质量亟待关注。本研究旨在为困境未成年人的心理健康关爱服务提供借鉴与参考，

① 国家卫生健康委员会编《中国流动人口发展报告 2018》，中国人口出版社，2018，第226~231页。
② 刘正奎、周月月、王佳舟：《贫困农村地区留守儿童心理健康状况》，载傅小兰、张侃主编《中国国民心理健康发展报告（2019~2020）》，社会科学文献出版社，2021，第165~187页。
③ 郭菲、王薪舒、陈祉妍：《2022年青少年心理健康状况调查报告》，载傅小兰、张侃主编《中国国民心理健康发展报告（2021~2022）》，社会科学文献出版社，2023，第30~69页。
④ 刘昱君、陆林、冉茂盛：《中国农村留守儿童的心理健康：现状、影响因素及干预策略》，《科学导报》2021年第18期，第50~56页。
⑤ 孙丹：《农村留守儿童生活质量状况及影响因素分析》，《中国多媒体与网络教学学报》（下旬刊）2021年第6期，第228~229页。
⑥ 金婷、戴斌荣：《农村留守儿童生活质量状况及影响因素》，《中国健康心理学杂志》2019年第4期，第614~619页。

助力易地搬迁集中安置区的困境未成年人提升生活质量,实现"搬得出,稳得住,快融入"。

二 贵州省困境未成年人心理健康现状

研究资料来源于对贵州省2市4县7个安置区的430名7~14岁困境未成年人的干预实证调查。其中男孩237人(55.1%)、女孩193人(44.9%);四个年龄段的样本量分别为:7~8岁共97人(22.6%),9~10岁共137人(31.9%),11~12岁共128人(29.8%),13~14岁共68人(15.8%)。对该群体采用上海市精神卫生中心杜亚松等人修订的《长处和困难问卷》(Strengths and Difficulties Questionnaire, SDQ)和华中科技大学同济医学院儿童少年卫生学教研室编制的《儿童少年生活质量量表》(Quality of Life Scale for Children and Adolescents, QLSCA)进行前测,以了解其心理健康和生活质量的基线水平。

(一)基线评估结果

在心理健康方面,如表1所示,整体筛查出有14.2%的困境未成年人属于心理异常状态,20.7%属于边缘状态,65.1%属于正常状态。其中突出的问题第一个是同伴交往,有15.1%的困境未成年人存在交往困难,具体表现为14%经常独处,15.1%没有朋友,22.3%觉得自己不受其他孩子喜欢,还有12.8%被其他孩子捉弄或欺负。第二个是多动(14.2%),具体表现为21.6%容易分心走神,14.4%好动而静不下来,14.9%难以专注坚持完成一件事。第三个是品行问题(12.1%),调查发现17.9%的困境未成年人性格急躁,经常发脾气,7.2%会从家里、学校或别处拿取不属于自己的东西,7%总是被指责说谎或作弊。此外,还筛查出9.5%的困境未成年人存在明显的情绪症状,具体表现为18.8%容易受到惊吓,16.3%经常有很多担忧,11.2%经常不开心或心情沉重流泪。

在各年龄段困境未成年人中,异常检出率最高的是9~10岁(17.5%),

其次为 13~14 岁（14.7%）；但各年龄段之间的差异并不显著。在性别方面，男孩、女孩在整体困难总分上并不存在明显差异，但在品行问题和多动两个维度上差异显著，表现为：男孩比女孩表现出更多的品行问题（t = 1.979，p = 0.048）和多动行为（t = 2.436，p = 0.015）。

表 1　困境未成年人心理健康基线评估结果

评估结果	正常		边缘		异常	
维度	人数（人）	比例（%）	人数（人）	比例（%）	人数（人）	比例（%）
情绪症状	359	83.5	30	7.0	41	9.5
品行问题	310	72.1	68	15.8	52	12.1
多动	341	79.3	28	6.5	61	14.2
同伴交往	243	56.5	122	28.4	65	15.1
困难总分	280	65.1	89	20.7	61	14.2

资料来源：430 名困境未成年人的调查数据，余表同。

在生活质量上，困境未成年人的总体生活质量平均分为 46.61 分，明显低于普通儿童平均水平（M = 50，SD = 10），差异极其显著（t = -7.322，p = 0.000）。整体筛查出 26.3% 的困境未成年人的生活质量属于中下及差的水平，其中 3.5% 的困境未成年人的生活质量极差，22.8% 处于中下水平，仅有 8.6% 的困境未成年人的生活质量较好。

（二）心理健康风险因素分析

表 2 结果显示，困境未成年人的心理健康水平与总体生活质量之间具有极其显著的中等相关性（r = -0.535，p = 0.000），与生活质量各维度也存在明显相关性，即心理健康水平越高（困难总分越低），总体生活质量越好，在各维度上的生活质量也越好；心理健康水平越差，其生活质量也越差。反之亦然，生活质量水平也影响着心理健康状况。将困境未成年人依据《长处和困难问卷》的心理评估结果分为正常组、边缘组和异常组三

组，进一步分析发现，除了"生活便利性"和"活动机会性"外，在其他11个维度和总体生活质量上，三组之间均存在明显差异性。因此，本研究从生活质量视角分析异常组和边缘组的困境未成年人存在心理健康风险的原因具有合理性。

表2　困境未成年人生活质量与心理健康结果的相关性和组间差异性

单位：分

维度	与困难总分的相关 R 值	《长处和困难问卷》结果			F 值
		正常组	边缘组	异常组	
师生关系	−0.333***	49.30	46.75	42.11	14.168***
同伴关系	−0.353***	49.45	46.79	41.21	16.302***
亲子关系	−0.330***	48.52	45.86	43.91	7.839***
学习能力与态度	−0.352***	46.27	42.75	40.92	13.153***
自我概念	−0.321***	47.02	44.15	43.02	7.372**
躯体感觉	−0.352***	53.11	48.46	47.68	20.175***
负性情绪	−0.354***	50.78	47.57	44.84	16.200***
作业态度	−0.316***	47.02	43.69	39.04	17.947***
生活便利性	−0.195***	52.25	50.82	49.74	2.872
活动机会性	−0.162**	49.90	48.91	47.46	2.616
运动能力	−0.195***	47.66	44.83	44.22	5.059**
自我满意度	−0.373***	50.84	46.19	44.63	16.859***
其他	−0.274***	50.85	46.77	45.93	14.057***
总体生活质量	−0.535***	49.16	43.59	39.32	37.362***

说明：** 代表 p<0.01，*** 代表 p<0.001。

风险因素可被归纳为个体因素和社会支持因素两方面。在个体因素上，首先，存在心理健康风险的困境未成年人的能力品质发展不足。尤其体现在情绪调节方面，异常组的困境未成年人比边缘组、正常组更容易产生负面情绪，有55.7%容易感到紧张或害怕，47.5%经常为各种事情烦恼，62.3%经常担心做错事情。长期处于负面情绪而无法调节还会引发生理反应，有23%的异常组困境未成年人经常感觉疼痛或身体不舒服，37.7%经常感觉累

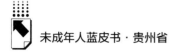
或没有精神。此外，在学习能力和运动能力上，异常组和边缘组的困境未成年人也明显弱于正常组：超过一半的困境未成年人容易分心，学习新知识很困难，遇到困难时不能坚持，也很少参加体育锻炼。

其次，存在心理健康风险的困境未成年人不能建立起积极的自我评价。"核心自我评价是预测个体身心健康的关键指标之一，对个体心理健康的保护起着至关重要的作用。"[1] 然而高达七成以上的异常组困境未成年人无法建立起正向的自我评价：70.5%的异常组困境未成年人觉得自己不被他人喜欢，85.3%觉得自己不是集体中重要的人，73.7%觉得自己不是好学生。边缘组困境未成年人在上述三方面的比例也不容忽视，分别为65.2%、70.8%和59.6%。在自我满意度上，超过一半的异常组和边缘组的困境未成年人对自己的记忆力不满意，1/4以上的困境未成年人对自己的睡眠和精力不满意。

在社会支持因素上，存在心理健康风险的困境未成年人缺乏足够的社会支持，尤其是情感性支持。研究表明，是否拥有亲密、良好的社会关系能够预测一个人的身心健康状况[2]。社会关系的帮助可以缓和或缓冲压力源对健康的有害影响[3]。然而异常组困境未成年人在情感性支持上的缺失率高达50%以上：在亲子关系上，65.6%觉得主要照顾人不能理解自己的想法，60.7%遇到困难时不愿意告诉主要照顾人。在师生关系上，54.1%觉得老师不喜欢自己，52.5%遇到困难时不能得到老师的帮助。在同伴关系上，54.1%觉得朋友不关心自己，49.2%需要帮助时找不到可信赖的朋友，甚至41%经常被其他孩子欺负，42.6%有时也会被欺凌。边缘组困境未成年人在关系支持上的缺失率虽相较异常组有所减少，但同样触目惊心：在遇到困难、需要帮助时，60.7%不愿意告诉主要照顾人，43.8%很难得到老师支持，52.8%找不到可信赖的朋友。

① 曾小娟、蒋浩、李永鑫：《农村留守初中生的心理健康与心理弹性、核心自我评价》，《中国心理卫生杂志》2014年第12期，第947~950页。

② Ryff, C. d., Singer, B., "Interpersonal Flourishing: A Positive Health Agenda for the New Millennium," *Personality and Social Psychology Review* 4（2000）: pp. 30-44.

③ Cohen, S., Gottlieb, B. H., Underwood, L. G., "Social Relationships and Health: Challenges for Measurement and Intervention," *Advances in Mind-Body Medicine* 17（2001）: pp. 129-141.

三　贵州省困境未成年人心理健康干预路径设计

（一）干预路径的理论框架

困境未成年人的心理健康风险因素包括个体因素和社会支持因素，相应干预也应从这两方面入手。社会生态系统理论①就是"用以考察人类行为与社会环境交互关系的理论"。其著名代表人物之一查尔斯·扎斯特罗（Charles H. Zastrow）博士把人的社会生态系统分为微观、中观和宏观三个系统。"微观系统是指处在社会生态环境中的看似单个的个人。中观系统是指小规模的群体，包括家庭、职业群体或其他社会群体。宏观系统是指比小规模群体更大一些的社会系统，包括文化、社区、机构和组织。"该理论指出个体发展是微观系统内部的生物、心理和社会系统间的相互作用；微观系统与中观系统之间相互作用，也受社会环境中与之互动的宏观系统的重大影响。该理论强调人生来就有与环境和他人互动的能力，人与环境的关系是相互影响的；要"善于从人与环境互动的角度出发去寻找影响人类行为的各种深层原因，从改变人与生存环境的关系入手，去解决各种社会问题"。因此，以社会生态系统理论来指导设计干预路径具有科学性与合理性。

研究数据也论证了相应理论。个体因素对应微观系统，社会支持因素对应中观系统。个体因素与社会支持因素并不是相对独立的，而是互相影响的。如表3所示，个体因素中的能力品质（学习能力与态度、负性情绪、运动能力）、自我评价（自我概念、自我满意度）与社会支持因素（师生关系、同伴关系、亲子关系），两两之间均存在明显的正相关。

---

① 师海宁、范燕宁：《社会生态系统理论阐释下的人类行为与社会环境——2004年查尔斯·扎斯特罗关于人类行为与社会环境的新探讨》，《首都师范大学学报》（社会科学版）2005年第4期，第94~97页。

表3　个体因素与社会支持因素之间的相关性

项目		个体因素—自我评价		社会支持因素		
		自我概念	自我满意度	师生关系	同伴关系	亲子关系
个体因素—能力品质	学习能力与态度	0.464 ***	0.286 ***	0.427 ***	0.346 ***	0.338 ***
	负性情绪	0.165 **	0.268 ***	0.116 *	0.169 **	0.126 **
	运动能力	0.316 ***	0.403 ***	0.315 ***	0.281 ***	0.123 **
社会支持因素	师生关系	0.480 ***	0.483 ***		0.529 ***	0.379 ***
	同伴关系	0.397 ***	0.526 ***	0.529 ***		0.407 ***
	亲子关系	0.377 ***	0.406 ***	0.379 ***	0.407 ***	

注：* 代表 $p<0.05$，** 代表 $p<0.01$，*** 代表 $p<0.001$。

进一步分析，能力品质发展和社会关系属于外显层面，自我评价属于内隐层面。一方面，外显层面与内隐层面之间存在极其显著的正相关，即困境未成年人的能力品质发展越差，其对自我的评价就越低；社会关系越差，其对自我的评价也越低。当困境未成年人的能力品质越差、无法顺利应对和解决各项事宜时，就越容易遭受挫折与失败；频繁受挫进而引发对自我的怀疑，产生消极自我评价。而社会关系差，困境未成年人得不到来自家长、老师、同伴的肯定和鼓励，缺少正向反馈，也难以形成积极的、正确的自我评价。已有研究表明，"父母关系、教师接纳、同伴接纳对自我评价具有直接预测作用"[1]。反之，困境未成年人对自我的评价越好，会促使他/她更加积极地对待各种学习与挑战，促进其能力与品质的发展；与他人交往时也更加自信、乐观、积极，社会关系也会越好。

另一方面，外显层面的个体因素与社会支持因素之间也存在明显正相关。我国学者将社会支持分为三类[2]：客观支持，是指有形的实际存在的支持，如经济支持和问题解决建议等；主观支持，是指个体主观感受

[1] 林敏：《学校、家庭因素对小学六年级学生自我评价的影响》，《心理研究》2008年第4期，第77~81页。

[2] 肖水源：《〈社会支持评定量表〉的理论基础与研究应用》，《临床精神医学杂志》1994年第2期，第98~100页。

到他人对自己的关心、尊重和爱等情感支持；对支持的利用度，是指个体对自己目前所拥有的社会支持的利用情况。当困境未成年人的社会关系较好，即社会支持较好，一来更容易得到鼓励、表扬等主观情感支持，二来也更容易获得客观支持，以及更好地利用这些支持，从而促进其能力与品质的发展；反之，困境未成年人的能力与品质发展较差，如无法控制情绪、出现各种行为问题等，则容易在社会交往中出现困难，导致社会关系较差。

虽然本研究没有提及中观系统中社会支持因素的内隐层面，但也暗含了相应因素，即社会重要他人对个体的接纳与评价。社会关系越差，间接说明了他人对个体的接纳度和评价并不高。反之，如果他人对个体给予充分的接纳、爱与尊重，对个体的社会支持也会越高，两者之间的社会关系也会越好。重要他人的评价还会影响个体的自我认知和评价，进一步对个体发挥重要作用[①]。

此外，从表3中还发现两个数据特征：第一，师生关系、同伴关系与自我评价的相关系数比亲子关系更高，这说明在学龄阶段，老师、同伴对困境未成年人的影响更大。其中师生关系对自我概念的影响最大，同伴关系对自我满意度的影响最大。第二，师生关系、同伴关系、亲子关系之间也均存在极其明显的正相关，这说明不同的社会关系之间是相互影响的：师生关系和同伴关系会影响困境未成年人与主要照顾人之间的亲子关系；反之亲子关系质量也会影响其在学校、社区中的师生关系和同伴关系。

因此，在社会生态系统理论的指导下，基于以上分析，心理健康干预路径的理论框架如图1所示：宏观系统对微观系统、中观系统产生影响；微观系统与中观系统之间相互影响；外显层面与内隐层面相互影响。相应干预也将从微观系统、中观系统、宏观系统进行，通过对外显层面的支持，提升其外显表现，同时作用于内隐层面，提升核心自我评价。

---

① 胡琳丽、蔡晨：《想象重要他人对自我评价转移的影响》，《心理科学》2012年第3期，第701~705页。

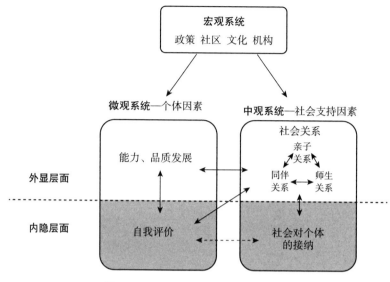

图1 心理健康干预路径的理论框架

（二）干预路径的实施方式

1.宏观系统：建设儿童关爱活动中心

《国务院关于加强困境儿童保障工作的意见》指出："为困境儿童营造安全无虞、生活无忧、充满关爱、健康发展的成长环境，是家庭、政府和社会的共同责任。"[①] 贵州省政府通过购买服务等方式积极引进专业力量开展困境未成年人的心理健康关爱服务，如北京春晖博爱公益基金会在安置区开展的春晖守望项目。

安置区的困境未成年人从原生环境搬迁至新环境中，原有的生活、学习、社交场域完全改变，面临着全新的社会融入挑战。在社区建设儿童关爱活动中心，不仅为困境未成年人打造了一个物理安全、材料丰富的活动空间，帮助其通过活动发展个人能力与品质；更为困境未成年人创设了一个心理安全基地，让他/她感受到自己在这个新的再造空间里是被完全接纳、尊

[①] 《国务院关于加强困境儿童保障工作的意见》（国发〔2016〕36号）。

重和包容的，从而建立起自尊自信，让原本压抑、萎缩的内在自我和人格逐步得以舒展、疗愈和发展。同时，儿童活动中心通过不同形式的关爱活动，可以影响到与困境未成年人相关的群体，甚至是影响整体社区对困境未成年人的接纳度与社区文化氛围，从而在微观、中观、宏观三个系统中发挥重要作用。

2. 中观系统：打造有支持力的社会关系

项目着重为困境未成年人打造有支持力的师生关系和同伴关系，尤其注重同辈支持系统的建立，以期在有限的时间和资源下使影响力最大化。第一，项目聘请专职的儿童社工，与困境未成年人建立起师生安全依恋。依恋理论认为，在缺少主要依恋关系（父母）的情况下，次要依恋对象（祖父母、老师等）也可以与儿童建立起亲密的依恋关系，促使儿童在爱与信任的关系中发展出各种积极品质①。儿童社工与困境未成年人的师生依恋关系，对于亲子关系缺失或与主要照顾人关系不良的困境未成年人来说尤为重要。

第二，儿童社工注重引导同辈群体建立积极关系。儿童活动中心会吸引不同的社区未成年人进入与停留，这也为困境未成年人提供了一个安全的社交场所。儿童社工组织开展规律性的成长活动，让未成年人成为活动的主导，通过营造高质量的陪伴、倾听、尊重、表达、欣赏的氛围，提高未成年人之间交往的质量和黏合度，从而推动无序、浅表性的社交发展为稳定的、支持性的同伴关系。

第三，儿童社工还会走入困境家庭，帮助梳理和修复家庭关系，改善家庭支持系统。安置区的困境家庭，在过渡阶段往往疲于应对家庭结构的调整，从而忽视对困境未成年人的心理与情感的关注和支持。项目通过入户家访、居家亲子活动等方式送教上门，提升家庭教育指导能力，帮助困境未成年人与家长之间相互"看见"，促进彼此双向的、正面的情感交流。

根据上述分析，在社区、家庭场域打造的各种社会关系也将迁移影响到

---

① 〔英〕约翰·鲍尔比（John Bowlby）：《依恋三部曲：依恋》（第一卷），汪智艳、王婷婷译，世界图书出版公司，2017，第287~318页。

学校中的师生关系和同伴关系。同时，儿童社工也会根据困境未成年人的身心发展情况，及时与学校老师沟通反馈，双向共同支持其健康发展。

3. 微观系统：以游戏课程促进能力发展

针对困境未成年人的情绪调节能力弱、容易放弃、低自尊自信、社会交往差等情绪行为问题，项目组根据儿童发展特点科学地设计了一系列递进式的游戏课程，如情绪课程、自我探索课程、抗逆力培育课程等。课程以游戏为载体，让困境未成年人在愉悦的氛围中得以放松和舒展疲惫的身心；不同的游戏之间通过一些关键技能的替代性重复，帮助困境未成年人逐步建构自己对技能、环境、人际关系的新的认知模式，从而探索自我成长。

尤为重要的是，游戏课程中的每一环节、每一时刻都融入了对每一名困境未成年人无条件的接纳、对每一次机会的平等性保障、对个体差异性和发展多元性的尊重与包容。儿童社工通过对困境未成年人的每一次正向回应，通过建构同伴之间真正的接纳与被接纳、包容与被包容、欣赏与被欣赏，不断地帮助困境未成年人打破自我"心中的标签"，让他们感受到自己是被关注和珍视的，进而重塑自我认知，勇敢挑战，发展能力与积极品质。这样，中观系统的社会关系改变就对微观系统的个体发挥作用，微观系统中的外显层面也会促进内隐层面自我评价的变化，自我评价的提升又再次促进社会关系改变及能力品质发展。中观系统与微观系统相互作用与影响，符合整体干预路径的理论框架设计。

4. 建立分级管理体系，提供个性化支持

根据困境未成年人的心理健康评估结果，项目组按照异常组、边缘组和正常组三个组别进行分级管理。对于异常组困境未成年人，儿童社工为其制定了个别化支持计划，平均每人每周至少有一次机会参与正式的游戏课程，并对其进行入户家庭教育指导。针对个别未成年人，同时提供了一对一心理辅导，在特殊情况下进行转介。对于边缘组困境未成年人，儿童社工制定了小组支持计划，平均每两周一次邀请其参加游戏课程和进行入户家访指导。对于正常组困境未成年人，主要通过社区宣传及同伴交流等方式实现普惠性覆盖。

四 贵州省困境未成年人心理健康干预效果分析

干预后一年，项目组继续使用《长处和困难问卷》和《儿童少年生活质量量表》对430名困境未成年人进行后测，以了解其接受干预后的心理健康和生活质量水平。

（一）干预评估结果

表4结果显示，干预后整体筛查出4.2%的困境未成年人属于心理异常状态，16.0%属于边缘状态，79.8%属于正常状态。与基线评估结果相比，整体检出率比前测下降了10个百分点，四个维度的异常检出率也均有所下降（见图2）。

表4　困境未成年人心理健康干预评估结果

评估结果	正常		边缘		异常	
维度	人数（人）	比例（%）	人数（人）	比例（%）	人数（人）	比例（%）
情绪症状	390	90.7	27	6.3	13	3.0
品行问题	372	86.5	34	7.9	24	5.6
多动	361	83.9	36	8.4	33	7.7
同伴交往	277	64.4	123	28.6	30	7.0
困难总分	343	79.8	69	16.0	18	4.2

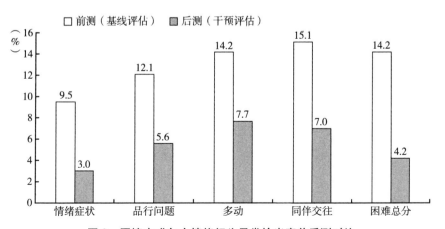

图2　困境未成年人情绪行为异常检出率前后测对比

167

表 5 结果显示，在困难总分及四个维度上的后测均值均低于前测均值；除了多动维度外，其他前后测均值之间均存在极其显著的差异。该量表的分数越低代表心理状态越好，这说明干预后这些困境未成年人的心理状态明显好转，干预效果明显。主要表现为：在情绪症状上，容易受到惊吓的困境未成年人比前测减少了 10.5%，在新环境中容易感到紧张和失去信心的困境未成年人减少了 9.3%；在品行问题上，急躁容易发脾气的困境未成年人比前测减少了 5.8%，经常被指责说谎或作弊的困境未成年人减少了 4.7%；在同伴交往上，经常被其他孩子欺负或捉弄的困境未成年人减少了 8.6%，经常独处的困境未成年人减少了 4.9%。

表 5　困境未成年人心理健康前后测差异分析结果（df = 429）

单位：分

维度	前测均值	后测均值	均值差	T 值	Sig.
情绪症状	3.20	2.69	0.51	4.214***	.000
品行问题	2.27	2.00	0.27	2.711**	.007
多动	3.95	3.72	0.23	1.821	.069
同伴交往	3.30	2.94	0.36	3.390**	.001
困难总分	12.71	11.35	1.36	4.606***	.000

说明：** 代表 $p<0.01$，*** 代表 $p<0.001$。

干预后，困境未成年人的生活质量也有了明显提高：总体生活质量平均分为 49.67 分，比前测提高了 3.06 分，前后测差异极其明显（$t = -6.116$，$p = 0.000$）；整体筛查出 14.2% 的困境未成年人的生活质量处于中下及差的水平，比前测减少了 12.1 个百分点；13.5% 困境未成年人的生活质量较好，比前测增加了 4.9 个百分点。进一步分析发现，与普通儿童相比，干预后的总体生活质量虽仍低于普通儿童平均水平（$M = 50$），但已不存在明显差异（$t = -0.741$，$p = 0.459$），这说明了困境未成年人的生活质量赶上了普通儿童平均水平。

（二）分级干预效果

根据困境未成年人在《长处和困难问卷》的基线评估结果分为正常组、边缘组和异常组三组，进一步分析其在心理健康和生活质量的前后测结果对比，以了解干预效果。

表6结果显示，异常组困境未成年人的干预效果明显。在心理健康方面，异常组困境未成年人的困难总分前测为21.70分，后测为12.97分，下降了8.73分。根据该量表的评分分界值，12.97分为父母版和学生版量表的正常范围，或教师版量表的边缘范围①。这说明异常组困境未成年人的均值已下降到正常或边缘水平，干预具有明显效果。进一步分析发现，其在整体心理状态及各个维度上的问题均有明显改善，前后测均值差异极其显著。

在生活质量方面，异常组困境未成年人的总体生活质量分数也从前测的39.32分上升到46.88分，升高了7.56分，生活质量有了非常明显的提升（t=-5.240，p=0.000）。尤其是同伴关系有了特别明显的改善，师生关系和亲子关系也有显著好转；活动机会性增多，对负性情绪的调节能力、运动能力、自我满意度均有所提升，躯体感觉趋好，对作业的烦躁态度明显减少。

干预对边缘组困境未成年人能起到明显的减缓恶化趋势的预防作用。边缘组困境未成年人的困难总分从前测的16.78分明显下降到后测的12.34分，在情绪症状、品行问题、多动和同伴交往上存在的困难减少，心理健康水平有所提升。在生活质量上，其在同伴关系、躯体感觉、负性情绪、活动机会性、运动能力、自我满意度上有了极其显著的变化，在自我概念维度上也有明显好转。总体生活质量均分提升了4.47分，生活质量有了非常明显的改善（t=-4.650，p=0.000）。

对于普惠性覆盖的正常组困境未成年人，虽然其参与活动的频次相对不

---

① 《长处和困难问卷》困难总分分界值：教师版12~15分为边缘，16~40分为异常；父母版14~16分为边缘，17~40分为异常；学生版16~19分为边缘，20~40分为异常。资料来源：戴晓阳主编《常用心理评估量表手册》（修订版），人民军医出版社，2015，第59页。

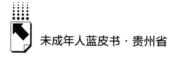

固定，人数也相对较少，但结果显示干预活动也能有效提升其生活质量水平：正常组困境未成年人的总体生活质量水平明显提升了1.63分，在同伴关系、负性情绪和活动机会性上有明显变化。这可能有两方面的原因：一是小部分正常组困境未成年人平时参与到活动中，干预活动起到了直接效果；二是同属一个安置区的异常组和边缘组的困境未成年人同伴在心理健康水平和生活质量上的提高，改善了整体的同伴交往环境，间接影响到正常组困境未成年人的生活质量。不过需要慎重对待其在心理健康方面的结果：在各维度上的后测均值均高于前测均值，且在困难总分、品行问题、多动上存在极其明显的差异。一方面，虽分值有所提高，但后测均值仍处于正常范畴，这可能是正常的心理波动；另一方面，在困难总分和两个维度上的差异明显，也提示着如果不对正常组困境未成年人提供更多的心理关爱服务，其心理健康状态也有趋向恶化的可能性。

表6 心理健康分级干预效果

单位：分

维度		正常组（N＝280,df＝279）			边缘组（N＝89,df＝88）			异常组（N＝61,df＝60）		
		前 M	后 M	T 值	前 M	后 M	T 值	前 M	后 M	T 值
心理健康	情绪症状	2.32	2.48	−1.165	4.48	2.90	5.745***	5.41	3.34	7.100***
	品行问题	1.49	1.88	−3.946***	3.17	2.24	4.752***	4.51	2.26	8.470***
	多动	2.94	3.54	−4.572***	5.31	4.03	4.545***	6.56	4.07	7.583***
	同伴交往	2.71	2.79	−0.594	3.81	3.17	2.647**	5.23	3.30	6.923***
	困难总分	9.46	10.68	−4.282***	16.78	12.34	9.059***	21.70	12.97	11.591***
生活质量	师生关系	49.30	50.33	−1.624	46.75	47.68	−0.874	42.11	46.98	−2.631*
	同伴关系	49.45	51.63	−3.460**	46.79	50.08	−2.778**	41.21	49.16	−5.553***
	亲子关系	48.52	49.12	−0.894	45.86	47.16	−1.086	43.91	46.93	−2.235*
	学习能力与态度	46.27	47.32	−1.810	42.75	44.65	−1.417	40.92	42.84	−1.135
	自我概念	47.02	47.90	−1.366	44.15	46.20	−1.986*	43.02	45.19	−1.631
	躯体感觉	53.11	53.48	−0.572	48.46	51.80	−3.295**	47.68	51.79	−2.538*
	负性情绪	50.78	52.10	−2.023*	47.57	50.99	−3.051**	44.84	50.61	−4.711***
	作业态度	47.02	47.11	−0.131	43.69	45.75	−1.602	39.04	44.27	−2.478*

维度		正常组（N=280,df=279）			边缘组（N=89,df=88）			异常组（N=61,df=60）		
		前 M	后 M	T 值	前 M	后 M	T 值	前 M	后 M	T 值
生活质量	生活便利性	52.25	52.28	-0.066	50.82	52.57	-1.613	49.74	50.61	-0.584
	活动机会性	49.90	52.51	-4.449***	48.91	52.12	-3.301**	47.46	51.85	-3.528**
	运动能力	47.66	48.60	-1.500	44.83	48.01	-3.133**	44.22	48.31	-3.054**
	自我满意度	50.84	51.23	-0.626	46.19	49.42	-2.864**	44.63	48.04	-2.649**
	其他	50.85	49.90	1.618	46.77	47.96	-0.923	45.93	48.63	-2.272*
	总体生活质量	49.16	50.79	-2.658**	43.59	48.06	-4.650**	39.32	46.88	-5.240***

说明：*代表 $p<0.05$，**代表 $p<0.01$，***代表 $p<0.001$。

总体来看，三组困境未成年人均有明显变化的维度为同伴关系、负性情绪和活动机会性；异常组和边缘组在社会关系、能力品质发展和自我评价上均有明显变化。这也进一步验证了干预路径的效果，儿童活动中心提升了困境未成年人参与各项活动的机会性，科学的游戏课程与高质量的互动促成了困境未成年人能力品质的发展、社会关系的显著改善和自我满意度的明显提升。值得注意的是，同伴关系的改善优于师生关系、亲子关系的改善。师生关系与亲子关系的改变，取决于特定的人与困境未成年人之间的关系，是相对有限的；而同伴关系的改善，则会从点到面地泛化到各种不同的同辈群体中，从而获得更大的支持力量。这也验证了通过同辈支持系统的建立最大化地扩大影响范围的干预思路。

五　结论与建议

（一）结论

心理健康是个体安宁与幸福的重要指标，也是社会和谐的基础；如果不能有效防范和解决心理问题，不仅会影响个人的生活质量和幸福感，还会影响到社会安定与和谐，干扰甚至阻碍社会改革和进步①。在全面关注国民心理健康的同时，困境未成年人因其自身或家庭的特殊性，需要更多的关爱与支持。

第一，困境未成年人的心理健康和生活质量问题凸显。研究发现，7~14岁困境未成年人中有14.2%存在情绪行为异常；与《中国国民心理健康发展报告（2019~2020）》中贫困地区农村留守儿童的心理健康状况（初一年级儿童的情绪行为问题最多，11.3%)② 相比，略高于全国数据。心理健康水平影响了生活质量状况，虽然在政策关怀下，安置区困境未成年人的生活得到了更多的物质保障，但整体生活质量仍明显低于普通儿童。

第二，困境未成年人的心理健康风险主要来源于个体因素和社会支持因素。个体因素主要表现为困境未成年人的能力品质发展不足，且无法建立起积极的自我评价。社会支持因素体现为困境未成年人不能从家庭、学校和社区中获得足够的支持，尤其是情感性支持。个体因素与社会支持因素之间并不是相对独立的，而是互相影响的。

第三，在社会生态系统理论指导下设计的心理健康干预路径是科学且合理的。干预路径依托宏观系统的政策支持建立儿童关爱活动中心，聚焦中观系统的社会关系改变，通过对微观系统个体进行能力品质培养，促进核心自我评价的变化，以此提升心理健康水平。干预路径对不同心理健康风险的困境未成年人的同伴关系的显著改善，也论证了打造同辈支持系统可以将有限资源的影响力最大化的可能性。

第四，前后测结果对比表明，干预路径能明显改善存在心理问题的困境未成年人（异常组）的心理健康指标和生活质量；对于存在风险的亚健康困境未成年人群体（边缘组）也能起到减缓恶化趋势的预防作用。同时应

①　王本法：《心理健康进社区的意义研究——一种构建和谐社会的路径探索》，《济南大学学报》（社会科学版）2013年第4期，第72~75页。

②　该报告的研究工具与本研究相同，为《长处和困难问卷》。引自刘正奎、周月月、王佳舟《贫困农村地区留守儿童心理健康状况调查报告》，载傅小兰、张侃主编《中国国民心理健康发展报告（2019~2020）》，社会科学文献出版社，2021，第165~187页。

注意，对于暂时没有心理风险的困境未成年人，仍需要提供心理关爱与支持，以防止未成年人受其困境及生活、学习变动等影响，产生心理恶化的可能。

（二）建议

1. 增加心理健康资金投入

困境未成年人的心理健康问题亟待关注与解决。因此，很有必要加大儿童福利投资与中央财政投资比例，在为困境未成年人进行兜底保障的同时，关注心理健康发展。资金一方面可用于购买服务，积极引进社会力量，撬动社会资金与资源，拓展专业服务，打造心理健康服务的多元格局；另一方面可用于建设服务基地、招聘专业人员、开展心理健康关爱服务等。

2. 建设儿童关爱活动中心

心理健康关爱服务需要阵地建设，在社区建设儿童关爱活动中心，不仅能为困境未成年人提供新的休闲场所，更重要的是为其打造了一个心理安全基地。儿童活动中心是在困境未成年人原有生活场域之外的再造环境，在其中运用专业力量开展心理健康服务，以促进困境未成年人的健康发展；同时，儿童活动中心也会对整体社区的文化氛围产生积极影响，有助于打造儿童友好型社区，促进社区治理和服务体系建设。

3. 设置儿童社工专人专岗

心理健康关爱服务的落实，需要依托专业人员进行，应为儿童社工设置专人专岗。在建立未成年人保护体系的过程中，应增强对未保专干、乡镇儿童督导员、村居儿童主任的培训，尤其注重培养基层儿童工作者在心理疏导和危机干预等特定领域的专业能力。同时，充分利用学校、社会组织等专业心理咨询师、社会工作师等力量，为困境未成年人提供心理评估、咨询、干预等各项服务。

4. 构建心理分级管理体系

心理健康状况是不断波动的过程，应建立定期心理普查机制，以便及时发现问题；同时建立自查与求助机制，如开通统一心理援助热线，安排专业人员 24 小时提供服务等。根据评估结果，建立分级管理体系，定期开展普

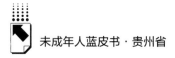
惠性的心理关爱服务，加强心理健康教育，防范心理健康风险；帮助有需要的困境未成年人疏导情绪、培养能力和品质，缓解心理恶化趋势；为存在心理问题的困境未成年人提供及时的、专业的危机干预，并重新打造有支持力的社会系统，最大限度地阻断困境未成年人再次遇困的可能性。

5. 充分利用同辈群体支持

师生关系和同伴关系对学龄期困境未成年人的影响大于亲子关系对其的影响。面对广泛的困境未成年人群体，儿童社工的数量与作用是有限的，因此需要充分利用同辈群体支持的力量。儿童社工可以引导困境未成年人自发组建或参与到不同的游戏小组、兴趣小组、社区志愿者队伍等，让其成为活动的主导者，并引导同伴之间进行高质量的互动与回应，形成有支持力的同伴关系。同时，通过活动室中的同伴关系，影响社区中的同伴关系、师生关系、家庭中的亲子关系，并迁移影响学校中的同伴关系和师生关系，形成以点带面不断扩散的同辈群体支持，最大化扩大影响范围，以惠益更多困境未成年人。

6. 健全家校社政共育机制

党的二十大报告要求"健全学校家庭社会育人机制"[1]。困境未成年人亟须来自家庭、学校、社会、政府的全面支持，然而目前其支持体系还很脆弱。在《教育部等十三部门关于健全学校家庭社会协同育人机制的意见》指导下，应充分发挥以家庭为主体，以学校为主导，以社会为支持，以政府为保障的"四位一体"的作用，整合民政与教育多方资源，提升各系统对困境未成年人的支持能力，并通过相互之间的赋能与协作，夯实家校社政共育机制建设与合作共建，为困境未成年人筑起全方位的保护防线。

---

[1] 《高举中国特色社会主义伟大旗帜，为全面建设社会主义现代化国家而团结奋斗——在中国共产党第二十次全国代表大会上的报告》，2022 年 10 月 16 日。

B.11
贵州省预防未成年人溺水
调查研究

贵州水利水电职业技术学院课题组*

摘　要：　做好预防未成年人溺水工作，是深入贯彻习近平总书记关于
"人民至上、生命至上"的重要指示精神。为探究学生溺水事故
发生的原因并提出解决办法，本文以贵州省各地防溺水工作开
展情况为研究对象，通过查阅有关防溺水教育的政策、文件、
线上问卷调查，近三年未成年人溺水事故分析，以及典型事故
地点的实地访谈调研等，分析未成年人溺水事故的现状、原因，
总结各地好的做法和成功经验，找出防溺水工作中存在的问题
和面临的挑战，从而有针对性地提出切实可行的对策和建议，
为防止未成年人溺水事故发生提供参考。

关键词：　未成年人　防溺水　安全教育　贵州省

据不完全统计，我国每年有 5.7 万人死于溺水，其中未满 18 周岁的木

* 课题组成员：陈明，贵州水利水电职业技术学院副院长，教授，主要研究方向为计算机应用
技术；刘丽，贵州水利水电职业技术学院组织部副部长，副教授，主要研究方向为党建工
作、学生教育管理；张鹤，贵州水利水电职业技术学院科技处负责人，讲师，主要研究方向
为计算机应用技术、现代教育技术；杨鞴鞴，贵州水利水电职业技术学院水利工程系副主
任，副教授，主要研究方向为水利水电工程、水土保持；谢丽娜，贵州水利水电职业技术学
院人事处干事，助教，主要研究方向为思想政治教育；杨斌，贵州水利水电职业技术学院团
委书记、智慧校园中心主任，讲师，主要研究方向为计算机应用技术；陶源，贵州省教育厅
安稳处副处长。

成年人溺水死亡人数占总数的 56%，平均每天有 88 个孩子因溺水死亡[1]，贵州省平均每天有 0.6 个孩子溺水死亡，溺水死亡万人比为 0.26[2]，溺水已成为中小学生非正常死亡的"第一杀手"。贵州省江河、湖泊、水库以及农村山塘、水池、水窖众多，特别是高温季节和主汛期，学生游泳、戏水等行为增多，溺水伤亡风险加大，防溺水安全形势严峻。贵州省领导多次对防溺水等防范学生非正常死亡工作做出指示批示，要求始终把学生生命安全放在首位，在加强学生安全教育的同时，切实加强水域管理，抓实抓细预防学生溺水各项工作。

一 调研背景

（一）国家和省对未成年人防溺水的有关要求

"孩子们成长得更好，是我们最大的心愿。"党的十八大以来，以习近平同志为核心的党中央从党和国家事业发展薪火相传、后继有人的战略全局出发，高度重视青少年工作，十分关心学生健康安全，强调要为学校办学安全托底，解决学校后顾之忧，保护学生生命安全。

2021 年 4 月 28 日，第 75 届联合国大会通过了首个全球预防溺水决议，并将每年的 7 月 25 日定为"世界预防溺水日"。为严防溺水风险和事故的发生，国务院教育督导委员会办公室多次发布防溺水预警，并组织开展教育防范学生溺水专项行动，要求压实安全责任，加强源头防范，尽最大努力保障学生生命安全。

教育部联合应急管理部、公安部、农业农村厅等每年下发关于做好预防中小学生溺水工作的通知、中小学生暑期安全工作通知等文件；教育部基础教育司发布预防学生溺水工作预警；教育部、工信部协调三大运营商向全国

---

① 《安全一"夏"，不做孤"泳"者》，澎湃新闻，2022 年 7 月 26 日，https：//www.thepaper.cn/newsDetail_ forward_ 19185974。
② 资料来源于贵州省教育厅内部统计。

手机用户发送暑期防溺水公益短信；贵州省应急管理厅联合水利厅、教育厅、农业农村厅每年联合发布《关于进一步加强防溺水安全工作的紧急通知》等文件，要求强化防溺水安全教育，加大防溺水工作责任追究力度，严防溺水事故发生。从国家到地方出台的政策文件中可以看出对于防溺水工作的重视。

（二）防溺水现状

根据《2022中国青少年防溺水大数据报告》[①]，因溺水造成的伤亡在我国0～17岁年龄段位于首位，占比高达33%，1～14岁溺水事故的比例超过40%，因此，未成年人溺水安全隐患值得关注。据统计，2020～2022年，贵州省未成年人溺水死亡人数达700余人，其中，基础教育阶段的未成年人溺亡比重占总数的97%[②]。综上所述，防溺水现状调研需要关注未成年人发生溺水事故的原因和受相关教育情况，从而针对具体问题采取有效措施加强防溺水安全意识教育，降低溺水事故的发生率。

（三）贵州省特点

世卫组织非传染性疾病、残疾、暴力和伤害预防管理司司长Etienne krug博士指出，"几乎一切有水的地方都有溺水危险，尤其在家里和家周围。"[③]贵州危险水域众多，留守未成年人占比大，大大增加了防溺水工作的难度。

贵州为喀斯特地貌，高原山地居多，山高谷深，是全国唯一没有平原支撑的省份，江河、湖泊、水库、山塘众多，河网密布较大，河流水况复杂，加之农村山塘、水池、水窖等危险水域，防溺水工作形势严峻。特别是山塘（容积小于10万立方米）在贵州山区广泛分布，根据贵州省水利工程管理局2016年2月统计，贵州省水利部门管理的山塘有19868处，应蓄库容1.96亿

---

① 人民网舆情数据中心：《2022中国青少年防溺水大数据报告》，2022年7月25日。
② 资料来源于贵州省教育厅内部统计。
③ 世界卫生组织：《世界卫生组织称全球溺水造成毁灭性影响》，https：//www.who.int/zh/news/item/17-11-2014-who-highlights-devastating-global-impact-of-drowning。

立方米，实蓄 1.05 亿立方米①。另外，农村现有山塘多由当地人民群众自发修建，数量多、隐患多、投入少、管理弱，加上山塘大多数水较深，面积较大，成为贵州省防溺水工作的重点薄弱环节之一。

根据相关研究，中西部贫困地区省份农村留守儿童的比例超过 90%。贵州作为劳务输出大省，也是我国留守儿童规模较大的省份之一②。2022年，贵州省留守儿童总量为 46.2 万人，留守未成年人在贵州省户籍人口中的占比位居全国第 2 位。

贵州省特殊的地理环境和河流特性，再加上留守儿童数量多、家庭监管缺失、自我安全意识和防护意识薄弱，加大了贵州防溺水工作的难度。

二 调研目的与意义

一是通过调研贵州省典型地区防溺水宣传、教育和管理工作现状，分析未成年人溺水伤亡事件发生的原因，探究防溺水工作宣传、教育和管理的实效性，坚持"人民至上、生命至上"的原则，为进一步做好贵州省防溺水工作提出有效建议，从而有效预防和遏制未成年人溺水伤亡事件的发生，全力保护人民群众的生命安全。

二是通过对毕节市、黔东南州和清镇周边的水域特点、防溺水宣传和教育工作现状以及溺水事件发生地点的实地调研，了解不同地区不同部门防溺水工作开展情况，探究学生溺水事故的情况，提出有针对性的解决对策与建议，为贵州省各地区各部门开展防溺水工作提供有效的借鉴和思路。

三是通过调查各地区各部门防溺水安全宣传教育工作难点、堵点和痛点，分析防溺水工作中存在的不足与问题，总结溺水事件发生的共性和原因，提高各地区各部门联防联控的工作效率，增强全社会防溺水安全意识，提升危机事件处置能力，预防和遏制溺水事件的发生。

---

① 王正权：《贵州山区山塘整治设计探讨》，《科技创新与应用》2019 年第 34 期，第 90~92 页。
② 张红喜、刘琼、潘建双、范海芹、赵虹：《贵州民族地区留守儿童的网络化休闲：兴起、表征与协同教育机制建构》，《阿坝师范学院学报》2022 年第 1 期，第 109~115 页。

三　研究方法与分析

（一）研究方法

1. 文献分析法

通过查阅有关防溺水教育的政策、文件，以获取有关国家防止青少年学生溺水事件的相关政策内容。通过中国知网（CNKI）查阅有关学生溺水教育的文献资料，以获取有关青少年防溺水教育的相关内容。将资料进行整理与归纳，为本研究提供理论依据和参考资料。

2. 问卷调查法

发动贵州水利水电职业技术学院（以下简称"贵州水职院"）学生充分利用暑期开展社会实践，就防溺水的有关问题在走访当地学生和家长后通过问卷星线上填写问卷，并对收集到的问卷进行分析，从而找出防溺水工作中存在的问题。本次调研通过线上调查共收取有效问卷 3643 份，其中学生问卷 3143 份，家长问卷 500 份。

3. 访谈调研法

调研组选取了毕节和黔东南州两个地区以及清镇市，分别与市、县水务局、教育局、应急管理局、公安局、交通运输局、文旅局、住建局、农业局等防溺水工作相关部门工作人员以及典型乡镇、村寨防溺水责任人员，针对各地推进防溺水工作采取的措施和存在的问题进行了座谈交流。实地调研和座谈交流 17 次，访谈人数共 63 人。通过座谈交流，初步掌握了各地防溺水工作采取的做法、取得的成效和存在的问题。同时，为更好地了解贵州省学生溺亡及防溺水工作开展的真实现状，调研组实地调研了毕节市响水滩公园、赫章县汉阳街道、赫章县平山镇、清镇市新店镇、凯里市和榕江县的部分水域，现场查看溺亡事发现场、危险水域特点、防护措施布置、救护设施设备配备等情况，并记录存档。

（二）研究情况分析

1. 文献研究分析

通过对"溺水教育"关键词进行搜索，中国知网 10 年来总体发文量145 篇，其中 2013 年 1 篇，而到 2022 年发文量达 52 篇（见图 1），防溺水教育工作受重视程度可见一斑。

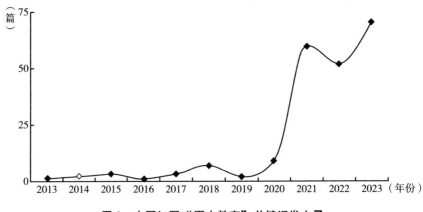

图1　中国知网"溺水教育"关键词发文量

从"主要主题分布"可以看出，主题词"防溺水教育"发文量达 83篇，"中小学"48 篇，"安全教育"22 篇（见图 2），表明防溺水教育工作受关注度较高，中小学生是溺水教育工作的主要群体，同时高度重视对学生进行防溺水安全教育的工作。

2. 问卷研究分析

本次调查样本较为丰富，反映出贵州省预防未成年人溺水工作中的一些现状和问题。共收集有效问卷 3643 份，其中，家长问卷 500 份，占调查人数的 13.72%；学生问卷 3143 份，占调查人数的 86.28%。

家长问卷主要设置家庭防溺水安全教育、戏水消暑场所选择、未成年人监管方式 3 个问题。对于"请问您是否教育过孩子不得私自去水库、河流、山塘等危险水域活动？"的问题，绝大多数家庭经常开展防溺水家庭教育，提

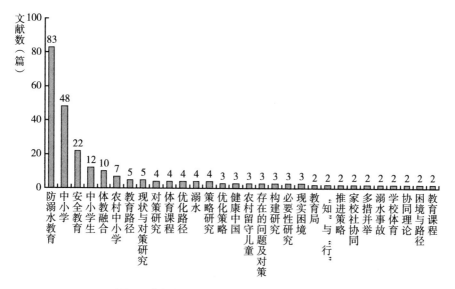

图2　中国知网"溺水教育"主要主题分布

醒和教育未成年人溺水风险和规范进行游泳行为，但依然有11%的家庭没有或很少开展防溺水教育（见图3），家庭教育责任和意识还需加强。

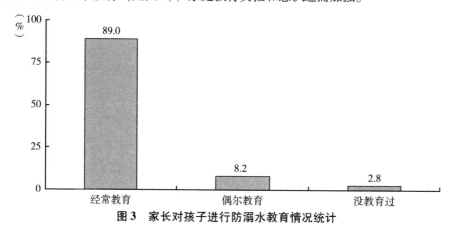

图3　家长对孩子进行防溺水教育情况统计

对于"夏季炎热，如需带孩子去戏水消暑，你们会去哪个场所?"问题，96.8%的家长会选择正规游泳场所，但受条件限制往往没有能够使用的正规场所，3.2%的家长依然会选择野外水域进行游泳（见图4）。

此外，问卷中还调查了放假期间家长对于孩子的监管方式。由于贵州省

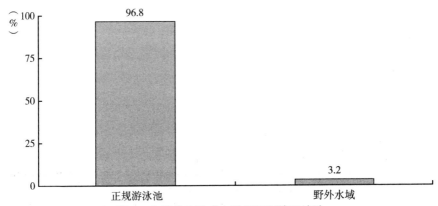

图4 家长带孩子戏水消暑场所情况统计

是劳动力输出务工大省，从调查结果来看，假期中有 17.40% 的孩子父母监管缺位，其中 10.4% 的未成年人主要由老人进行监管；0.4% 的未成年人依靠类似托儿机构监管；还有 6.6% 的未成年人是自己在家无人看管状态（见图 5）。老年人精力有限、进入托儿机构人数比例偏低以及监管不足，特别是自己在家无人看管的未成年人更是存在自制能力有限、安全意识不足等问题，进一步增加了未成年人私自下水风险，造成溺水隐患。

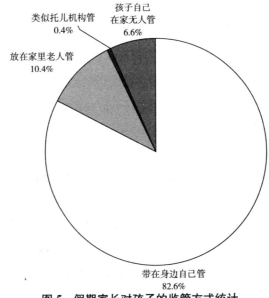

图5 假期家长对孩子的监管方式统计

调查共收取学生问卷 3143 份，主要涉及野外水域游泳经历、自救措施、游泳培训三方面内容。对于"在没有家长的陪同下，你会去水库、河流、山塘等危险水域活动吗?"的问题，选择"偶尔去"或"经常去"的未成年人总数占到调查人数的 22.4%，近 1/4 的未成年人存在私自下水游玩的经历，其中选择"经常去"的未成年人占比约 3.25%（见图6）。

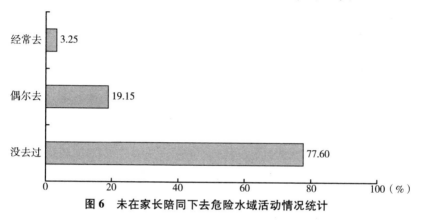

图6　未在家长陪同下去危险水域活动情况统计

针对"如果你在河边发现有人掉进水里了，你会怎么做?"的问题，89.44%的学生会选择大声呼喊，向成人求救，可见学生对于溺水事故发生时仍能够有潜在保护自己的意识，但仍有 8.3% 的未成年人选择下水施救（见图7），说明溺水事故引发的衍生风险仍然较高，安全救援意识不足。

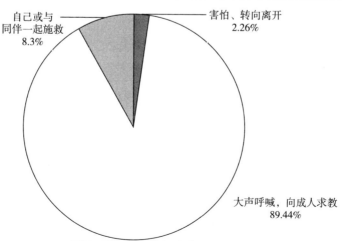

图7　附近有人掉入水中采取措施统计

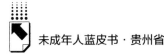
在与游泳培训相关的问题中，有82.66%的学生没有参加过游泳培训班，仅有17.34%的学生参加过游泳培训（见图8），游泳培训普及率偏低。

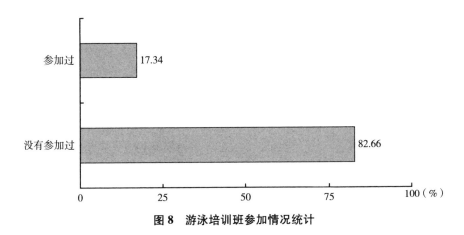

图8　游泳培训班参加情况统计

在参加过游泳培训的学生中，87.71%的学生表示在参加游泳培训时学习过溺水时的求生技能，但仍有12.29%的学生表示培训时未学习过（见图9）。可见，一方面，在未成年人防溺水安全意识和自救技能掌握上还需要加强宣传和培训工作，另一方面，游泳培训的内容也要进一步完善，确保将溺水时求生技能的教学纳入游泳培训课程。

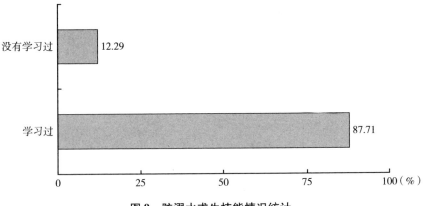

图9　防溺水求生技能情况统计

3. 访谈调研分析

（1）对各地州市落实国家及地方政策文件情况调研

为严防溺水风险和事故的发生，从国家到地方均出台相关政策文件，可以看出从上至下对于防溺水工作十分重视。但从调研的情况来看，各地在落实上级文件要求时存在不同程度的问题：一是一些地方对于施工、采石等形成的水坑、天然形成的水塘等一些易造成溺水伤亡事件的危险水域，没有设置警示标志、没有按照要求及时回填，农民自建的用于灌溉的水塘缺乏安全措施；二是巡河的力度不够，在座谈交流中我们了解到，巡河的手段虽然原始，却是有效减少溺亡事故的重要手段之一，但我们实地调研所到的河流和湖泊，很难见到巡河者的踪影，不能说巡河这个工作没有开展，但至少说明力度是远远不够的；三是危险水域的救生设施不齐全，按照"四个一"的要求，在我们走访过的水域，一个警示牌倒是随处可见，但一个救生圈、一根救生绳和一根救生杆就很难见到。

实地走访调研时了解到，赫章县汉阳街道、平山镇 2022 年连续发生了多起溺水死亡案例，而榕江县没有发生过一起案例。鸭池河是黔西县和清镇市的分界线，实地可见，属黔西管理的对岸有多人正在游泳。而清镇河岸只是开辟了一些相对安全的水域，在做足安全措施的情况下允许在浅滩戏水，据新店镇工作人员介绍，2022 年该地未发生溺亡案例，而黔西县河岸发生 2 起溺亡事件，对岸的人员溺水还是清镇市新店镇聘请的安全员救起来的。这些迹象都表明，溺水事故的发生虽有客观因素存在，但政府部门的重视程度也极大地影响了防溺水工作的成效。

（2）对各地州市牵头管理防溺水工作设置机构情况进行调研

调研中走访了当地的教育行政部门和水行政部门，发现有的地方水行政部门管得多一些，有的地方教育行政部门更了解情况，各地在防溺水工作上没有明确的归属，各部门在防溺水工作上的职责没有完全明晰，多个部门齐抓共管的结果也容易造成多个部门推诿扯皮。

事实上，各级教育部门、水行政部门和相关部门的努力起到了一定的预防作用，但由于教育部门及学校只停留在安全宣传教育的层面，水行政部门只停留在安全隐患排查的层面，没有形成联防联控机制，不利于防溺水工作从全局层面统筹推进，导致防溺水工作成效不明显。

（3）对防溺水专项财政资金保障情况进行调研

将实地调研中发现的问题与当地工作人员沟通时，对方较无奈，其实他们对存在的问题也很清楚，但是苦于没有资金支持，地方政府债务很重，购买救生设施、聘请巡河人员、修建游泳池等费用无资金支持。

（4）对防溺水宣传情况进行调研

通过实地调研、走访座谈和查看资料来看，防溺水宣传深度和教育的实效性、地区政府重视程度、地区联防联控机制各地存在差异。

从学校教育方面来看，地区各个学校能按照上级主管部门工作部署完成宣传教育工作，如发放《防溺水致家长的一封信》《防溺水家长告知书》、开展主题班会、放假前的安全主题教育大会、学校与家长学生签订防溺水责任书、家长群内一周一提示、家长群班级群内推送防溺水教育视频、学校老师暑假通过实地家访持续对学生进行安全教育、向家长和学生发放防溺水宣传单或宣传手册等，但是学生溺水伤亡事件仍然处于高发态势，其中一个重要原因就是相当一部分家长和学生并未真正意识到溺水危害。防溺水宣传教育没有走深走实，教育的针对性和实效性欠缺，导致"野泳"屡禁不止、安全教育流于形式、溺水自救和救援技能欠缺等问题长期存在。

从防溺水宣传方面来看，主管部门通过在危险水域设置警示标志、安装安全护栏和修建防汛墙、相关部门与危险水域管理方签订责任书、街道乡镇组织志愿者向群众发放防溺水宣传单、张贴宣传标语、相关部门组织人员巡河现场劝导教育等方式，履行行业的监管责任和社会责任。但是仍然存在以下问题：一是在危险水域设置的警示标志信息不全、安装的安全护栏不能有效地防止学生进入危险水域，成为学生溺水伤亡事件发生的客观因素；二是各地区印发的《防溺水宣传手册》中，缺少地区对溺水伤亡事件的风险分析研判信息和溺水伤亡事件高发区和易发区数据，导致宣传教育的内容因缺乏全面的信息和有力的数据支撑而达不到入脑入心的效果。

（5）对儿童监管情况进行调研

2016年2月，国务院下发《国务院关于加强农村留守儿童关爱保护工作的意见》（国发〔2016〕13号），指出："近年来，各地区、各有关部门积极开展农村留守儿童关爱保护工作，对促进广大农村留守儿童健康成长起到了积极作用，但工作中还存在一些薄弱环节，突出表现在家庭监护缺乏监督指导、关爱服务体系不完善、救助保护机制不健全等方面，农村留守儿童关爱保护工作制度化、规范化、机制化建设亟待加强。"①

实地调研和座谈中发现，贵州在以上薄弱环节中表现得尤为突出。各地区各部门均反映贵州是劳务输出大省，假期是农村留守儿童缺乏监管的重点时期，存在农村留守儿童家庭监管缺失、教育缺失和亲情缺失等问题。相关数据显示，学生溺水伤亡事件多发生在水库、河沟、深水潭、池塘、工地上的积水坑等危险水域。同时，农村学生溺水伤亡事件发生率远高于城市，尤其是农村留守儿童是学生溺水伤亡事件的高发人群。

四　调研基本结论

（一）调研情况概述

近年来未成年人溺水伤亡事件呈多发高发态势，已经引起社会各界和相关部门的高度关注。特别是贵州省未成年人溺水伤亡事件仍然处于高发态势，客观地反映了当前一部分家长和学生并未真正意识到溺水危害，防溺水教育没有走深走实，政策管理不到位，监管顶层设计滞后等问题仍然存在。

---

① 国务院：《国务院关于加强农村留守儿童关爱保护工作的意见》，中华人民共和国中央人民政府网站，2016年2月14日，http://www.gov.cn/zhengce/content/2016-02/14/content_ 5041066.htm。

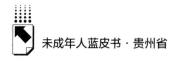

（二）经验与做法

各级部门采取多种有效的措施，形成了一些好的经验与做法，对预防未成年人溺水取得了一定的积极成效。

1. 开展传统巡河，预防效果明显

调查反馈，巡河的手段虽然原始，但却是有效减少溺亡的重要手段之一。贵州省各地区在夏季溺水高发期积极开展巡河巡查，对未成年人防溺水工作起到了较好的预防作用。

贵阳市清镇市新店镇管辖范围内的大鱼田河属于乌江支流，属溺水高风险区域。实地走访调研时了解到，新店镇政府高度重视防溺水工作，协同各部门稳定有序推进，具体做法为镇政府牵头成立 12 支由政府干部、村委会工作人员、村里志愿者组成的应急巡河队伍，下班后轮流巡河，巡河人员经费由村集体支付。据新店镇工作人员介绍，2022 年该地未发生溺亡案例。

毕节市教育部门协同各乡（镇、街道）建立对辖区内所有危险水域的包保责任制，落实对辖区内山塘、水库、河流的"护河员"巡逻巡查，特别加强对学校周边及学生上学、放学途经水域的巡查，对有学生嬉水、游泳的区域，加大日常巡查频次，发现学生到山塘、水库、河流嬉戏游泳的，立即制止，严防意外事件发生。

2. 实施联防联控，夯实网格管理

部分市州及所辖区县，切实贯彻落实国家及省委、省政府相关防溺水工作会议精神，实施联防联控，落实网格化管理措施，取得了较好的预防效果。如凯里市教育局下发《凯里市青少年儿童防溺水工作联防联控工作机制》，明确各部门、乡镇（街道）、村（居）委、学校在未成年人防溺水工作中的工作职责，实行联防联控。教育系统实行"七级工作制"，一级为局长牵头制；二级为副局长分片包校负责制；三级为校长负责制；四级为学校年级组长负责制；五级为班主任负责制；六级为学生之间相互监督制；七级为家长委员会宣传教育制。

凯里市湾溪街道，在辖区实行防溺水"网格化"管理，将监管职责分解到每一个网格单位，将监管任务落实到具体的个人，确保水域监管不留死角。

榕江县古州镇车民小学实行"1+N"师生结对帮扶包保关爱工作制度，建立包保联系卡和家访制度，包保教师深入班级、家庭等学生学习生活场所，对学生真情关爱，尤其是暑假溺水事件高发期，在与学生经常联系和定期家访中，加强防溺水的宣传和教育。

3. 锚地目标靶向，精准实施管理

针对暑期关键时间节点，毕节市教育局官方微信发布《防溺水倡议书》等防溺水相关推文，联合市电视台制作《天热了，快和孩子一起看防溺水动画片》防溺水宣传动画片，并在全市教育系统推广宣传。

凯里市各地区相关部门连续多年对历年来发生溺水事件的水域进行数据整理更新，将本地区溺水事件风险分析和风险点警示图编入《防溺水安全教育手册》中，帮助各类人群精准掌握危险水域风险点，减少或杜绝人们前往高风险点活动，从而降低溺水事件发生率。

凯里市六中在人防物防的基础上加强技防措施，建立完善视频监控预警系统。在高风险河段、区域设置视频监控终端，通过信息技术手段，及时发现私自下河人员，通过视频监控、智能感应、声光报警及喊话提醒等方式，发出预警，及时制止溺水事故的发生，同时配合巡逻机制，形成"人防+物防+技防"的防溺水机制，筑牢水域安全防护网，提高防溺水监管力度，有效防止溺水伤亡事件发生。

4. 试点疏堵结合，有序开发利用

在附近居民经常下河游泳的河段或者游泳人群相对比较集中的地方，试点由政府和商户共同管理，商户承担主体责任，政府落实管理责任，共同实施管理。允许商家开展经营性的商业活动，明确商家经营场所的水域安全管理责任，由其负责聘请安全员，购买救生设施等，每一个下水点安放大喇叭，配备救生物资。

例如，清镇市新店镇鸭池河大桥下，设立农户经营地段，开设烧烤休闲山庄，经营商户配备安全员和救生设备，实时对河边游玩人员进行监管；清镇市椒园码头附近居民经常到河边游泳，商户开展经营后，码头配备了救生员和救生设施，船上均配备专业救生衣等，管理比较规范，居民可以安心游泳、娱乐，政府部门也可以节约开支。

（三）问题与薄弱环节

贵州省内各地各部门结合自身实际，经过多年实践摸索，总结出一些积极的经验，取得一定的效果，但从全省全局的角度，贵州省预防未成年人溺水工作仍面临诸多问题和挑战。

1. 防溺水统筹领导机构不健全，责任落实不到位

（1）各地尚无专门的牵头管理机构，联防联控机制有待加强。各地在防溺水工作上没有明确的归属，各部门在防溺水工作上的职责尚未完全明晰。缺少防溺水统筹的领导机构和相应的专业专职管理人员，造成各职能部门各司其职、各行其是的问题，不利于防溺水工作从全局层面统筹推进。

（2）国家及地方政策文件落实不到位。从国家到地方出台的政策文件对于防溺水工作均给予高度重视。但各地区对国家和地方政策文件落实的程度不同，反映出对预防未成年人溺水工作的重视程度不同，从而导致预防未成年人溺水工作的成效不一。

2. 防溺水专项财政使用管理有待加强，部门职责交叉不明晰

针对贵州省后发赶超的经济态势，虽然随着经济发展水平的不断提升，防溺水专项财政资金逐年增长，但资金管理仍有待加强，主要表现在三个方面，一是资金供需有缺口；二是财权与事权相分离，如乡镇一级基层政府承担直接管理责任，而预算资金管理却由县区统筹；三是教育、水利、应急、财政、城建、农业等部门肩负管理职能，但在专项资金的分配安排上尚未形成统一有效的协调机制和平台，未实现闭环管理，针对资金使用未建立科学实用的评价指标体系。

3. 防溺水宣传深度不够，教育的实效性、长效性欠缺

各个学校严格落实上级教育行政部门宣传教育工作部署，学校宣传教育开展基本正常。但从实际效果来讲，防溺水宣传深度不够，学校教育的实效性、长效性欠缺；全社会立体化、多渠道、全覆盖的防溺水宣传教育格局尚未健全。

4. 留守儿童监管不到位

一是部分地区乡镇人民政府（街道办事处）没有完全建立完备的农村留守儿童信息台账，没有实时更新农村留守儿童数据；二是各级工会、共青团、妇联、残联、关工委等群团组织为农村留守儿童提供假期日间照料、课后辅导、心理疏导等关爱服务不充分；三是社会组织、爱心企业依托学校、社区综合服务设施举办农村留守儿童托管服务机构方面未有效贯彻实施。

（四）意见与建议

1. 建立健全地方性法规，成立领导机构，压实工作责任

配合贯彻落实《未成年人保护法》，贵州省调研出台《贵州省未成年人防溺水实施条例》（拟定名）地方性法规，从立法的角度加强未成年人防溺水工作，明确要求各地要建立防溺水专项工作领导机构，统筹各职能部门协同推进防溺水专项工作，健全各相关部门防溺水安全保障联动管理与合作机制，并落实经费保障和督导考核等。

一是压实属地责任。各地区以防溺水专项工作领导机构为核心，按照"属地管理、分级负责、积极预防、失职追责"的要求，从立法的高度确保执行力，切实提高对本地区防溺水工作的管理水平。

二是形成联防联动工作格局。防溺水专项工作领导机构不仅要在成员单位之间加强联防联动，还要进一步建立与水利、气象、地质、电信等部门的联防联动工作机制，对危险水域、溺水事件易发地区、易溺水人群进行分析，通过电信运营商发布预警信息，切实减少溺水安全事故。

三是统筹推广成功经验。各地区防溺水专项工作领导机构绘制重点河流风险区域图，划分高风险区域、中风险区域和一般风险区域，根据风险区域划分对应采取不同措施布防，建议高风险区域选定视线好的位置设置视频监控终端，通过信息技术手段，及时发现私自下河人员；中风险区域设置专人

巡视，对水雨情实施动态监测；一般风险区域在重点时段采用无人机巡查；在风险区域内设置风险告知牌，将河道险情及溺亡情况告知说明；在易溺水水域多点位投放警示标志，并配备必要的救生器材，安装安全隔离带和防护栏，将危险扼杀在源头。榕江县、新店镇组织相关部门的工作人员，在溺水事故高发期开展巡河工作，加大巡河力度，这些经验都可以借鉴。除此之外，返乡大学生、"农村五老"等都可以动员起来开展巡河志愿活动等。

四是严肃追责问责，确保省内各地坚决贯彻落实国家及地方政策文件要求。防溺水专项工作领导机构强化对工作落实情况的督导检查，确保防溺水安全工作机制健全、任务明确、措施到位，对各种突发事件和异常情况，迅速组织力量妥善处理。对每一起溺水事故，要及时调查分析事故原因，查找薄弱环节，制定改进工作的措施。对组织领导不力、漏报瞒报、不认真履职尽责、日常管理不当、溺水事故处置不当、造成事故多发的将严肃追责。

2. 加强专项经费预算刚性约束，强化专项资金保障

各地区应把防溺水专项经费纳入年度财政预算，资金使用与管理由各地区防溺水专项工作领导机构统筹，足额计提。同时实施"专人管理、专户储存、专账核算、专项使用"的"四专"资金管理制度，建立专项资金使用审计制度，严格专项资金使用审批流程，畅通专项资金使用渠道，加大跟踪问效力度，确保防溺水专项财政资金用得准、用得好、用得实。

防溺水专项资金使用方面要做到"四个"支持。一是支持在溺水易发地配备救生器材设备，按照"四个一"的要求，配备一个救生圈、一根救生绳、一根长竹竿、一个警示牌，对救生设备损坏或遗失的，要及时补充。游泳人群相对比较集中的地方还要聘请一到两名具备资质的安全员。二是支持在高风险河段区域安装视频监控预警系统。通过视频监控、智能感应、声光报警及喊话提醒等方式，筑牢水域安全防护网，配合巡逻机制，形成"人防+物防+技防"防溺水机制，提高防溺水监管力度，有效防止溺水伤亡事件发生。三是支持对危险水域进行安全性改造，及时回填危险山塘、水池、水坑，对部分湖泊水库及饮用水源加装围栏，对被人为破坏的围栏进行及时修复。对农村自建的用于灌溉的水塘，可考虑加装盖板，或回填降低水深。针对建筑工地施工形成的水坑，可借鉴榕江经验，对建筑工地实施封闭式管理，外来人员一律不得进入建筑工地。四是支持各地建设一批公用游泳馆（池），有条件的学校要开设游泳课，学会自救技能的同时满足学生亲水喜水天性，降低溺水伤亡风险。

3. 构建安全宣传教育体系，助力防溺水工作走深走实

（1）聚焦生命教育地方课程的开发，特别是要重点融入防溺水相关内容，推进防溺水教育长效机制的建立完善

生命教育不仅作为思想道德建设的重要载体，更切实关系学生，根据地方特点开发高适切性的生命教育课程，切实发挥课堂教育主渠道作用，推进包括防溺水教育在内的安全教育工作。

一是制定出台《贵州省生命教育课程标准》（拟定名）。由省教育厅组建专家团队进行顶层设计、系统规范，研制贯穿大中小学体系的《生命教育课程标准》，明确生命教育课程的指导思想、课程建设、方法途径、师资配备及培训、保障措施等关键性问题。根据课程标准积极开发贵州省生命教育地方课程，根据各级各类学生的心理和生理特点，通过生命教育唤醒人们的生命意识，掌握保护生命的技能，让学生更好地与自己、与他人、与自然和谐相处。

二是完善生命教育课程体系。改变目前我国中小学生命教育只是在学科课程中渗透、课内外活动中贯穿的做法，将生命教育纳入大中小学的课程体系，建立生命教育的专设课程，同时，在其他课程教学和各类教育活动中融入生命教育。专家团队科学编制生命教育课本和读本，创新教学方式和评价机制，开发生命教育的线上精品课等教学资源库和线下示范课等，丰富生命教育课程资源，确保生命教育课程落实落地。

三是建立生命教育师资队伍。生命教育包括生存意识教育、生存能力教育和生命价值升华教育三个层次[①]。创建完善的课标和完整的课程要依靠强有力的师资，目前的生命教育常常以"没有交流对话的心理健康课程""死记硬背的急救知识""不实践演示的消防安全课程"等形式出现，专业的老

---

① 许世平：《生命教育及层次分析》，《中国教育学刊》2002年第4期，第7~10页。

师实施生命教育，才能真正落实课标要求，贯彻发挥生命教育的价值。

（2）整合体验式安全教育资源，推进优质教育资源共建共享

安全教育实际上是一种生活教育、生存教育，学生必须有真实的体验，安全教育才不会流于形式。防溺水教育是安全教育中一个重要的部分，应开发体验式安全教育课程，以地区建设为单位，辐射相关区域，切实增强学生自我保护意识和求生能力。

一是创建智能化学习体验平台，将智能化 VR 校园安全教育与交互性 VR 培训体验相结合，在有条件的地区建立专业的 VR 校园安全体验中心，帮助学生切身感受身边的安全隐患，特别是溺水体验，让学生在接近真实的体验中，培养对生命安全的敬畏之心，提高自我保护能力。

二是优化线上防溺水教育资源，把真实场景的、触目惊心的案例通过艺术加工，用系列视频的方式呈现出来。大中小学的学生在辅导员、班主任的引导下观看视频，借助视觉冲击的效果，帮助学生正确认识危险水域，培养学生对生命的敬畏之情，并进一步组织学生讨论遇到溺水危险时主动自救或救人的正确方式，提高防溺水教育的针对性。

三是大力推进各地区各学校游泳馆（池）建设，通过各地区设立未成年人游泳技能培训班、学校开设游泳课程，提高学生游泳技能水平，同时，加大溺水应急演练和溺水求生技能的培训力度，从根本上提升防溺水教育的实效性。

（3）优化宣传载体营造氛围，推进防溺水教育落地生根

社会各界群策群力，集思广益，在原有宣传工作的基础上，优化宣传载体，通过立体化、多渠道、全覆盖的宣传组合拳，营造强大的宣传声势与良好的舆论氛围。

一是在提高警示作用和防护有效性上下功夫，创新危险水域安全警示标识，落实紧急电话信息上标识牌工作。如凯里市各街道办事处或村委会在事发点不仅设置有警示标志，还设立了血字碑，以生命教育为基础，突出防溺水的重要性，有效阻止人们靠近危险水域；警示标志上应该留有紧急联系电话号码，当紧急情况发生时，方便群众及时拨打求救电话，争取急救时间；安全护栏的间隔距离要能防范未成年人侧身进入危险水域等。

二是通过数字杂志、数字报纸、数字广播、手机短信、移动电视、网络、数字电视、手机网络等各大媒体进行公益性宣传和发布警示公告。在事故高发期，电信运营商向市民发送防溺水安全提示短信，在农村还可通过大喇叭讲案例及在村务公开栏、主干道悬挂宣传标语等方式，加大宣传力度和深度。

三是各级各类学校放假前，利用线上视频会议或线下家长会的方式，对家长进行全面深入的培训，以生命教育为基础，突出防溺水宣传内容，深入细致地做好家长的思想工作，从而增强家长的防溺水安全意识，提升家长对孩子监管的责任心。

4. 创办"爱心之家"，护航留守儿童健康成长

坚决落实《国务院关于加强农村留守儿童关爱保护工作的意见》（国发〔2016〕13号）的文件要求，教育行政部门、学校和社会各界打好农村留守儿童监管的组合拳，有效弥补农村家庭监护的缺失。

一是各地教育行政部门联合各级学校，落实假期联系学生制度，坚持"学生生命至上"的原则，加大对学生真情关爱，尤其是暑假溺水事件高发期，在与学生经常联系和定期家访中，持续强化防溺水的宣传和教育。

二是以乡镇（街道办事处）、村（社区）为单位，创建"爱心之家"，将所辖范围内的留守儿童组织起来，从各单位、退休干部、返乡大学生等人群中招募志愿者，组织留守儿童开展学业辅导、心理健康教育、安全教育、体育、绘画、手工等活动，解决留守儿童假期安全防护、假期生活和情感陪护二个方面的问题。

B.12
贵州特殊未成年人合法权益保护研究

——基于信息化的视角

许光达 韦俊宇 李正强*

摘　要： 农村留守未成年人、困境未成年人、孤儿、事实无人抚养未成年人、服刑人员未成年子女等特殊未成年群体是近年来日益受关注的人群，本文通过面上调研和蹲点调研等方式深入该群体开展调查研究，重点围绕信息化在特殊未成年人的信息采集、信息保护、动态监测、分析预警以及综合保障等方面的运用进行专题调研，在了解掌握贵州特殊未成年人总体情况的基础上，总结提炼、深入挖掘信息化维护贵州特殊未成年人权益的经验做法以及工作成效，并针对特殊未成年人保护信息化建设的现实需求以及信息化在维护特殊未成年人权益中的难点和问题进行深入分析，更好地提出深化运用信息化手段服务、保障、维护特殊未成年人合法权益的工作思路及意见建议，为贵州省委省政府决策提供参考。

关键词： 特殊未成年群体　信息化手段　合法权益保护　贵州省

未成年人是世界的未来和希望，未成年人的生存、保护和发展与经济社会发展大局一脉相通、相互促进，如何更好地保护未成年人的合法权益，保障未成年人健康成长，促进未成年人全面发展，更好地发挥个人价值和社会

---

* 许光达，贵州省委政法委执法监督处工作人员；韦俊宇，贵州省委政法委执法监督处工作人员；李正强，贵州省委政法委执法监督处工作人员。

价值，对于国家、社会发展具有重要意义。未成年人是一个非常特殊的群体，需要家庭、学校、社会、政府给予特别的关心和爱护，而留守未成年人、困境未成年人、孤儿等群体是未成年人中的重点特殊群体。在国家政策及法律法规的保障下，该部分未成年群体与一般未成年人相比，学习和生活基本上是有政策兜底保障的，但受家庭、自身健康及生活环境的影响，其成长过程中大多缺乏安全感，自卑感较强，在生活、学习及心理等方面可能存在不同程度的问题。相对而言，做好这部分未成年群体的合法权益保障工作难度更大、挑战更多，信息化手段的深化运用为此提供了平台载体和精准保障。

一　贵州特殊未成年人基本情况

特殊未成年人目前没有明确的定义范围。在《未成年人保护法》中规定对留守未成年人、困境未成年人、残疾未成年人等未成年群体予以关爱帮扶和保障[1]。在2021年修订的《贵州省未成年人保护条例》中增加"对留守未成年人和困境未成年人的特殊保护"专章，明确对留守未成年人和孤儿、流浪乞讨未成年人、事实无人抚养未成年人、残疾未成年人、重病未成年人等困境未成年人实行特殊保护，对留守和困境未成年人实施特殊保护，明确监测预警、风险评估、生活保障、教育保障、医疗保障等制度[2]。贵州省未成年人保护专项工作总体方案中明确指出了特殊未成年人群体类型，具体包括孤儿、事实无人抚养儿童、留守儿童和困境儿童等类型。在近年来贵州未成年人司法保护工作实践中，将服刑人员未成年子女作为一类特殊未成年群体予以特殊保护。总体来看，结合《未成年人保护法》《贵州省未成年人保护条例》等相关法律法规和工作实践，贵州当前特殊未成年人群体主

---

① 《未成年人保护法》第83条规定，各级人民政府应当保障未成年人受教育的权利，并采取措施保障留守未成年人、困境未成年人、残疾未成年人接受义务教育。
② 《贵州省未成年人保护条例》第71条规定，本省对留守未成年人和孤儿、流浪乞讨未成年人、事实无人抚养未成年人、残疾未成年人、重病未成年人等困境未成年人实行特殊保护。

要有留守未成年人、困境未成年人、孤儿、事实无人抚养未成年人、服刑人员未成年子女等类型。

二 贵州运用信息化保护特殊未成年人合法权益的主要做法

基于留守未成年人、困境未成年人、孤儿、事实无人抚养未成年人、服刑人员未成年子女等群体基数较大且分布较广、区域复杂的现状，贵州聚焦动态监测、责任落实、教育关爱、救助保障"四个全覆盖"，选择发挥大数据优势作为破题之策，积极探索未成年人权益保护信息化系统开发建设和应用，建立线上线下一体化保护模式，创新服务保障机制，充分发挥信息化手段作用，切实提高关爱保护的精准性、及时性和实效性，为特殊未成年人群体提供更及时、更便捷、更贴心、更温暖的关爱保护。

（一）建立应用全省集约化信息平台

依托贵州省集约化信息平台，在全省范围内组织县乡村三级力量开展未成年人基础信息数据采集工作，以村（社区）为单位，依托社区工作者、驻村帮扶干部等力量，对全省 17925 个村（居）未成年人情况进行全面排查。建设全省未成年人保护信息系统，融合共享法院、检察院、教育、公安、民政等部门数据，目前全省未成年人保护信息系统已累计采集 1050 万名未成年人基础信息，采集率为91%①。通过基础信息数据采集全面掌握了全省未成年人的基本情况，进一步完善了未成年人的家庭住址、健康状况、就学及家庭监护情况等信息，加大了对全省未成年人的服务管理力度，提高了对全省未成年人信息监测预警的时效性，及早发现、及时处置。

① 《贵州民政这十年｜未成年人保护工作体系全面构建》，贵州民政厅门户网站，https://mzt.guizhou.gov.cn/ztzl/rdzt/fjxzcjgxsdxyddesed/mzzsn/202210/t2022/01/_76691674.html。

（二）深化应用全国儿童福利信息系统

全国儿童福利信息系统是全国儿童福利信息管理系统的简称，主要是将全国儿童福利机构儿童、社会散居孤儿、事实无人抚养儿童等相关个人身份信息以及法律证明文件、身体状况、医疗情况、社会救助等信息，利用扫描设备、计算机设备进行信息电子化，以文本、图像以及视频的形式收集起来，建立全国儿童福利信息电子动态数据库，可供实时掌握和查询各地特殊未成年人信息及救助情况。一是专人负责排查录入。省市县乡四级分别明确专人负责全国儿童福利信息系统的管理使用，实时对辖区内特殊未成年人进行排查，并录入全国儿童福利信息系统，省级按月调度各市（州）孤儿、事实无人抚养儿童、留守儿童增减等动态管理情况，及时掌握孤儿、事实无人抚养儿童基本生活补贴和助学金发放情况。二是动态督促落实责任。对系统录入不及时、未按时进行更新维护的市（州），下发工作提示，督促落实系统更新和维护，进一步压实市县主体责任和乡镇（街道）具体责任。三是强化培训指导。省级结合全省儿童福利业务培训，对市（州）全国儿童福利信息系统管理人员进行培训；市县通过业务培训和工作指导，对乡镇（街道）管理人员进行业务指导，确保省市县乡四级对系统信息采集、信息修正、人员增减等业务熟练掌握，管理服务精细精准。同时，组织各市（州）在全省范围内开展四类特殊未成年人关爱救助保护服务质量大提升专项行动、儿童福利和未成年人保护信息精准化管理专项排查等工作。

（三）积极探索特殊未成年人权益保护多网融合

依托"一中心一张网十联户"社会治理机制，将特殊未成年人信息监测纳入贵州"多网融合、一网治理"信息平台。一是动员基层广泛参与。发挥基层网格员、联户长、儿童主任、村（社区）干部、帮扶责任人等力量，每月定期对所属辖区特殊未成年人开展排查走访，建立特殊未成年人信息台账和个人信息档案，按照要求录入有关信息系统。结合入户走访，围绕未成年人监护、生活、医疗、心理状况等主要内容，每季度开展一次风险隐患等级评估，对存在安全风险隐患的，及时上报综治中心，纳入"一中心一张网十联户"社会治理机制，进行风险研判处置。二是落实关爱帮助措施。强化"五个一"（一人一档案、一月一走访、一季一评估、一户一帮扶、一报一处置）要求，推动特殊未成年人关爱救助保护全覆盖。同时，对特殊未成年人分类落实"一对一""一对多""多对一"帮扶责任人以及救助保障、监护干预等关爱保护措施。三是加强联动分析报告。在走访、评估、帮扶过程中，发现涉及未成年人基本生活、监护保障、医疗康复、教育安全、心理健康等方面的问题，按照省、市、县、乡、村、网格六级联动机制和强制报告制度要求，由村（居）综治中心做好分析研判的同时，向乡镇（街道）综治中心和未成年人保护工作站或儿童督导员报告，再由乡镇（街道）报告县综治中心，未保办接到报告或综治中心推送的信息后，及时召集相关部门会商或转相关部门进行处置，进一步保护未成年人的身心健康和生命安全。如铜仁市松桃县蓼皋街道平块社区，联合社区所辖小区物业，统一将视频监控接入社区综治中心端口，与公安机关进行协作，组好"天网"，对社区内各种风险隐患进行预警，及时反馈各类风险隐患，实现"警情一键传送、社警合力化解"，特别是依托"一中心一张网十联户"社会治理机制，将辖区内特殊未成年人信息和人脸图像采集录入综治信息平台，可通过调度系统对特殊未成年人进行定位，及时了解特殊未成年人监护照料、生活、教育等情况，实现及时将风险化解在萌芽状态。

（四）创新推动"天地一张网"系统建设

各市（州）党委政委将市域社会治理现代化示范点创建与未成年人保护工作紧密结合，按照"社会协同"要求，着力推进平安村寨、温馨家园、农村智慧安防体系建设，构建"天地一张网"，有效解决最后100米安全盲区问题，解决了单一依靠政府"建、管、用"问题，实现了未成年人保护守护信息化，为护航未成年人健康成长提供了有力保障。一是建立云监控防护系统。运用云计算和大数据分析，对农村辖区进行智能监控防护，实现视频监控到村、到路、到人、到产业、到危险区域等需要监控的地方。通过云监控防护系统，可以对村辖区陌生人员、陌生车辆进出、重点人员出入及危险区域闯入等行为进行预警，工作人员根据预警现场情况采取防范或处置措施，有效防范未成年人被拐、进入危险区域等事件发生。村民也可通过自己的电话号码参与平安建设活动，在自己房屋适当位置安装视频摄像头，通过手机自主查看、调取自己小孩在家活动情况等，为未成年特殊人群建立起一张安全守护网。二是建立云"喇叭播护"系统。以移动5G网络和有线网络为传输媒介，通过多形态终端实现播控地点不受限定的播放和收听，通过手机App或云话筒一对一、一对多进行日常喊话、紧急通知，循环播放抢险救援和惠民政策等。村综治中心通过云监控防护系统进行实时巡查，一旦发现辖区未成年人等群体异常行为，立即通过云喇叭播护系统通知就近村民前往查看，有效解决了因处置不及时造成意外事件等问题。

（五）创建智能信息化防控网格

贵州省委政法委牵头，省公安厅负责，通过与学校、社区、特种行业联动，创建智能化信息化防控网络，全面推动打击预防犯罪、保护未成年人、维护青少年合法权益。一是警校联防智能升级。为遏制校园安全事件特别是个人极端暴力事件发生，全省各市（州）公安机关和学校探索联动升级智能化信息化防控网络，增设了可视报警、Wi-Fi探针和电子围栏设备，并全部接入"平安警务云"。全力推进中小学幼儿园安全防范建设三年行动计划，实现全省多所学校封闭化管理率100%、专职保安人员配备率100%、安装一键报警装置和视频监控系统并联网公安机关率100%、设立"护学岗"率100%。依托天网监控、人脸识别等技术，实时采集校园内外人员、车辆等相关数据，在校园周边200米内筑起视频联网、数据分析、识别认证、行为监测、触圈预警、联动防控的"护城河"。当系统发现重点人员、可疑车辆、异常行为时，会自动预警、提示风险，由派出所民警、驻校辅警、保安构成的校警联动队伍立即依托智能平安校园指挥调度平台和4G单兵终端，第一时间排查风险。通过"警情一秒发现""学校一键报警""指令一群发布""对讲一点联通""现场一屏显示""打击一台指挥"，从根本上有效预防了涉校重大案（事）件发生。二是警社联建平安小区。针对全省小区形态各异、无法全部实现封闭式管理的实际，因地制宜采取有针对性的技防人防物防手段。对于新建的商品房小区，全部采用"一个安全调度中心、一个综合应用平台、一套安全防范设施、一套运行保障机制、一支群防群治队伍"的"五个一"创建标准；对于安防设施陈旧、技防设备落后的公房小区和开放性街区，按照"轻重缓急，监控先行"的原则优先增设视频监控点位，引入人脸识别技术，初步实现了"自动预警、智能安防"的目标。目前，全省大部分小区均安装了智能门禁、人脸识别、电子围栏、红外报警等系统，达到了智能平安小区创建标准，实现了小区"人、屋、车、场、网"等要素的管理立体化、可视化、可控化，有效防止罪犯进入小区对未成年人等弱势群体造成伤害。三是阵地联动强化防控。为全面强化娱乐服务场所和特种行业领域的监督管控，在旅馆酒店、娱乐场所等重点区域完善视频监控、增设人脸识别系统前端，及时、准确采集、上传、分析图像信息。目前，全省娱乐场所人脸识别系统布设率已达到100%，50个房间以上大型酒店的人脸识别系统布设率已达到100%，500余家重点行业场所视频监控实现了100%全覆盖。以平安警务云为支撑，通过"软硬兼施"、双管齐下推动娱乐场所感知系统建设，全面加强未成年人服务管理，在全省重点娱乐场所探索布建人脸识别设备、实名制采集设备，依托智能感知前端及时采集娱乐场所从业人员、进出人员基本信息，确保对进出娱乐场所的人员和车辆"来知信息、动知轨迹"。特别是针对频繁出入娱乐场所的未成年女学生，在监测到异常情况后，实时推送学校及时开展教育引导。

三 贵州运用信息化保护特殊未成年人
合法权益面临的困难

虽然贵州在维护特殊未成年人合法权益保护工作中信息化手段发挥了重要作用，但也存在一些难点堵点问题亟须解决。

（一）线上线下联动保护能力不足

未成年人保护是一项复杂的社会系统工程，其工作重心在社会基层，涉及家庭、学校、社会、政府等诸多保护主体。目前，虽然贵州各地都按照有关要求逐级配备了乡镇（街道）儿童督导员和村（居）儿童主任，但90%以上由村委会成员兼职挂名①，专业人才稀缺、服务质量不高成为普遍问题，导致未成年人保护工作在乡镇（街道）、村（居）一级有所弱化。同时，一些基层未保机构建设滞后、保障力量不足。如何更好地动员基层力量将未成年人信息采集、动态监测、实时保护等工作情况录入未成年人保护信息系统，更好地发挥未成年人保护信息系统作用反哺基层一线特殊未成年人保护工作，更好地保护特殊未成年人群体个人隐私，更有针对性地为特殊未成年人提供生活、教育、救助、心理疏导等关爱保护，真正实现线上线下联动保护，是一个值得深思、亟待解决的问题。

（二）信息化数据共享机制还有待完善

通过依托使用"全国留守儿童信息管理系统""全国儿童福利信息管理系统（一期、二期）""全国民政政务系统（儿童福利综合管理）""贵州省集约化社区综合信息服务平台"等系统平台，实现对特殊未成年人相关信息的采集、录入、分析、管理等工作。目前，针对孤儿、事实无人抚养未成年人、残疾未成年人、留守未成年人等信息主要使用"全国儿童福利信息系统"集中管理；针对残疾未成年人信息主要使用"全国残疾人两项补贴信息系统"管理；针对低保困境未成年人信息主要使用"城乡低保系统"更新管理。但因贵州尚未完成全省未成年人保护信息平台的开发应用，各部门系统间暂未实现数据信息互通共享，数据资源不能进行整合使用，对落实未成年人动态监测、有效防范和处置未成年人风险、多部门协同联动形成合力带来诸多不便和困难。

---

① 数据来源：贵州省委政法委内部统计。

（三）基层信息化调度体系有待加强

未成年人综合信息建设规模大，涉及多个职能部门，从目前来看，大多数系统模块信息数据少，甚至没有数据，特别是一些特殊对象相关信息主要依靠被动更新，数据动态性差，不能及时反映特殊未成年人的真实情况，造成了单纯依靠信息化动态数据监测，难以对急需关爱关心的未成年人给予帮助。同时一些基层信息化业务数据少、更新慢，一致性、动态性差，信息化数据为未成年人保护工作赋能存在不足。

四　对策及建议

重点从摸清底数、搭建平台、部门联动、强化保障等方面入手，进一步建立完善线上线下一体推进的保护模式，不断建立健全特殊未成年人数据库和专门保护平台，特别是从制度机制上，整合力量优势、聚合数据资源，着力解决部门之间信息不畅、保护滞后及重复单一救助、救助效果不佳等问题，更好地为特殊未成年人提供静默式、持续性、个性化的关爱保护。

（一）完善部门联动机制

由各级未成年保护委员会牵头，组织本级各成员单位建立特殊未成年人关爱保护联动机制，推动相关部门在开展特殊未成年人保护工作中有效衔接和相互促进。各地未成年人保护委员会办公室将未成年人保护工作的各项目标任务具体分解到有关单位和部门，定期召开推进会、调度会，通报工作推进情况，更好地发挥各成员单位职能优势，充分整合资源力量，形成严密保护网络，其中以民政、教育、妇联、团委、关工委为主体，建立保障未成年人社会扶助网络；以政法、公安、教育、工商等部门为主体，建立维护未成年人合法权益保障网络；以卫生健康、医保部门为主体，建立未成年人医疗卫生保健网络，逐步完善未成年人保护部门联动管理服务机制。将未成年人保护热线电话与公安部门"110"报警求助电话整合，实现资源共享。同时，督促各地各部门主动作为，形成党委领导、政府主导、部门协力齐抓、全社会积极参与的领导体制和工作机制，及时跟进掌握未成年人保护工作推进情况，组织研究解决工作推进中的困难和问题，采取强有力措施，保证各项任务落实，着力构建联动保护有力。

（二）健全信息监测机制

围绕四类特殊未成年人帮扶全覆盖目标，持续抓好监护人监护职责落实和四类特殊未成年人关爱救助保护工作"五个一"（一人一档案、一月一走访、一季一评估、一户一帮扶、一报一处置）要求，严格执行"五级联动"摸排、"多元融合"监测、"多点触发"预警工作机制，抓好未成年人信息统计分析，及时处置未成年人个案，研究解决普遍性问题。依托"一中心一张网十联户"社会治理机制，充分整合法院、检察院、教育、公安、民政、司法行政、卫生健康、团委、妇联等未成年人信息管理系统、"12345""12355"热线服务等平台数据资源，推动未成年人信息互通共享、形成监测预警合力，构建多领域、全方位的未成年人信息监测网络。实时动态掌握特殊未成年人数量、监护人情况、心理动向、生活状况、学习状况等信息，并对特殊未成年人进行分类分级风险研判，对于需要帮扶救助的特殊未成年人，及时将相关信息推送给当地未成年人保护委员会，由未成年人保护委员会协调相关部门落实落细帮扶措施。实现未成年人信息收集、研判、调度、运用一体化，为本地区未成年人权益保护工作提供数据支撑，切实增强特殊未成年人保护工作的针对性和实效性。

（三）创新信息化保护机制

加快构建数据互通运用机制和数据整合平台。建议由省大数据管理局和省民政厅牵头，依托智慧城市建设，完善未成年人保护相关系统数据运用模块，进一步统筹民政、教育、卫健、政法等未保委成员单位间的数据互通，在确保数据安全的前提下，进一步优化部门协作联动机制，实现各类数据动

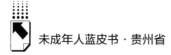
态更新和在大数据模型下的智能化比对，构建集数据分析、动态跟踪、预警研判、指令派发等功能于一体的数据交互平台，真正实现信息化助推未成年人合法权益保护取得实效。依托"大数据"智能化手段，对可能诱导、影响未成年人犯罪的各类因素进行数据分析，结合以往未成年人具体不良行为或者涉案情况，评估未成年人犯罪可能性，及时选配合适的法律服务志愿者组成帮教团队，制定丰富、个性的帮教措施，采用合适方式帮助其改正错误观念；对已有犯罪行为的未成年人结合其自身及家庭情况，有针对性地制定帮扶计划，密切关注其身心健康状况，加强亲情关爱，引导他们及时走出"阴霾"。

网络保护篇

The Chapters of Network Protection

B.13

贵州未成年人网络保护的做法与成效、 存在问题及对策建议

汪勇 张宁 蒋义 陆菁*

摘　要： 网络信息技术不可避免地嵌入未成年人的学习生活之中，面对这一复杂多变的网络空间环境，网络保护成为未成年人权益保护的重要组成部分，是保证未成年人健康成长的重要环节。贵州在完善保护法规政策体系、开展网络信息专项整治、拓宽畅通违法举报渠道、加大网络保护宣传力度等方面，有力地推动了未成年人网络保护工作。但在法律法规、风险防范和监督取证等方面，仍存在一些问题和不足，需要进一步完善工作举措，打造更为有效的未成年人网络保护工作体系。

关键词： 未成年人　网络保护　贵州省

* 汪勇，贵州医科大学副教授，法学博士，主要研究方向为网络意识形态、青少年保护；张宁，贵州省委网信办一级主任科员；蒋义，贵阳市花溪区融媒体中心工作人员；陆菁，贵州开放大学（贵州职业技术学院）讲师。

当代未成年人出生与成长在我国互联网生机勃发的时代，属于"网络原住民"。《2021 年全国未成年人互联网使用情况研究报告》显示，截至2021 年我国未成年网民规模达 1.91 亿，未成年人互联网普及率达 96.8%。①网络既是未成年人认识社会、探索未知的重要渠道，也是形塑未成年人思维观念、行为方式和价值取向的重要场域。然而，网络信息纷繁复杂，技术更迭日新月异，从个人隐私泄露，到网络沉迷成瘾，再到不良信息影响，心智尚未成熟的未成年人缺乏辨别能力和自我防护能力，在享受网络带来便利的同时也面临着更多的风险，亟须筑牢安全堤坝，保障他们在网络空间的合法权益，避免对其身心造成损害。因此，加强未成年人网络保护，治理危害未成年人身心健康的各种网络乱象，为未成年人营造清朗网络空间，既是相关部门的工作重点，也是社会各界的共同期待。

近年来，贵州坚持以习近平新时代中国特色社会主义思想为指引，通过建立完善未成年人网络保护法规政策体系、深入开展网上未成年人有害信息专项治理、畅通涉及未成年人违法和不良信息举报渠道、加强未成年人网络素养教育、加大未成年人保护宣传力度等工作举措，切实抓好未成年人网络保护工作。但保护工作仍然存在一些问题，需进一步完善工作体系和落实工作举措，以实际行动打造有利于未成年人健康成长的网络环境，为贵州培育德智体美劳全面发展的社会主义接班人和建设者奉献力量。

一 贵州未成年人网络保护的做法与成效

近年来，贵州按照相关法律法规和国家部署要求，结合地区特点，从政策体系、治理行动、网络素养等方面加强了未成年人网络保护工作。

（一）建立完善未成年人网络保护法规政策体系

2020 年 10 月 17 日，新修订的《未成年人保护法》把"网络保护"

---

① 共青团中央维护青少年权益部、中国互联网络信息中心：《2021 年全国未成年人互联网使用情况研究报告》，2022 年 11 月，第 1 页。

单独成章纳入其内容体系，不仅充分凸显网络保护的重要性，还把其提高到了法律保护的高度，涉及的领域从网络素养到网络环境、从防沉迷扩展到全方位的权益保护。目前，国务院审议通过的《未成年人网络保护条例》，从确立"最有利于未成年人"的保护原则、全面建立网络保护机制、强化家庭责任、实现社会共治等方面，促进未成年人网络保护机制确立。未成年人网络保护的社会共治观点在学界形成较高的共识，应完善法律体系、加强政府执法、网络服务提供者自律自制、监护人和学校监管教育等多元主体社会共治。贵州结合国家有关法律法规，制定了《贵州省未成年人保护条例》；网信系统结合贵州实际特点和工作实际状况，进一步细化了相关要求，将网络保护作为网络综合治理的重要内容，制定网络综合治理权责清单，在网络游戏、网络直播、网络音视频等方面加强监督管理，进一步明确涉网部门对未成年人网络保护的职责，确保网络安全的相关法律法规能够落地。贵州还建立了20余个部门的信息保护和数据安全长效工作机制，保护包括未成年人在内的个人信息隐私和安全。

（二）深入开展未成年人网络保护的专项治理

专项治理是我国治理体系的组成部分，是当代国家治理的重要政策工具，对维护社会稳定和推动社会发展有着重要意义。在数字化和信息化飞速发展的今天，专项治理对维护网络安全和未成年人网络保护有着重要的现实意义。按照中央网信办的工作部署，贵州开展了一系列有利于未成年人网络保护的治理行动，有效遏制了各类网络乱象，净化了网络生态。深入实施"清朗"系列专项行动和"黔净"网络空间清朗工程。先后开展"饭圈文化"治理、儿童智能手表信息内容管理、网络炫富乱象整治、"清朗·网上垃圾信息清理"、网络暴力等网络环境专项治理行动，不断净化网络空间。压实网络游戏企业或平台主体责任，全面整治未落实网络游戏用户账号实名注册制度、未控制未成年人使用网络游戏时段时长、未规范向未成年人提供付费和打赏服务问题，进一步推动网络直播和视频平台开发使用青少年网络防沉迷模式，完善实名实人验证、功能限制、时长限定、内容审核、算法推荐等运行机制。

（三）畅通未成年人网络保护不良信息的举报渠道

网络不良信息监管是净化网络空间的重要环节。未成年人网络保护是需要全民共同参与监督和管理的工作。网络的开放特性使得人人拥有麦克风，信息呈现纷繁冗杂的景象，各种思想思潮充斥网络，网络谣言、网络侵权成本偏低。因此，必须拓宽和规范对违法和不良信息的举报渠道，及时有效处理相关舆情。监管工作必须充分发挥网民监督的"主人翁"作用，让每一位网民承担起对网络不良信息的监管义务，特别是对网络低俗、恐怖暴力、淫秽色情、虚假信息等严重影响未成年人身心健康的不良信息，要主动通过监督平台举报。根据新修订的《未成年人保护法》相关要求，统筹用好省级涉未成年举报专区，在属地网站首页推出专区链接，统筹组织属地网信部门和重点网站平台建立完善涉未成年举报渠道，及时受理并处置网民举报。依法严厉打击对未成年人实施侮辱、诽谤、威胁或者恶意损害形象等网络欺凌行为；依法打击诱导未成年人直播打赏、游戏充值等行为。压实平台主体责任，及时制止网络欺凌行为，防止侵犯未成年人的有害信息扩散。建立健全未成年人网络保护投诉举报机制，督促网络产品和服务提供者建立便捷、合理、有效的投诉和举报渠道，及时受理并处理涉及未成年人的投诉、举报。2022年度，贵州巡查发现和受理举报违法和不良信息4万余条，排查涉 App 问题线索283个、下架违法违规 App 20个，依法查处违法违规网站725家，关闭违法违规账号192个。①

（四）加强未成年人主体的网络素养教育

数字化时代，网络成为未成年人学习生活不可或缺的部分。网络素养是

---

① 《贵州2022年依法查处违法违规网站725家》，网信贵州，2023年1月30日，https://mp. weixin. qq. com/s/Zv5A8yMD4H08gTQ7HqGfUg，最后检索时间：2023年9月25日。

未成年人应当具备的基本素养。未成年人作为网络的"数字原住民"，身心尚不成熟，加强网络素养教育显得尤为重要。网络素养不是简单的概念普及，而是网民基础能力的提升，是一项系统性工程。按照《关于加强网络文明建设的意见》《提升全民数字素养与技能行动纲要》等文件要求，贵州深入举办"多彩同心圆·E起向未来""多彩贵州·网络名人沙龙"，构筑"多彩贵州网上网下同心圆"工程。强化新生代网络人士团结统战，引领带动广大网民和群众，在网上讲好贵州故事，发出贵州好声音。持续开展"贵州省绿色网络文化工作室"培育选树工作，支持省内优秀网络文化创作团队、自媒体网络人士，构建正能量网络作品创作生态，进一步丰富优质网络内容供给。联合省教育厅在全省教育系统，面向全省各级教育部门教研员、中小学教师公开征集"网络文明"微课作品，围绕网络素养教育、争做中国好网民、网络文化培育、网络安全普及、数字素养与技能提升等内容开展微课设计，评选出一批优秀网络文明优秀微课。深入开展网络素养进校园活动，邀请国内互联网头部企业有关负责人，开展未成年人网络素养宣传教育，提高未成年人网络安全意识，引导未成年人限时、安全、理性上网。

（五）加大未成年人网络保护的宣传工作力度

宣传工作是形成良好氛围的重要举措。为营造线上线下重视未成年人网络保护的良好环境，贵州相继开展一系列宣传报道活动。常态化开展网络安全宣传周活动，将《中华人民共和国未成年人保护法》等法律法规的宣传普及纳入网络普法内容，组织全省网站、微信、微博、微信公众号等网站平台运用H5、短视频的形式，持续推出相关新媒体作品，大力宣传《中华人民共和国未成年人保护法》《贵州省未成年人保护条例》，组织网站平台编发《一切为了孩子·为了孩子的一切！贵州省未成年人保护主题宣传启动》《@未成年人这才是正确的上网姿势》《十岁小孩打赏主播花了母亲一万多》《家长，做好孩子用网的"守门人"》等20余篇新闻稿件，进一步提高全社会对未成年人保护的认识，为未成年人健康成长创造良好的网络氛围。

二 未成年人网络保护存在的问题与不足

当前未成年人涉网过程中遭受的侵犯权益类型多为人格权、生命健康权、隐私权和财产权。未成年人网络保护中，存在法律法规不健全、平台企业社会责任履行不到位、网络权益侵害违法成本低、未成年人对网络风险的防范意识低、家庭学校对加强未成年人保护意识不足等问题。

（一）未成年人网络保护的法律法规体系不健全

我国长期以来关于未成年人网络保护更多以行政命令形式对其进行规范，且部门繁多，规范层级不高，责任分散、多头监管。如文化部颁发《网络游戏暂行管理办法》、国家新闻出版署印发《关于防止未成年人沉迷网络游戏的通知》等，从其内容来看，具有很大的相似，权责重复，造成多头监管，在执法过程中，容易相互推诿，影响规制效果。从法律层面来看，网络空间法制保护体系以《未成年人保护法》为主导，以《预防未成年人犯罪法》和其他司法解释、行政法规及部门规章等为补充。但是，既有的法律规定之间缺乏系统性和完整性，多有重复陈述相关内容条款，如《预防未成年人犯罪法》《网络游戏管理暂行办法》以及新修订的《未成年人保护法》都有关于网络不良信息的处置办法，容易产生矛盾的执法标准。此外，大量抽象性、一般性规定导致法律在具体运用时存在模糊地带，例如《未成年人保护法》第72条仅提出"处理不满十四周岁未成年人个人信息的，应当征得未成年人的父母或者其他监护人同意"，却没有阐释未履行该义务所需要承担的法律后果。

（二）平台企业社会责任的履行不到位

在涉及未成年人网络保护问题上，平台企业必须坚持社会效益优先。《未成年人保护法》明确要求"网络产品和服务提供者不得向未成年人提供诱导其沉迷的产品和服务""网络服务提供者应当针对未成年人使用其服务设置相应的时间管理、权限管理、消费管理等功能"。目前，抖音、王者荣耀等多款软件设置了"青少年模式"，对未成年人设置支付限额，禁止其参与网络打赏，在形式上满足了监管的法律义务。然而，"青少年模式"实则漏洞百出、流于形式，能被轻松规避。需要身份证进行实名注册的软件可以通过使用监护人身份证逃避"青少年模式"，更有甚者通过购买成年人身份证创设账号，部分网络平台疏于对未成年人的监管，导致监管流于形式。"尽管85.9%的未成年人和91.6%的家长都知道青少年模式，但设置过青少年模式的未成年人和家长均不到五成，四成家长认为青少年模式效果不够明显。"[1] 与此同时，尽管目前由网信办主导推广了"青少年防沉迷系统"模式，但这一模式同样也是效果不佳，网络沉迷问题并未得到解决，"经常从事网上娱乐活动的未成年网民认为青少年网络防沉迷系统有用的比例为56.6%"。[2] 显然，平台企业只是按照法律法规要求设置了青少年模式和防沉迷系统，但为了产品的使用率，并未真正发挥其应有的作用，这也是导致其效果不佳的重要因素，各类平台在登录设置时也存在漏洞，并不能有效地预防未成年人通过其他途径登录来规避限制。

（三）网络权益侵害违法成本低、取证难

由于网络空间的虚拟性、隐秘性等特征，对未成年人网络权益侵害的成本低且取证困难。当前，关于未成年人网络权益侵害案件屡禁不止，究其原因，根源在于我国对于网络权益侵害保护方面的法律法规不健全，缺乏量刑标准，缺乏从严执法的依据，如自废除诈骗犯死刑后，诈骗来钱快、量刑轻的特点，难以对诈骗分子形成威慑力。由于违法成本低，他们抱着"一人坐牢几年，换得全家享福"的阴暗心理，无所顾忌地从事诈骗活动，犯罪成本与诈骗收益的巨大悬殊形成巨大的吸引力，一些未成年人被利诱参与其

---

① 共青团中央维护青少年权益部、中国互联网络信息中心：《2021年全国未成年人互联网使用情况研究报告》，2022年11月，第5页。
② 林维、吴贻森：《网络保护未成年人模式：立法跃升、理念优化与困境突破》，《吉林大学社会科学学报》2022年第5期，第5~19页。

中，危害极大。如网络造谣和诽谤要被转发 500 次以上，才可自诉追究诽谤刑责，大部分造谣和诽谤行为更多停留在行政罚款、拘留、列入诚信"黑名单"等层面，导致造谣和诽谤行为屡禁不止。

涉及未成年人的网络侵权案件存在发掘线索难、搜集证据难、侵权证明难等困境。一方面，未成年人用户认知能力差、维权意识弱，在侵权发生过程中缺乏证据留存的意识；另一方面，网络活动本身存在广泛性和复杂性，而侵权行为常常牵涉不同平台，网络平台通常拥有数据特权，从而导致取证存在极大困难。民事诉讼证明责任遵循"谁主张，谁举证"原则，举证成本与技术难题导致在司法实践中难以通过诉讼来维护权益。

（四）未成年人网络风险的防范意识偏低

当代未成年人是名副其实的"网络一代""数字一代""数字原住民"。互联网对于低龄群体的渗透能力持续增强，未成年人甚至在学龄前就开始使用互联网。而未成年人除了运用网络进行学习之外，还会使用网络社交、网络游戏、观看短视频和直播娱乐等功能，虽然相关平台会对网络内容进行监管，但仍然充斥着各式各样、纷繁复杂的信息，其中不乏影响未成年人身心发展的暴力和虚假信息，甚至敌对势力有意图地使用蕴含有错误价值观的信息来塑造符合他们意愿的价值取向。对此，在做好网络监管的同时，需要不断提高未成年人的网民素养和防范意识。事实上未成年人网络素养教育尚未形成统一、标准的教学体系，网络操作技能、网络防沉迷知识、自护意识和能力都处于较低水平。多数未成年人遭受过网络暴力或网络欺凌，然而他们自身对于未成年人保护的相关法律法规不甚了解，导致这部分未成年人在遭受网络侵犯后不知如何正确维护自身合法权益。

（五）未成年人网络保护的协同性、专业性不够

未成年人网络保护是一个系统性工程，需要家庭、学校、政府、社会的共同努力、协同推进。现有针对未成年人的网络保护工作，政府层面、社会层面尚有初步的举措和成效，但家庭、学校、政府和社会的协同性不够，尤

其是最为关键的家庭层面。家庭教育在引导和培育孩子的网络使用素养方面存在较大问题。家长们更多是在上网时间上进行规定和约束，但对更为重要的网页内容、游戏内容却关注不足，更不用说教授孩子如何辨别网络信息和保护隐私，甚至在网络游戏、短视频沉迷上起到不良的示范作用。还有部分未成年人，因为父母工作繁忙而无暇顾及，没有时间进行沟通和教育，这一现象在农村尤为突出。显然，家长仅对未成年人网络使用的时间进行管控，是难以起到实质性保护作用的。此外，学校层面，对未成年人的网络保护主要是通过学校安全教育，由于教师面临的学生群体庞大，这种宽泛且缺乏专业性的教育，难以使学生树立网络权益保护意识。

三 加强未成年人网络保护的对策建议

未成年人网络保护是一项长期、复杂的系统工程，需要完善法律法规、创新技术治理、加强网络素养教育，以及政府、企业、学校、家庭等各方协同共建，共创未成年人的网络清朗空间。

（一）健全未成年人网络保护的法治体系

聚焦未成年人网络保护面临的突出问题，总结近年来未成年人网络保护工作的实践经验，提炼成熟做法，力争上升为法规制度。以《未成年人网络保护条例》为突破口，进一步推动相关涉及未成年人网络保护法律法规的出台。加强事前预防，做好网络权益司法保护的科普工作，从未成年人使用频次高的领域入手，引导未成年人正确认识网络风险及危害，自主抵制网络犯罪、网络欺凌、网络诈骗。加强事中保护，常态化监测侵犯行为并及时制止、为未成年人提供畅通且有效的维权途径。加强事后保护，一方面，要积极完善未成年人网络空间权益的检察公益诉讼制度；检察机关应对属于侵犯未成年人公共利益的网络违法犯罪案件统一集中办理，追究相关单位或责任人员的法律责任。另一方面，要以检察公益诉讼工作为抓手，推动构建未成年人网络的综合司法保护体系。既要为未成年人设置以平台为主要责任的保护机制，又要健全设立有关举报、强制报告制度。同时，还要以大数据为支持，加强未成年人的网络信息申报和分析，建立基层未成年人网络空间监管部门，加强监督。

法检部门、司法部门要加强未成年人网络权益侵害案件的"以案释法"，针对未成年人沉迷网络、受到不良信息侵蚀甚至遭受侵害等涉及未成年人公共利益的普遍性问题，以典型个案为突破口，让未成年人及家长了解未成年人受到网络权益侵害时应如何维权。畅通侵犯未成年人权益受损投诉举报受理渠道，推动互联网平台企业建立涉未成年人权益侵害内容快速处置机制，推进涉未成年人权益侵害案事件的高效解决。

（二）深入推进未成年人网络保护的专项整治

市场监管、网信、工信、大数据等部门要深入推进未成年人网络保护专项治理，加强互联网平台的监管，强化企业平台法律责任。在移动互联网设备服务提供方面，对提供给未成年人使用的智能终端产品制定行政标准或指导制定行业标准，明确相关技术和产品的标准和要求。在内容治理方面，网络服务者需要优化侵害未成年人权益的阻断机制，改善识别违法违规的内容识别模型，提高人工审核的效率与专业性，切实做到阻隔侵害未成年人的网络信息；丰富内容建设，搭建适合未成年人的多样化的内容体系，鼓励和引导未成年用户消费有信息价值、探索价值的内容。在网线游戏方面，实名认证网络游戏账号和登录，严格落实游戏服务时间限定规则，避免多账号变通变相登录，规避限制。在网络社交和支付方面，要进一步强化实名认证，对于未成年人强制实施"青少年模式"，并使未成年人账户与监护人账户挂钩，能够让监护人及时掌握孩子的情况，通过支付限额避免未成年人网络大额消费。在短视频软件领域，要强化对"青少年模式"黄赌毒等不良信息推送的监管，提供满足未成年人需求的个性化视频推送服务。

（三）创新未成年人网络保护的技术手段

未成年人网络保护一定程度上是新的信息技术衍生出来的问题。因此，需要创新技术治理手段，以此来规范和保护未成年人的合法权益。在充分用好《中华人民共和国网络安全法》《中华人民共和国未成年人保护法》《全国人民代表大会常务委员会关于加强网络信息保护的决定》《互联网新闻信息服务管理规定》《互联网信息服务算法推荐管理规定》等法律法规的基础上，加大未成年人网络权益侵害案件查处、曝光力度，形成强大威慑力，进一步压紧压实互联网平台技术安全、内容安全、数据安全的主体责任，推动互联网企业平台发挥自身的技术优势，充分运用大数据、人工智能等技术手段提高监管效率，在优化"青少年模式"的基础上，研发针对未成年人网络行为管理的"技术网关"，确保对互联网有害信息的精准过滤及对影响未成年人不良信息、不当内容的精准阻断。

（四）加强未成年人网络素养教育

教育部门应当指导、支持学校开展未成年人网络素养教育，并针对网络素养教育建立具体测评指标，支持各级各类学校配备具有专业能力的教师，为学生提供专业的网络素养教育。各级各类学校应充分顺应数字时代、人工智能时代的发展，积极开展网络素养教育，围绕网络数字知识、网络使用和信息辨别能力以及网络行为准则和道德规范等，通过科学素养教育、数字技能教育等，培育未成年人网络使用技能、文明素养、行为习惯和防护技能，不断提升未成年人网络使用能力。对发现有网络沉迷、过度消费、利用网络攻击他人等行为的未成年人，各级各类学校要及时协同家长对其进行教育和指导，帮助其养成良好的上网习惯，培养其网络安全意识，增强其对网络信息的分析判断和知识获取能力。

（五）构建多方参与的未成年人网络保护协同体系

未成年人网络保护是一项长期、复杂的系统工程，需要政府、企业、家庭、学校等各方形成强大合力，共同撑起明朗的网络晴空。如今科学技术不断进步，网络虚拟空间与社会现实相互交织、紧密联系，界限越来越模糊。对此，我们应该坚持系统思维，使家庭、学校、企业平台、政府相互协同，

开展未成年人网络保护工作。政府作为主导部门，应做好顶层设计，坚持系统观念，出台具有可操作性、能够形成合力的整体性政策法规。企业平台不仅要严格落实法律法规的要求，还应当把社会效益放在首位，关注数字内容的价值导向，为未成年人提供优质的资源，营造风清气正的网络平台。学校作为未成年人素质教育的主渠道，应当依托科学课程，主动开设网络保护教育课，进一步提升未成年人的网络素养。家庭是未成年人接触网络的重要场所，在网络保护中发挥关键性作用，一方面，父母应当做好表率，不要沉迷于网络游戏、短视频，控制上网时间，改善亲子关系，多进行户外活动，避免沉迷网络；另一方面，不断提升自身网络素养，进而教育青少年如何辨别网络虚假和错误信息，避免受到侵害。家庭、学校、政府和企业要建立起联动机制，线上线下开展丰富的教育活动，构筑预防网络沉迷和网络伤害的保护体系。

未成年人是国家的未来、民族的希望。加强未成年人网络保护是一个教育问题，也是一个法治问题，更是一个治理问题。只有让未成年人网络保护成为全社会的共识和责任，把未成年人网络保护作为底线和红线，筑起全链条、全方位的网络保护屏障，才能让未成年人健康成长、安全成长、茁壮成长。

参考文献

卢家银：《数字时代未成年人网络保护的挑战、应对与逻辑》，《青年记者》2022 年第 15 期。

佟丽华：《未成年人网络保护中的身份确认与隐私保护》，《中国青年社会科学》2019 年第 6 期。

吴用：《未成年人网络保护条例的立法》，《中国青年社会科学》2015 年第 2 期。

B.14
贵州未成年人网络犯罪的特点、趋势及应对策略

李正斌*

摘　要： 通过对贵州未成年人缺乏认知、自我炫耀、寻求刺激、学习模仿、探索猎奇等网络犯罪特点开展系统性分析，为预防未成年人涉网犯罪提供有力依据。当前网络新型犯罪与传统犯罪之间，不断相互交织融合，演变出不少新型犯罪形式，呈现诸多新特点、新趋势、新问题，网络犯罪呈逐年上升趋势，危害程度日益严重，人员不断向低龄化发展，犯罪形式向成人化、智能化发展。从源头上充分、全面地揭示未成年人涉网犯罪的整体原因，针对深层次的症结，从立法、监管、技术、信息分级等多方面提出未成年人网络犯罪的应对策略，有效解决导致未成年人实施网络犯罪的根本原因，最终实现对未成年人的网络保护。

关键词： 网络犯罪　未成年人　网络保护　贵州省

一　引言

互联网的普及和网络技术的迅猛发展，为人类开启了信息时代。互联网信息技术造福人类的同时，也带来了诸多负面影响，网络发展改变了人们的生活方式，获取信息的便捷性、多样性影响了人们的价值取向和性格爱好

---

* 李正斌，贵州省公安厅一级主任科员，副高职称。

等，尤其对于未成年人的影响和冲击更大。近年来，贵州省由未成年人网络犯罪衍生的社会问题，呈现日益严峻的趋势。

《2021年全国未成年人互联网使用情况研究报告》显示，未成年人互联网普及率持续提升，截至2021年底，我国未成年人互联网普及率达96.8%，目前已近饱和。《2021年贵州省互联网发展报告》显示，贵州省网民规模达2741.8万人，互联网普及率71.1%。贵州省互联网应用发展势头持续高涨，在社交应用领域，短视频、直播社交平台强势崛起，成为占据人们网络活动时间最长的领域，其中抖音平台使用占比为67.1%。贵州网民上网的主要活动仍集中在娱乐、学习和社交，主要使用短视频类应用软件等。

互联网已逐步发展成为未成年人探索知识、认知世界、形成三观的重要渠道。互联网海量丰富的内容以及信息资讯获取的便捷，恰好满足了未成年人对世界充满好奇、求新的探索欲望。同时，未成年人因身心不够成熟、个人保护意识欠缺、法律素养不足等问题，易受到网络不良信息的影响，导致其实施网络盗窃、网络诈骗等网络犯罪行为。鉴于此，需要从完善立法保护、强化网络监管、实施技术干预、实行监督举报机制、探索网络分级制度、重视家庭教育监管、积极正面宣传引导等多角度施策，需要立法机关、行政执法部门、互联网企业、家庭、学校等多方共同发力，使网络文化和新技术对未成年人形成正向影响，并营造适合未成年人生存和发展的良好互联网生态，为未成年人提供文明健康的绿色网络环境，保障未成年人安全合法地融入网络生活。

二 贵州未成年人网络犯罪的特点

当前未成年人犯罪新的增长点已由实体犯罪逐渐转为网络犯罪。作为犯罪主体的未成年人，实施网络犯罪行为既包含侵害客体为网络信息系统的犯罪行为，也包含利用信息网络为犯罪手段而实施的帮助信息网络犯罪等犯罪行为，未成年人对新生事物的好奇心及其具备的冒险精神，正伴随着互联网的普及、信息技术的应用而逐步拓宽，网络新型犯罪和传统犯罪交织融合，不断呈现新特点、新问题。

（一）认知缺乏型犯罪特点

帮助信息网络犯罪，已成为未成年人网络犯罪的主要形式。伴随网络技术的不断发展，以及网络犯罪特有的行为方式虚拟性、犯罪空间隐蔽性等特点，当前网络犯罪分工不断细化。尤其在电信网络新型违法犯罪中，诈骗组织教唆、利诱、胁迫未成年人实施犯罪情况突出。诈骗团伙利用未成年人心智不成熟、缺乏自我保护能力等弱点，教唆、利诱、胁迫未成年人参与到电信网络诈骗犯罪中，成为电信网络诈骗犯罪链条中的一环。在打击治理电信网络诈骗犯罪中，就发现多起通过发布租借网络账号、银行卡、电话卡等信息，让未成年人为网络诈骗犯罪提供帮助的案件，无意中形成帮助信息网络犯罪。更有甚者，利用未成年人法制教育缺失，涉世未深，无收入来源、急于赚快钱的心理，设置"白领""兼职""高薪"等诱人的入职条件，使未成年人成为诈骗团伙的业务员，为其发布租借网络账号、"两卡"等广告信息，并有部分未成年人直接在学校搜寻目标，成为租借网络账号、收售"两卡"的职业号商、卡商。在电信网络诈骗犯罪中，帮助信息网络犯罪行为是整个犯罪链条中的关键环节，对该类犯罪具有推波助澜的作用，该行为的出现，不仅加大了对该类犯罪的打击难度，同时也严重损害未成年人的成长。如贵州省打击的电信网络诈骗案件中，就梳理出以境外诈骗团伙、本地诈骗引流团伙、国内多地在校大中专学生为主充当引流下线的三级犯罪网络，其中涉及在校学生 200 余人。

（二）技术炫耀型犯罪特点

未成年人处在快速成长时期，正是个人价值观、人生观、世界观形成的重要阶段和关键时期，这一时期，他们渴望参与各种"新奇"的社会实践，对外界表现出极强的自我表现意识和探索求知欲望，而网络这个虚拟社会恰好提供了现实社会无法比拟的、更加多样化的新鲜实践。未成年人在接受新鲜事物的欲望和速度方面远超成年人，随着互联网应用的迅猛发展及部分家长对未来发展趋势的预判，很多未成年人从小就接受了良好的网络信息技术、计算机编程等专业教育，使其成为现代网络"黑客"中不可小觑的"主力军"。这些精通现代网络技术的未成年人善于在网络生活中洞察网络的缺陷与漏洞，然后利用娴熟的计算机专业技术和各种操作技巧，以互联网媒介对计算机网络系统发起攻击，盗取或破坏系统中的电子资料和个人信息，以达到炫耀个人网络技术、获取外界认同的目的。如世界上第一个因黑客行为被捕的未成年人，15 岁入侵 NASA，通过窃取软件权限可以改变国际空间站的物理环境、控制温度和湿度等，致使 NASA 不得不临时关闭整个系统。贵州省某地曾发生过未成年人攻击入侵某协会门户网站的案件，行为人对网站植入木马后门，并利用该后门进行数据窃取、网页篡改等各种恶意操作。

（三）意识形态型犯罪特点

互联网的发展，使未成年人更容易接触到外来文化，在享受互联网获取信息便捷性的同时，也在遭受网络不良信息的侵蚀，如受日本、美国文化输入的影响，精神上认为自己是日本人或美国人，盲目地崇拜其文化，远超出正常喜欢的范畴，转变为无条件的吹嘘追捧，从而开始心理扭曲，对自己国家的文化不认同，逐步转变为完全否定和肆意抨击。贵州省曾查处 10 余名相关未成年人，他们由于深受网络日本动漫"二次元"文化影响，长期在网上接触负面信息，人生观、价值观和世界观缺乏正面的引导，被别有用心之人蛊惑、利用，进而发生异变，从初期在网上发布一些不满言论，逐渐演变为对我国社会环境和政治制度的不认同。还有部分未成年人由于缺乏社会阅历，也缺乏独立思考和辨别能力，导致其认知水平较低，容易受新奇事物的影响而盲目效仿。如贵州省某地 17 岁学生，在网上看到"香港废青事件"中烧毁国旗的行为觉得新奇好玩，便在国庆期间进行效仿，焚毁了学校发的小国旗并在网络上发布。

（四）寻求刺激型犯罪特点

未成年人利用网络传播暴恐音视频。近年来，部分未成年人为寻求感官刺激，频繁通过 VPN 浏览境外网站，观看下载并传播暴力恐怖、血腥音视频。未成年人心智尚不成熟，是非判断能力较弱，在网络不良信息的影响下，若没有及时受到正面教育引导，极易受到国际暴力恐怖势力的蛊惑，沦为恐怖势力向我们意识形态领域渗透的工具。国际暴力恐怖势力常以宗教极端面目出现，利用互联网大肆制造舆论，散布异端邪说，介入国家政治事务，开展颠覆活动。未成年人在寻求感官刺激、观看并传播暴恐音视频的过程中，极易被这些别有用心之人蛊惑利用，沦为其犯罪的工具。近年来，贵州共查处 6 起未成年人在互联网上传播暴恐音视频事件，处置及时，均未造成严重后果。

（五）网约侵财型犯罪特点

未成年人沉迷网络，为获取上网费用而实施犯罪。未成年人自身没有经济来源，且上网行为多半是背着父母进行，当缺少上网经费时，就有可能实施盗窃、抢劫之类的犯罪案件。部分未成年人会偷盗同学及身边人的财物，有的甚至会抢劫低年级同学，致使低年级学生不敢上学。因未成年人个人能力相对较弱，在实施犯罪时往往会团伙作案，由于网络社交的便捷性，未成年人常常通过在网络上交友，约定共同实施犯罪，通过网络预谋和分工，使犯罪行为更加隐蔽。有的未成年人甚至在网络上寻找作案对象，采取约见网友等方式，纠集多人实施抢夺、抢劫财物等行为。如早期存在未成年人利用网络组建青少年帮会，网罗未成年人几十人，多次结伙在所谓的帮派之间打斗，并在学校周边向中小学生收取保护费。未成年人通过网络结伙作案、团伙犯罪的情况屡见不鲜。

（六）学习模仿型犯罪特点

戾性传染，受网络暴力影响而实施犯罪。目前网络上充斥着大量涉及暴力血腥的影视剧作品，尤其是早期香港的黑帮电影，宣扬暴力、江湖义气，诱使未成年人在校内拉帮结派，欺负其他同学，一旦群体成员与他人产生矛盾，他们便会组织群体利用人数上的优势危害另一方权益，校园霸凌事件屡见不鲜，极易形成网络舆情炒作。如贵州某地校园霸凌事件发生后，就在网上引起不少网民的关注评论。网络游戏暴力传导负能量，目前国内流行的各类网络游戏，几乎都是通过打打杀杀积累装备，以获得游戏中的成长和地位。长时间在这样暴力情境的侵蚀下，未成年人身心充斥着血腥暴力，很容易将游戏世界中的血腥暴力带到现实中，加之部分未成年人不能及时得到监护人有效的教育引导，该群体极易沉溺于网吧、KTV、游戏厅等场所，逐渐养成逞凶斗狠、贪图享乐的恶习。再加上未成年人认知能力较低、心智不够成熟、头脑相对简单、做事不计后果，其实施的犯罪多表现为暴力性强、危害后果大的特点。如贵州省某地 16 岁留守少年与朋友在 KTV 唱歌，因为与被害人发生口角之争，暴怒之下伙同其朋友对被害人进行殴打，之后又持刀捅刺，导致被害人重伤。

（七）情感萌动型犯罪特点

出于对异性的好奇，受网络淫秽信息荼毒而实施犯罪。近年来，涉网络淫秽色情违法犯罪活动多发高发，已成为社会公害。未成年人正处在身体发育的关键期，开始意识到两性的差异，出于对异性的好奇心，经常会浏览一些黄色网站，受到网络淫秽信息侵蚀后，想入非非，跃跃欲试而实施违法犯罪行为。部分未成年人沉溺于网络虚拟世界中，长期关注低趣味的网络言情小说、网络直播等，出于对异性的好奇及攀比心理，早恋等不良风气备受追捧，正处于对两性关系的懵懂时期，未得到正确的引导和信息疏导，加之心理健康教育的部分缺失，使其极易成为不法分子的"猎物"，导致网络"隔空"猥亵违法犯罪频发。如贵州省某地 12 岁学生通过网络社交软件，认识一名伪装成学生的嫌疑人，嫌疑人在多次聊天并逐渐取得被害人信任后，双方交换裸照，之后又通过威胁，多次获得被害人自拍隐私视频。遭到拒绝后，嫌疑人将被害人隐私照发给其近亲属及同学等，严重影响被害人的人格尊严及身心健康。

（八）探索猎奇型犯罪特点

通过互联网学习制作爆炸、危险化学物品。随着网络的迅猛发展，传统的通过书本获取知识的渠道，逐渐向互联网延伸，在线课程、线上教育不断发展，获取知识越发便捷，未成年人强烈的猎奇心理如不加以正确的引导，将导致其走向违法犯罪的道路。如贵州省某地 14 岁学生出于对化学燃烧等相关知识的好奇，使用手机在网上搜索研究制作"硝酸四氨合铜"的方法，其间还参与相关网络社交群讨论学习，并通过网络购物平台网购化学制剂，通过"做实验"的方式进行制作，拍摄实验视频发在了自媒体上，所幸发现及时，未造成严重后果。

三　贵州未成年人网络犯罪趋势

网络信息技术的发展应用，涉及各个行业和领域，极大地促进了经济、文化、社会繁荣进步，人民物质生活更加智能和便利，但同时也伴随着巨大的网络安全风险和挑战。网络的普及和发展将未成年人的成长环境变得更加开放和复杂，同时也使预防未成年人犯罪变得更加困难和严峻。从贵州省未成年人网络犯罪的现状分析，目前未成年人网络犯罪正呈现以下变化趋势。

（一）未成年人网络犯罪呈现逐年上升趋势

《未成年人检察工作白皮书（2022）》显示，近几年校园欺凌和暴力犯罪未成年人数和提起公诉人数均呈逐年下降趋势，但与之相反的情况是未成年人网络犯罪嫌疑人数逐年上升。贵州省第十四届人民代表大会上，贵州省人民检察院工作报告中提到，2018 年以来办理涉未成年人案件 1.1 万件，其中，起诉未成年人犯罪嫌疑人 7241 人，对犯罪情节轻微的未成年人，不捕 7970 人、不诉 6289 人。2022 年未成年人犯罪嫌疑人数较 10 年前下降30.4%。随着贵州省近年各项未成年人保护工作的开展实施，家庭、学校、社会、司法等各个层面保护制度的建立，有效保护了未成年人合法权益，暴力犯罪得到有效遏制。但随着互联网的发展，近年贵州办理的网络犯罪案件数量逐年上升，相应的未成年人网络犯罪也呈现上升趋势，尤其是在近年频发的电信网络诈骗案件中，未成年人实施的帮助信息网络犯罪数量更是上升明显。网络犯罪的隐蔽性、虚拟性等特点也使得未成年人实施网络犯罪的门槛较低，且难以实施打击。未成年人利用或者针对网络实施犯罪的现象频繁发生，网络犯罪已成为未成年人犯罪新的增长点。

（二）网络犯罪侵害客体多元化，危害程度日益严重

未成年人网络犯罪的初始形态主要有帮助信息网络犯罪、网络侵财犯罪等，犯罪客体以个人财物为主，但随着互联网的发展，政治、军事及财物都与互联网密不可分，金融系统、供电系统、安防系统等都接入并运行在互联网中，针对破坏计算机信息系统的网络犯罪，造成的损失不可估量。近年，贵州省某地就曾发生一名 17 岁的学生远程劫持某学校用于教学的计算机服务器后进入服务器机房管理系统，并将该服务器内的大量数据进行删除，导致该校 180 余台用于教学的计算机全部宕机，无法正常使用，该校的教学学科和性质决定了开设的绝大部分课程都必须通过学生上机来完成，服务器机房管理系统遭到破坏，对该校的日常教学工作造成重大影响，从案件发生至系统修复，已造成缺课近万人（课时）的教学事故，学生无法正常上课，三三两两聚在一起嬉闹，对该校的教学工作造成重大影响，性质极其恶劣。现代生活中个人与个人、企业与企业，甚至国家与国家的联系，都必须通过计算机网络实现，导致未成年人网络犯罪所侵害的客体正在向破坏市场秩序、经济秩序、社会秩序，甚至国家安全等方面发展。不经意实施的网络犯罪就可能导致某个信息系统瘫痪，从而影响一个企业、一个行业体系，乃至一个国家，其危害程度日益严重。

（三）未成年人网络犯罪呈现低龄化趋势

随着我国经济的迅猛发展，人们物质生活水平不断提高，未成年人的身体发育也越来越早，成长也越来越快，致使未成年犯罪低龄化趋势突出。最高检在"深化未成年人综合司法保护"新闻发布会上通报，2018～2022年，检察机关共受理审查起诉未成年犯罪嫌疑人 32.7 万人，其中不满 16 周岁的未成年犯罪嫌疑人年均上升 16.7%。由于互联网的普及，未成年人从

小玩网游、上网课、网络购物等行为频繁，手机和电脑等上网设备的使用均呈现出低龄化发展趋势，未成年人从小在信息化环境中长大，学习和使用互联网新技能的能力自然较强，互联网获取知识的便捷性、开放性，在丰富未成年人生活、学习的同时，也使得部分未成年人开始出现心理上的早熟，鉴于其辨别是非的能力较弱、缺乏自控能力，如果没有加以正向的引导，在外界不良信息的持续刺激下，极易走上网络犯罪的道路。从贵州办理的未成年人网络犯罪案件来看，16~18 周岁的未成年人网络犯罪呈现明显增多趋势，14~16 周岁未成年人网络犯罪也存在发展的苗头。据统计，全世界范围内的黑客平均年龄也就在 16 岁左右。在这个年龄阶段，学习和接受新技术和新事物的能力都处于鼎盛时期，网络犯罪手段和技术也在学习中得以不断更新和精进，作案手法也自然呈现高水平的状态。网络犯罪呈低龄化发展趋势已成为必然。

（四）网络犯罪形式不断向成人化、智能化发展

过去未成年人违法犯罪以年轻气盛、不计后果、临时起意、冲动暴力型犯罪居多，现在随着未成年人网络犯罪数量的上升及网络技术的发展应用，犯罪形式早已不再呈现初级化、简单化、随意化的特点，取而代之的是逐渐向成年人犯罪演化。有的未成年人虽然年龄不大，却已在社会上闯荡多年，从耳濡目染到刻意模仿，通过学习总结出一套犯罪经验和管理方法，将多人组织起来，并指挥得井然有序，把成年人犯罪经验融入自己实施的网络犯罪中。从贵州省办理的帮助信息网络犯罪案件中，不难发现有不少未成年人以通过发展下线的方式，组织多人为其租借、收购他人电话卡、银行卡、网络社交账号等，再高价售卖给他人用于实施电信网络诈骗等犯罪活动。未成年人实施网络犯罪前一般会有相应预案、计划，作案前需要精心谋划且做好充分的准备，在作案后及时毁灭罪证、破坏现场、删除日志信息等，有的还会使用 VPN 等网络技术，干扰警方侦查视线。网络信息在促进人类社会文明进步的同时，也使未成年人网络犯罪不断向成人化、智能化、科技化发展，犯罪类型多样、犯罪手段多变。

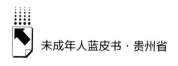

（五）网络犯罪地域变化趋势，不断由经济发达地区向欠发达地区蔓延

互联网的发展，从某种程度上打破了隔离贫富差距的讯息壁垒，各类人群都可以利用网络获取新的资讯，突破自身的认知，可以在网络上交流思想，同时也可以通过网络更便捷地获取各种资源，缩小贫富之间的信息差，网络可以促进讯息公平。《2021年贵州省互联网发展报告》显示，城镇网民规模为1765.7万人，占全省网民总数的64.4%；农村网民规模为976.1万人，占全省网民总数的35.6%，且农村网民占比较全国高出6.2个百分点。随着互联网由经济发达地区向欠发达地区的不断普及与发展，网络上纷繁复杂的内容，为一直生活在相对落后、信息不发达地区的未成年人带来了讯息的普惠，但同时网络的不良信息也对这些敏感、不成熟的未成年人造成巨大的冲击。贵州是劳务输出大省，贵州省人民政府官网统计数据显示，贵州农村劳动力外出务工人数约800万，其中跨省外出务工人数约600万，致使大量未成年人家庭监护缺位。由于未成年人处于性格塑造阶段，需要家庭、学校和社会多方共同努力，形成合力，给予其正面引导和教育，而此时家庭教育的缺失，可能会导致未成年人性格扭曲，走上违法犯罪的道路。当前未成年人网络犯罪的重心正在向相对落后、经济不发达地区蔓延。

四 贵州未成年人网络犯罪成因分析

网络的发展给未成年人学习生活带来诸多便利，同时也给未成年人的身心成长、伦理道德带来巨大影响。未成年人正处于生理和心理都发生快速变化的时期，生活中存在种种矛盾和冲突，受现实生活和虚拟世界中不良因素影响，极易导致发生偏差和扭曲，从而误入歧途，再加之个人心智不成熟、自控力弱，最终走向违法犯罪的道路。

（一）涉网犯罪立法滞后，未成年人网络犯罪打击与管控缺乏有力支撑

法律的滞后性，由法律本身的特性所决定。因为未来是不确定的，在制

定法律的时候，预测的情况总是有限的，而社会经济活动又是不断变化、快速发展的，法律不可能时刻反映社会变化，不能对未来发生的和正在发生还没有定型的事物进行规定。当前，我国对未成年人网络犯罪的立法明显滞后于网络犯罪的现状。我国网络权益保护和网络犯罪治理的法律主要有《网络安全法》以及《刑法》分则第 253 条、第 285 条、第 286 条、第 287 条等相关规定以及后续颁布的相关保护条例等构成。主要存在的问题有，一是网络犯罪的处罚相对较轻，不利于严厉打击此类犯罪。网络犯罪所造成的法益侵害及其衍生的危害日益严重。二是当前针对网络犯罪的立法未完全体现未成年人主体的特性，对未成年人群体的重视程度较低。三是目前未成年人网络犯罪呈低龄化趋势明显，但我国刑法规定对于已满 14 周岁不满 16 周岁未成年人涉及故意杀人、故意伤害致人重伤或者死亡、强奸、抢劫、贩卖毒品、放火、爆炸、投毒八种犯罪行为才负刑事责任，虽然目前未成年人网络犯罪造成的法益侵害日益严重，却无法追究其网络犯罪行为的刑事责任，致使未成年人网络犯罪频发。惩治预防未成年人犯罪应坚持宽容但绝不纵容的态度。

（二）网络不良信息侵蚀，未成年人网络犯罪深度和广度不断升级

在未成年人的成长阶段，社会文化环境对未成年人有着积极的引导意义。贵州省经济发展相对滞后，各区域发展不平衡，农村人口基数占比较大，多数农村地区文化氛围较为薄弱，未成年人易受当地社会风气影响形成小团体，这类小团体经常从聚集抽烟、喝酒、早恋发展成为小偷小摸、打架斗殴、勒索抢劫等违法犯罪活动。随着互联网、移动通信技术的发展，网络不良信息的侵蚀，更是将未成年人违法犯罪的深度和广度提档升级，给社会造成更大危害。未成年人正面临着网络上不良信息的冲击，心理防线和现有的社会秩序正在被不断突破，严重阻碍未成年人健康成长。目前网络上充斥的各类信息参差不齐，对于正处在性格塑造阶段的未成年人具有极大的负面影响，暴力血腥、淫秽色情等不良信息，给这些自我控制力差、是非辨别能力弱，且善于模仿、热衷探索的未成年人带来了严峻的考验，由网络不良信息侵蚀引发的未成年人犯罪呈增长趋势。

（三）网络管理手段僵化，未成年人网络技术管控形同虚设

任何科技的出现、发展都会存在自身的缺陷，而这些缺陷导致的网络管理技术漏洞，为网络犯罪提供了可乘之机。未成年人保护相关法律法规的出台，阻止了部分负面信息对未成年人的侵蚀，但在具体管理中，还存在很多技术漏洞，如在针对未成年人上网门槛的设置上，很多视频网站或 App 均设置有未成年人模式，但有的 App 在设置好相应的模式后，可以通过卸载后重装等方式，关闭之前开启的未成年人模式，从而使得该项门槛设置形同虚设。有的游戏平台或网站要求实名认证，看似可以有针对性地对未成年人进行管控，但网络上也存在很多所谓的身份证号生成器，只需随意输入一个有效身份证号就可以很容易地绕过实名认证这一关卡。还有这些网络平台和 App 中所设置的未成年人模式，缺少分级管理，并没有按照相应的年龄段再进行细分。诸如此类的问题，也是未成年人逃避监管、沉迷网络、长期受不良信息侵蚀而实施网络犯罪的主要原因。

（四）家庭监护缺位，缺乏爱与管教，未成年人性格塑造缺失

未成年人良好思想道德的形成，基础在健康的家庭教育，尤其关键的是幼儿时期的家庭教育，对未成年人思想道德素质起决定性作用，幼儿阶段情感培养、性格塑造，父母的言传身教具有不可替代性。良好健康的家庭教育是预防未成年人网络犯罪的坚固堡垒。导致未成年人走上网络犯罪道路的最主要原因不是学校，也不是社会，而是糟糕的家庭环境和氛围。缺少爱且疏于管教的家庭是未成年人涉网犯罪的最直接原因，未成年人自幼在一个充满家庭暴力、氛围紧张的环境下长大，家庭成员间整日打骂，甚至拳脚相加，必然会形成自私、冷漠，并伴随有暴力倾向的性格特点，未成年人在性格的塑造时期，心理受外界刺激影响变化最大，这时如不能得到父母温暖的爱，没有得到必要的心理安慰，就会去家之外的地方寻求安抚慰藉，网络的出现及时满足了他们的心理需求，甚至成为他们的避风港。但虚拟的网络世界表面上看似满足了未成年人的心理需求，实际上沉溺其中的他们在网络暴力、

色情等不良信息的影响下，将变得更加自私、冷酷、暴力，不可避免地走向网络犯罪的道路。

（五）学校教育方式简单，缺乏正确的引导和有效的心理疏导

家庭教育是学校教育的基础，在人一生中起着奠基的作用，但学校教育也可以对家庭教育中的不足，起到矫正与弥补的作用。目前在应试教育的大背景下，部分学校将教育焦点和重点放在追求升学率上，而忽视了对学生的道德教育和法制教育，在部分学生出现问题后，又缺乏正确的引导，没有相对应的心理疏导，致使其走向网络犯罪的道路。许多学校为体现自身教学水平，学校名气、品牌等附加值，而一味追求对优秀生源的培养，对成绩优秀的学生强化教育、重点培养，对成绩中等的学生，能提升转化为优秀学生更好，不能提升便任其发展，而最悲剧、最危险的一类便是家庭教育缺位、父母疏于管教，致使成绩落后的学生，学校对这一类学生的态度，往往是视而不见，只要不影响正常的教学秩序，便放任自流，有的老师甚至对这类学生训斥、辱骂、讽刺挖苦等，教育方式简单粗暴，通过直接否定的方式进行"刺激"，严重损害其自尊心，致使其更加厌恶学习，对学校及老师产生抵触，开始混迹于社会，有的开始沉迷网络，进而产生网瘾，接触不良网络负面信息影响，最终实施网络犯罪。

（六）未成年人存在心智不成熟、自控力弱等个人主观因素

在未成年人网络犯罪中，除了家庭教育和学校教育带来的影响，个人主观因素是导致犯罪的内因。未成年人正处在价值观、人生观、世界观塑造的关键时期，最主要特征就是心智不成熟，难以抵御外界不良信息的影响，网络虚拟世界中的海量信息，使未成年人意识混乱不清，加之其自控力弱、易冲动的心理特点，再被好奇心、表现欲、冒险精神驱使，极易铤而走险实施网络犯罪。具体网络犯罪主观因素表现为，一是性格叛逆，想要摆脱各种束缚，厌恶条条框框，越是禁区，越是能激起其探索的欲望，国家重点部位的网络系统都是其想要一探究竟的地方，不知不觉中已实施

网络犯罪行为。二是心存侥幸，鉴于网络犯罪虚拟性、隐蔽性等特点，致使未成年人实施网络犯罪后，出于对自己网络技术的自信，存在较强的侥幸心理。三是罪恶感低，部分未成年人心理冷漠，尤其是实施网络犯罪，没有直观的亲临犯罪现场与眼见危害结果，就更使其罪恶感被淡化。四是虚荣心作祟、互相攀比，当家庭条件不能满足其物质欲望时，由于浮躁，受好逸恶劳、一夜暴富等错误价值观的驱使，极易实施网络犯罪以满足其物质利益追求。

五　贵州未成年人网络犯罪的预防对策

未成年人网络犯罪不是单一因素形成的，因此预防未成年人网络犯罪需要从多视角、多维度施策，综合多方力量，整合社会资源形成对未成年人的特殊保护制度。建立完备的未成年人网络法律保护体系，构筑未成年人网络环境防治体系，教育引导提升未成年人网络素养及安全防范能力，才能有效减少和防止未成年人网络犯罪的发生。

（一）加强顶层设计、完善法律保护

不断完善《中华人民共和国未成年人保护法》及相关立法。在《未成年人保护法》中，虽设有"网络保护"专章，但专章中的一些模糊性规定，以及很多具体的实施细节，目前尚不完善，相关法律颁布出台后，各地生搬硬套，没有结合当地实际，具体分析当地特点和犯罪特性，没有做到因地制宜。各地需要根据当前的网络环境下未成年人保护工作中不断出现的新问题、新情况，加快出台相关配套的实施细则，更有针对性地解决未成年人在网络活动中所面临的实际问题。不断加强顶层设计，为未成年人网络保护提供有力的法律支撑。在网络信息的治理中，存在很多跨部门的问题，需要进一步明确相关责任主体的权限和职责，防止出现一事管辖责任主体众多或无责任主体的情况。责任主体权限和职责的模糊化，将导致未成年人网络保护相关制度难以真正落到实处。

（二）强化源头打击，加强网络监管

从目前未成年人网络犯罪中发现，其使用的犯罪方法及手段绝大部分是通过模仿、学习所得，几乎不具有原生性，尤其是在有组织、集团化的网络犯罪中，未成年人更多的是承担工具人的角色，处于被支配、利用的地位，犯罪方法及手段也是被传授所得，所以在网络犯罪的打击中，要强化源头打击，切断上游犯罪，严厉打击网络犯罪中利用、教唆未成年人犯罪的行为。打击网络犯罪，不仅是打击犯罪行为，还要治理造成犯罪的网络环境，不断加强网络平台监管，提升网络空间治理能力。一是组织对互联网新闻信息、即时通信、短视频、网络直播等重要网站、平台企业等开展安全监督检查。二是压实联网单位网络安全责任。要求辖区责任单位严格落实主体责任，特别是互联网数据中心按照最新关键词库进行更新，严密防范相关违法信息传播扩散。三是开展专项清理。围绕本地网站宣扬暴力血腥、网络欺凌、无底线追星、淫秽色情等可能影响未成年人身心健康发展等信息开展专项巡查。

（三）实施技术干预，确保有效管控

预防未成年人网络犯罪，仅仅依靠打击犯罪行为是远远不够的，建立适合未成年人的网络环境才是有效预防犯罪的关键。充分应用网络技术手段，对未成年人网上活动实施干预，以规避其不良的上网行为。探索建立有效的未成年人认证系统，目前很多网络平台的网络实名制认证系统流于形式，只需输入一个有效的成年人身份证号，即可绕过对未成年人的管控，不能起到有效的识别和监管未成年人。各网络平台在实名制认证中，应加入生物信息识别，在对未成年人的识别中，人脸信息更能有效、精准地识别用户，在使用中可以间隔一到两小时识别一次，这样既可对未成年人的上网行为和时长等进行有效监管，同时可以通过未成年人与监护人相关信息绑定注册的方式，实施关联监控，监护人可以有效地对未成年人网上活动进行管控。探索建立未成年人网络犯罪风险预警模型，实施网络犯罪往往具有一定的技术特点，如网络支付中频繁交易、收支异常、网络社交账号频繁添加陌生好友或频繁异地登录等情况，一旦达到风险预警模型阈值，网络监管部门和网络服务提供者即可向未成年人及其监护人发送预警信息。通过技术手段实施干预，能够有效降低未成年人网络犯罪的机遇条件。

（四）共治共建共享，净化网络环境

当前互联网信息的蓬勃发展，使互联网巡查执法力量显得相对薄弱，尤其在实施网络信息内容分级后，将需要更多的巡查执法力量来维护网络的正常秩序，缺乏巡查执法力量将导致监管不力、不良信息横行，使不良信息的制作者、传播者更加肆无忌惮。一方面，要加强网络巡查执法队伍建设，扩充该领域的互联网巡查警力，积极开展网上巡查执法，搜索、发现和跟踪网络不良信息和相关非法活动，及时开展清理处置工作。定期开展相关的学习和技能培训，不断提高执法人员的技术水平、业务素质、网络监管专业能力。另一方面，要建立网络不良信息举报监督制度，鼓励广大网民加入清理网络空间、净化网络环境的行动中来，通过相应的奖励机制，提高网民参与的积极性，未成年人自己也可以参与到行动中来。同时，还应鼓励相关网络平台经营者之间开展互相监督，他们对网络不良信息的辨别能力远强于普通网民，通过这些网络平台经营者之间的相互监督，能够有效抵制以传播网络不良信息获取高额收益的经营行为。当整个社会力量形成互相监督举报网络不良信息氛围的时候，才真正做到了互联网的共治共建共享，才能不断净化网络环境，让违法违规者无处遁形。

（五）探索网络分级制度，杜绝不良信息影响

目前国内的影视剧作品、网络游戏、社交软件、网络平台等均未设置有效的内容分级，有的甚至直接就没有进行分级，完全对未成年人开放，有的网络平台虽设立有未成年人模式，但缺少分级管理，并没有按照相应的年龄段再进行细分，致使未成年人长期受网络不良信息影响，从而走上网络犯罪的道路。当前我国可以借鉴发达国家所采取的网络信息内容分级措施中的相关标准，结合我国的文化环境、历史背景、道德规范，制定网络信息内容的

分级判断标准，针对制定的网络信息内容分级判断标准开展网络治理，明确对未成年人开放的网络信息范围分级标准，一是可以对未成年人开放，二是有限制地对未成年人开放，三是禁止对未成年人开放。通过对网络信息内容进行多级分类，实现网络信息内容与未成年人各年龄段的对应，还应明确相关网络信息内容提供者和网络运营商等应承担的法律责任，加快推进我国网络信息内容分级制度出台，有效管控未成年人接触网络不良信息，过滤不良信息对未成年人的影响。

（六）家庭教育协同发力，提升未成年人网络素养

家庭教育是预防未成年人网络犯罪的第一道防线，家庭教育已不是简单的个人家务事，家庭的不良影响与未成年人网络犯罪之间的联系已密不可分，家长需要具备一定的网络知识，要了解网络、了解未成年人的心理需求。现代生活中，互联网不断为各行业赋能，网络已无处不在，未成年人对网络的需求，不能放任纵容，但也绝不能一味摒弃。未成年人独立意识不断增强，简单粗暴的制止，只会激发其叛逆心理，导致其逃离父母的管控视线。家长要积极转变传统教育中对网络的负面认知，以适应未成年人成长中对网络的现实需求，要了解其上网的心理需求是学习、娱乐还是消磨时间，甚至还要有意识地培养、引导未成年人的网络爱好与特长，这样才能避免家长对于未成年人的网络活动处于失控的窘态。相关部门要积极推进、督促家长重视未成年人的网络使用问题，在家庭教育中，引导子女科学、适度使用网络，同时要不断强化未成年人识别网络犯罪风险能力和自我保护能力，帮助未成年人树立正确的网络观和金钱观，树立规则意识，加强法治教育，提升未成年人网络素养。

（七）积极开展宣传引导，提高未成年人安全防范能力

积极推进网络安全进校园的宣传工作，利用"开学第一课"等多种形式大力开展"新生、家长防校园欺凌、网络诈骗"活动，利用微信号、微博、百度贴吧、本地公众号等平台，转发相关案例、宣讲文章，并在各校园

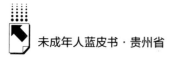

内发放网络安全及反诈防骗资料，有效提高在校学生和家长们的安全意识。

依托网警巡查执法账号发布相关涉及未成年人用网安全的文章，同时深入校园，有针对性地开展安全宣传教育工作。通过多形式的法治宣传，有效提高学生对网络犯罪、毒品、自我防范等常识和法律知识的了解，提高学生的法律素养，提升其应急处置能力和安全防范意识，达到普法效果，最大限度预防未成年人网络违法犯罪及遭受不法侵害。

B.15
"守未联盟"云平台助力贵州未成年人保护的实践探索

张宇 罗沙白 彭丽娟*

摘　要： 随着社会经济的快速发展，未成年人犯罪以及侵害未成年人犯罪呈现上升趋势，并展现出新的特点，如强制报告制度未有效发挥、法治教育不均衡、家庭监护不力等问题。如何充分发挥科学技术优势，通过数字赋能强化未成年人保护成为毕节市探索的重点。在此背景下，毕节市人民检察院创新进取，将大数据科学技术与未成年人检察工作深度融合，以"互联网+"新理念，聚焦未成年人保护工作的难点痛点，打造"守未联盟"云体系，并以司法保护为切入点，同步打造"守未联盟"线下服务矩阵，推动未成年人保护工作向"数字综合保护"转型升级，护航未成年人健康成长。

关键词： 未成年人保护　数字赋能　强制报告　社会治理　贵州省

一　引言

习近平总书记指出，"孩子们成长得更好，是我们最大的心愿，党和政府要始终关心各族少年儿童，努力为他们学习成长创造更好的条件"。修订

---

* 张宇，毕节市人民检察院党组书记、检察长，全国检察业务专家；罗沙白，毕节市人民检察院第九检察部主任；彭丽娟，毕节市人民检察院第九检察部检察官助理。

后的《未成年人保护法》《预防未成年人犯罪法》，更加注重法治思维、强基导向，聚焦未成年人这一特殊主体，践行"国家责任理论"和"最有利于未成年人"两个理念，形成家庭、学校、社会、网络、政府、司法"六大保护"体系，且随着社会的进步与发展，信息技术不断进步，用信息技术破解未成年人保护难题成为新时代的发展方向。习近平总书记强调"推动大数据、人工智能等科技创新成果同司法工作深度融合"。① 为充分发挥科学技术的时代福利，通过数字赋能强化未成年人综合保护，促进"六大保护"体系的构建，毕节市人民检察院提出运用智能化手段促进未成年人保护工作的构想。《未成年人保护法》第 11 条正式确立了强制报告制度，规定"国家机关、居民委员会、村民委员会、密切接触未成年人的单位及其工作人员，在工作中发现未成年人身心健康受到侵害、疑似受到侵害或者面临其他危险情形的，应当立即向公安、民政、教育等有关部门报告"。为推进强制报告制度的落实，毕节市人民检察院以搭建强制报告制度体系建设为重点，打造"守未联盟"云平台，建立 App 软件、微信小程序、网页端管理平台等三个数字应用工具，探索智能化未成年人综合保护体系构建路径，丰富市域社会治理体系建设。

二 "守未联盟"云平台助力未成年人
保护的重大意义

随着经济社会发展，科技化、信息化、数字化水平不断提高，对人们的思维方式和生产生活产生了深刻的影响，数字革新也为新时代检察工作带来新的挑战。通过大数据助力检察履职，成为促进未成年人检察一体化履职和融合履职的关键，通过释放时代红利，积极主动融入其他"五大保护"，已成为更有力维护未成年人权益的必然要求。

---

① 习近平：《维护政治安全、社会安定、人民安宁》（2019 年 1 月 15 日），载习近平《论坚持全面依法治国》，中央文献出版社，2020，第 248 页。

（一）社会治理现代化亟须推进数据共享融合

未成年人保护大数据时代的到来，影响整个社会格局，保护未成年人是国家机关、武装力量、政党、人民团体、企业事业单位、社会组织、城乡基层群众性自治组织、未成年人监护人以及其他成年人的共同责任，涉及部门多、范围广且职责分散，未成年人信息分散在各部门，得不到有效整合，存在社会治理难点。在家庭监护失当时，社会监护、国家监护如何有效介入？在未成年人需要帮助时，家庭、社会、国家如何快速知晓？且新时代未成年人检察工作提出，要把握智慧检务建设的良好机遇，充分发挥智慧检务在未检工作中的运用，推动完善未成年人保护的机制、制度和政策。如何运用智能化手段促进未成年人保护，让未成年人保护工作更加智能高效，成为未成年人保护工作的探索核心。为此，毕节市人民检察院探索求新，提出云平台建设思路，通过凝聚家庭、学校、社会、网络、政府、司法"六大保护"合力，构建集政法、民政、教育、卫健、团委等有关未成年人保护职能单位及资源于一体，覆盖未成年人强制报告、法治预防教育、救助帮扶、家庭教育指导等多个方面的综合保护云平台，打通系统之间的壁垒，将各部门职能融入平台，更加有效地保护未成年人。

（二）未成年人保护严峻形势亟须管理升级换挡

2018～2023年，全国检察机关受理审查起诉未成年人犯罪24.9万人，年均上升8.3%，起诉侵害未成年人犯罪23.2万人，年均上升6.1%。[①]未成年人犯罪及侵害未成年人犯罪均呈现上升趋势，呈现出新的特点，如网络的快速发展与治理水平尚不匹配，网络乱象容易引发涉未成年人犯罪。不断进步的人类认知与道德水平尚不同步，犯罪手段不断更新。未成年人对家庭监护的要求，已从"有没有"向"好不好"转变。新时代的发展给未成年

---

① 张军：《最高人民检察院关于人民检察院开展未成年人检察工作情况的报告》，最高人民检察院网站，2022年10月29日。

人保护工作带来诸多新挑战。毕节市位于贵州西北部,属多民族聚居区,未成年人数量众多,且毕节市整体经济发展相对落后,外出务工人员多,留守未成年人比例大,受人员素质、教育水平、社会环境等多重影响,毕节市未成年人保护工作形势更为严峻。运用大数据、人工智能、云计算等科技手段更智能地加强对未成年人的保护,成为毕节加强未成年人保护工作的发力点。

(三)大数据时代浪潮亟须变革求索

随着社会的发展,大数据、云计算、互联网深刻地影响着全世界,作为新一轮科技革命的发力点,对社会资源进行分配,未来社会的竞争更是数字技术之间的竞争。"对检察机关而言,数字化时代的到来,为法律监督模式深层次变革提供了重大机遇,为检察机关契合新时代高质效履职开辟全新路径。"[①] 如何发挥数字红利,在数字革命中掌握先机,显得尤为重要。且新时代涉未成年人犯罪更趋网络化、智能化、科技化,社会治理形势更是复杂多样,未成年人保护工作必须积极拥抱数字革命,正视大数据带来的利弊,在数字博弈中展现新作为。数字革命的影响体现在方方面面,不仅仅是一场技术变革,更是人类生存方式的重塑。在数字化、现代化语境下,未成年人保护工作要在传统的基础上深入发展、开拓创新,促使未成年人保护工作在新的科技语境下,不断优化,不断契合数字时代的变迁。

三 "守未联盟"云平台助力未成年人保护的做法与成效

毕节市检察机关紧紧把握时代发展,聚焦未成年人司法保护工作,持续贯彻《未成年人保护法》《预防未成年人犯罪法》《家庭教育促进法》,创新进取,将大数据科学技术与未成年人检察工作深度融合,打造"守未联

---

① 贾宇:《论数字检察》,《中国法学》2023年第1期,第5~24页。

盟"云体系，推动未成年人保护工作向"数字综合保护"转型升级，护航未成年人健康成长。辖区内两个基层院被表彰为全国维护妇女儿童权益先进集体，两名干警被表彰为全国维护妇女儿童权益先进个人，一个基层院被授予全国青少年维权岗称号。毕节市检察机关着力打造"守护未来，未爱联盟"未成年人保护品牌，在毕节市统一挂牌设立九个"守未联盟"工作室，充分发挥"守未联盟"品牌效应。

（一）"守未联盟"云平台研发过程

2020~2023 年，平台研发升级一直在持续。其间经历了三个阶段的探索。

1. 问计司法办案，找准未成年人保护工作重点

未成年人保护工作是一项系统工程，领域广、内容多、部门分散，为找准未成年人保护工作重点，2020 年 8 月，毕节市人民检察院对全市近三年涉未成年人案件进行调研分析，查找风险点及社会治理的漏洞，发现未成年人保护工作存在法治教育资源不足、预防力度待加强、保护合力未形成等问题。对此，毕节市人民检察院研发集未成年人法治教育、强制报告、帮扶救助、线索举报处理等功能为一体的未成年人综合保护云平台。

2. 多方研讨探索，打造"守未联盟"云平台

综合保护云平台构想提出后，为强化平台实用性，毕节市检察机关多次组织召开研讨会，开展后台模拟演练，最终确定开发集政法、民政、教育、卫健、团委等有关未成年人保护的资源于一体，覆盖未成年人强制报告、法治预防教育、救助帮扶、家庭教育指导等多个方面的综合保护云平台，让未成年人保护工作更加高效便捷。按照透明、便捷、易操作的技术要求进行研发，2021 年 1 月，"守未联盟"云平台正式上线运行。云平台设置云上基地、强制报告、云课堂、守未服务等多个板块，打通与教育、民政、公安的数据壁垒，实现侵害未成年人线索强制报告配合协同一体化，打破法治教育地域化限制，延伸综合救助保护同步介入，有效实现未成年人保护资源共享。

3. 不断升级完善，推出"守未联盟2.0"

2022 年，为破解云平台问题发现难、预防处置协同不够、监督落实不

到位等问题，毕节市检察机关对"守未联盟"平台进行优化升级，新版本聚焦强制报告落实，优化改造核心功能，对强制报告按照公安接收、部门协同、超时预警、检察监督、监委督查思路进行，增设限时办结功能，对于超过时限案件，一律推送监委督查。对后台服务器进行扩容，按照公安部三级等保要求，落实系统安全保护措施。在2022年底，"守未联盟" 2.0版本已全新升级，增加开发小程序端、网页端，用户不用下载，即可通过微信小程序、公众号、网页界面等进入平台，使用相关功能，最大限度地畅通平台使用渠道，增强便捷性，促进各单位更加紧密联系。

（二）"守未联盟"云平台功能成效

"我就给哥哥说了父亲放在家里五百块钱，钱不见了，父亲就打我……"贵州省某学校学生小张通过"守未联盟"云平台向办案人员求助，这是"守未联盟"云平台发现"隐秘角落"的一个缩影。自"守未联盟"云平台上线推广后，截至2023年8月，通过"守未联盟"云平台中强制报告功能向相关部门报告的就有748件，平台注册用户达114万余人，云上基地累计接待参展10万余人次，云课堂开展法治教育学生课堂、家长课堂等30余次，覆盖师生300万余人。

平台着眼于社会治理，以未成年人保护、预防未成年人犯罪为着力点，根据司法办案中发现的未成年人保护工作的短板和弱项，结合西部地区实际，通过整合资源，实现云上法治教育、掌上强制报告、线下团队体系化支持。

1.推进法治教育持续走深

习近平总书记指出，"青年的价值取向决定了未来整个社会的价值取向，而青年又处在价值观形成和确立的关键时期，抓好这时期的价值观养成十分重要"[①]。为此，云平台着眼法治教育，有效整合法治教育资源，系统收集优质法治课程，丰富法治教育内容。一是建立"晨星青少年法治教育

---

① 中共中央文献研究室编《十八大以来重要文献选编》（中），中央文献出版社，2016，第6页。

云上基地"模块，将毕节市 4 个法治教育基地、3 个禁毒预防教育基地通过 VR 模式进行展现，实现线下基地线上化。突出线上法治互动体验。云上基地配备有语音解说，支持自动参展、视频播放等功能。用户可通过云平台线上参观法治教育基地，对展厅内容实时进行观看，基地内文字及视频资源均可点击播放。相比线下基地，云上基地具有跨区域、不限时、不限量、资源足、体验感强等优势。截至 2023 年 8 月，云上基地参观浏览量已达 10 万人次。二是云平台开发的云课堂板块，借鉴网络直播优势，通过云课堂，不同区域学生能同时接受法治教育，突破时间、空间、地域限制，破解西部偏远地区法治教育优秀师资不足、覆盖面不够广等难题。支持万人（IP）同时在线，实现移动参与、实时互动、无限回放。三是收录各类法治优质课，根据受众需求的不同，提供法治教育视频、心理辅导视频及微电影等课程资源，并根据课程类型、授课对象等进行细化分类，可供不同群体按需选取，如针对办案中发现的家庭监护质效不高问题，平台专门设置家庭教育指导课程，为家长依法带娃提供指导。针对预防性侵害，设置防性侵害板块，收录相关未成年人安全保护知识，提升未成年人的安全保护意识。四是前移预防关口，选派检察官、检察官助理兼任中小学法治副校长，自 2020 年以来，毕节市检察机关开展线下法治进校园活动 1100 次，覆盖 170 余万人。多元化开展普法宣传，通过融媒体现场直播、模拟法庭进校园、法治选修课、法治音乐课等形式，提升法治教育质量。制作未成年人普法宣传视频 52 个，编制教材 5 本，打造线上法治教育工程。联合市教育部门，通过"守未联盟"云平台，开展"开学第一课"，覆盖 2033 所学校。七星关《精品法治课件进校园》、威宁《法治音乐课》、大方《小小主播》专栏、纳雍《纳检普法》等普法品牌深受学生欢迎。

2. 突出对强制报告制度的落实

2020 年 5 月，最高检等九部门出台《关于建立侵害未成年人强制报告制度的意见（试行）》，细化各部门在强制报告制度中的职责职能。2021 年 6 月 1 日，新修订的《未成年人保护法》正式实施，首次将侵害未成年人强制报告制度纳入其中。为有效落实强制报告制度，毕节市检察机关积极作为，一是建立《关于建立毕节市侵害未成年人案件强制报告制度的意见（试行）》，立足强制报告制度，明确九部门职责分工。按照强制报告九部门职责职能，对强制报告功能进行优化，整合毕节市检察、公安、教育、民政等九部门资源，规定通过"守未联盟"云平台进行强制报告的程序及管理规则。二是在云平台上设置具备集线索举报、移送、处理、监督于一体的线上强制报告功能，设置医疗从业者、教育从业者、旅馆业从业者、村居两委人员、国家机关工作人员、其他密接从业者入口。增设限时办结功能，对接收的报告设置受理时限、办结期限。检察机关可全程监督处置流程，报告人不服公安不立案处理决定，可申请检察机关进行监督，对于超过时限案件，推送监委督查，实现闭环管理。有效解决强制报告协作配合不足、强制力不足、报告主体主动性不强等问题，突出举报便捷、查处及时、闭环监督的优势，有利于及时发现侵害未成年人违法犯罪行为。报告人可通过线上报告，迅速将相关线索移送给相关部门。2021年4月，辖区内某人民医院的医生，在接诊过程中发现未成年人疑似遭受侵害，遂将该线索通过"守未联盟"云平台上报，该线索即刻转至公安机关。公安机关根据线索查证发现，该案系一起极其隐蔽的侵害。在整个案件办理过程中，医护人员报送情况严格保密，侦查部门无须接触报告者即可完成侦查取证，实现强制报告主体履职的同时风险负担为"零"。三是部署开展强制报告培训工作。对教育、医疗等行业开展强制报告集中培训，并根据案件中暴露出来的经营主体未依法履行强制报告制度等突出的问题，开展专项整治工作，督促公安、市场监督管理等部门开展旅馆业、娱乐场所监督检查。通过检察监督，不断推进强制报告制度落实。

3. 实现联盟保护更加有效

通过整合线上、线下未成年人保护各部门资源，实现协同保护便捷高效。一是线上，平台整合检察、教育、民政、公安等部门资源，实现数据互通互联、关爱保护协同并进，目前毕节市涉未成年人保护的十家单位均已入驻平台，明确线上线下由专人负责未成年人保护工作事宜。开通信息管理系统，着力实现未成年人精准动态管理，为未成年人分级保护搭建平台，提供有关服务，形成多位一体的法治服务大格局。设置守未咨询，提供未成年人保护相关新闻、法律条文、典型案例，用户可根据需求进行学习。设置校园圈，提供守未论坛、法治比赛服务，增加平台趣味性。二是线下，市检察院以牵头开展未成年司法保护专项工作为契机，积极打造"守未联盟"线下专业队伍，上下联动，组建"党委领导、政法主导、部门联动、社会协同"的未成年人司法保护工作专班，成员单位涵盖 23 个系统，推动市委平安办印发《毕节市关于进一步加强未成年人司法保护专项工作方案》，市委政法委统筹对社会源头治理、校园环境整治等 15 项工作重点进行安排部署，每月进行倒查分析、走访调度，到各乡镇、市直单位开展未成年人保护工作督查调研。在市委政法委的统筹下，推动出台《毕节市未成年人保护工作问责暂行办法》，进一步压实未成年人保护主体责任。通过部门联动、资源整合、强化关爱救助等工作，推进未成年人综合保护进一步落实，建立"守未联盟""一站式"询问救助中心 8 个，实现市域全覆盖，避免对未成年人造成二次伤害。成立"守未联盟"家庭教育指导站 20 个，不断推进家庭教育指导工作，通过发出督促监护令、家庭教育指导令，督促"甩手家长"依法带娃。建立司法社工队伍，设置"守未联盟"观护基地，精准帮教罪错未成年人。三是立足重点，推动"六大保护"联通发力。强化与民政、教育、团委等部门的对接，建立未成年人线上保护系统，对未成年人进行精准动态管理。强化平台后端的管理优化，突出成效呈现，在后端细化收集数据，分级分类分地区实现可视化"守未一张网"，实时呈现各项工作数据、统计情况，便于及时分析研判。深入落实"一号检察建议"。与教育部门建立预防校园性侵害机制，并联合开展预防校园性侵害专项行动，协同查访学校，参与校园安全专项整治，探索在学校挂牌成立"守未联盟检察服务校园联系点"，深化"一号检察建议"落实。与贵州工程应用技术学院签署"心理救助项目合作协议"，在柏杨林安置点、幸福小镇联建心理咨询室，降低未成年被害人心理创伤。不断深化社会化支持体系建设，成立"黔西市未成年人司法社会服务中心"，在黔西专门学校、爱心企业建立"守未联盟"育新工程观护基地，引入汽修、植物栽培等职业技能培训。建立"检察官+合适成年人+团县委志愿者+家庭教育指导师"观护帮教队伍,打造"黔西市法治兼职教师培训基地"。2021年10月,黔西市检察院再次被最高检、团中央确定为社会化支持体系试点单位。针对侵害未成年人案件中暴露出来的旅馆业违规接纳未成年人、娱乐场所违规向未成年人开放、电子烟销售、美容院违规为未成年人提供服务及校园周边环境安全等问题,开展"公益诉讼呵护未成年人健康成长"专项监督,发出检察建议,促推问题整改。针对未成年人保护融合履职不到位问题,联合未保办启动"守未联盟-守护未成年人成长健康"专项,开展暗查走访,不断推动"六大保护"履职发力。

四 "守未联盟"云平台助力未成年人保护存在的薄弱点

结合毕节检察探索实践来看,"守未联盟"云平台在助力未成年人综合保护方面成效明显,但大数据赋能未成年人保护在实践中仍然存在一些薄弱环节。

(一)数据赋能未成年人保护理念需进一步提升

科学技术变革带来生产力的释放,但在未成年人保护领域,因无市场推动,对数据的应用依赖相关单位自主推进。部分未成年人保护部门对大数据的变革尚未引起重视,在积极融入数字未保建设中主动性不强,未成年人保护工作仍停留在传统模式,存在履职被动化、信息碎片化、手段单一化等特点,难以回应社会对未成年人保护的高质量要求。反映到"守未联盟"云平台推进上,除强制报告制度明确的九部门及人民法院外,其余未成年人保护相关部门未入驻云平台,工作对接联系存在短板,需不断强化顶层设计。

(二)未成年人保护领域数据整合力度需进一步加大

部门间壁垒尚需不断联通,云平台数据整合主要存在于强制报告功能板块，但在未成年人保护其他制度的落实及功能的使用上，尚存在短板。平台上未成年人保护相关部门互动衔接及功能整合尚未实现，数据的互联互通缺乏高效、便捷的途径。相关未成年人保护信息流转、线索发现、履职情况等，尚不能通过平台打通。如司法机关在办理案件中发现的行政违法线索尚不能通过平台直接连接相关行政部门，行政部门间需协同履职的也未能通过平台进行流转，检察机关虽积极推动，但因涉及各部门工作，推进存在一定难度。其余部门相关未成年人保护功能也未搭建在"守未联盟"云平台上，在融合市域未成年人保护资源上，检察力度不足，工作乏力，推动效果不佳。

（三）云平台建设专业化程度待进一步强化

在"守未联盟"云平台开发、应用过程中，缺乏同时通晓技术开发与未成年人保护工作的专业人员，技术人员对未成年人保护工作不了解，在开发过程中的磨合周期较长，相关功能需要人工不断测试，大数据福利尚未有效发挥。此外，线下工作室缺乏专业心理咨询师、家庭教育指导师等，在发现侵害线索，需对未成年人开展关爱救助时，介入的有效性、针对性不强，标准不统一，对未成年人的线下帮扶救助专业性不强。

（四）云平台对受众的吸引力待进一步加强

"守未联盟"云平台系检察公益性云平台，与大部分公益软件相似，对公众吸引力不强，推入市场后，在吸引受众上存在短板。因平台着力未成年人保护，内容也聚焦未成年人相关内容，对受众而言，既不能作为消遣，也不能获得物质利益，部分人员不愿意下载、使用该平台。

五　"守未联盟"云平台助力未成年人保护的建议

（一）锚定未成年人保护数字化改革方向

数字化改革已是时代发展的潮流，经济社会的发展趋势将顺应数字领航的特点。在未成年人保护工作中，要把数字赋能作为重点和核心，构建未成年人保护数字化改革的体系，不断提升应用数字的能力，推进未成年人保护综合治理能力。一是聚焦未成年人保护进行数字化谋篇布局。未成年人保护贯穿于社会生活的方方面面，需要高站位进行全局部署，一体化推进。未成年人保护各部门需找准大数据赋能的跑道，通过数字化、智能化、高水平履职，实现自身的高质量发展，以此推动经济社会的高质量发展。各部门需要紧盯未成年人保护重点难点，研发场景应用、推动信息共享、构建数字监督模型，形成数字赋能的良性循环。未成年人智能化保护体系建设涉及多个部门，建议省级统筹，以未成年人保护为切入点，牵头打造高效有序的管理体系，整合未成年人保护资源和力量，协调统筹稳步推进数字建设。二是聚焦业务和技术融合进行排兵布阵。在数字化改革的背景下，未成年人保护业务与数字技术应用深度融合、贯通一体、相辅相成。要以核心业务进行数字化转变为重点，统筹运用数字化技术、数字化思维、数字化认知，通过加快建设重点场景应用，推进业务机制转变、制度重塑、流程再造，通过数字赋能转变业务办理模式，从整体上推动业务工作全方位变革。将传统办案模式转型为数字履职模式，娴熟运用数字应用场景，开展数据分析研判、类案数字监督，有效解决业务与技术"两张皮"的问题。组建业务骨干、技术骨干共同参与的创客团队，实现业务与技术的深度融合。三是聚焦基础和个案强根固基。未成年人保护的根基在基层，要夯实基层社会治理根基，推进基层数字化的内在驱动。关注基层社会治理的最新需求，立足"数字赋能促进治理"的思路，推进数字化模式发挥效用，实现未成年人保护从"个案"向"类案"转变，助推良法善治。

（二）创新探索未成年人保护数字赋能路径

在推进数字赋能未成年人保护中，要注重系统施策，实现技术理性向制度理性的跨越。善于营造"大氛围"，把解决未成年人保护社会治理难题作为关键点，在数字实践中求真知、悟真谛，营造面向实际、深入实践、知行合一的良好氛围。把打造数字保护氛围作为工作"驱动器"。一是整合构建未成年人保护大数据池。数字化改革与大数据息息相关，要通过打破部门数据壁垒，强化数据集成应用，为未成年人保护提供"数字智慧"。突破未成年人数据分散、信息功能未发挥的难题，整合现有未成年人保护体系，有效获取数据资源，构建"数据池"。聚焦数据安全，严格落实信息系统建设安全等级保护备案与场景应用研发同步，加强数据的全生命周期安全管理。注重信息保护，未成年人数据敏感度较高，要始终加强对数据的安全保障，对未成年人数据的收集、储存必须明确标准，树牢数据安全意识，保护未成年人隐私安全。二是系统推进未成年人保护大治理格局。树牢体系思维，挖掘未成年人保护中的顽疾症结，将推动社会未成年人保护一体化大治理为目标，通过上下联动、横向协作、同步推进，实现预防精准、研判到位、精密智控。破解未成年人保护中的"老大难"问题，针对入职查询、强制报告等开展数字监督。三是推进打造嵌入式法律监督格局。司法保护是未成年人保护的最后防线，最具有强制效力，需不断推进一体化办案建设，打通行政、刑事衔接壁垒，提升法律监督效能和执法司法规范化水平的"硬核"抓手。实时、批量共享执法司法信息，畅通监督渠道，推进更加规范高效的未成年人保护执法司法制约监督体系建设。四是强化基础保障的投入水平。进一步强化数字赋能未成年人保护工作的人力、物力、财力支持，推进数字赋能工作高质量发展，不断提升未成年人保护工作相关人员工作能力水平，以"技术+业务"相结合模式，强化工作质效。

（三）丰富优化未成年人保护数字化体系

聚焦数字化改革跑道，从抓工作、抓机制、抓理论的角度，探索数字赋能未成年人综合治理方式。一是构建未成年人保护数字化平台。数字赋能的结果要以平台化形式展现，需重点打造数字应用平台，构建数字模型，推动未成年人保护智能化发展。数据模型源于业务实践的需要，聚焦未成年人保护工作重点，开展数字建设专项，整合各部门职能，梳理数字应用需求，研发数字模型，积极推动模型建设，根据模型成效，开展数字平台建设，应突出实战实效，打造好用管用的数字应用平台。二是深化未成年人保护工作机

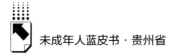

制创新。以数字化改革为引领，撬动未成年人保护工作体制机制改革创新，不断完善社会治理方式路径，形成体系化规范化成果。聚焦涉未成年人校园安全、食药安全、产品质量安全、公共服务或场所设施安全、网络信息安全等重点领域、环节，积极探索完善工作机制制度。完善配套机制，加强协作配合，压实未成年人保护相关主体责任。强化各职能部门密切协作，搭建业务融合数字建设规范。三是持续拓展数字保护理论研究。聚焦数字赋能未成年人保护建设，发挥理论人才的研究潜力，深挖数字赋能未成年人保护工作的内在逻辑、外在张力和实践面向，做深"数字赋能未成年人保护"主题研究。

政府保护篇

The Chapters of Government Protection

B.16
论服刑人员未成年子女保护工作
存在的问题和对策建议

令狐克建　章　程　俞　君*

摘　要： 服刑人员未成年子女是因父母犯罪被判刑而形成的一个特殊弱
势群体，加强服刑人员未成年子女合法权益保护，对全面加强
未成年人身心健康发展、促进服刑人员积极改造、维护社会和
谐稳定具有重要意义。因服刑人员身份特殊、在执行刑罚、政
府职能部门联动不足、社会对监狱服刑人员家庭存在歧视等原
因，导致服刑人员未成年子女在监护、受教育、心理健康等方
面存在诸多短板，亟待加强政府职能部门联动、依托现代信息
科技手段，及时补齐短板，有力保障服刑人员未成年子女生
存、健康、发展全方位的合法权益。本文重点分析省域内服刑
人员未成年子女保护工作在底数摸排、保护机制、保护措施、

---

* 令狐克建，贵州省委政法委工作人员；章程，贵州省委政法委工作人员；俞君，贵州省委政
法委工作人员。

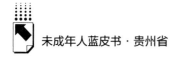
社会支持、服务保障五个方面存在的问题，并从建立服刑人员未成年子女跨部门保护系统、完善部门信息共享等服刑人员未成年子女长效保护机制、有关部门牵头细化政府保护和心理疏导等措施、强化专门力量和经费技术保障方面，提出针对性的对策建议，以期改进服刑人员未成年子女保护工作，促进服刑人员未成年子女健康成长。

关键词： 服刑人员　未成年子女　未成年人保护

近年来，在社会经济发展和结构转型的同时，各类犯罪活动激增。服刑人员未成年子女因其父（母）服刑而陷入失权境地，引发社会关注。通过组织办案民警、社区工作者等一线工作人员召开座谈会，实地走访，收集服刑人员未成年子女的监护、受教育、违法犯罪、受侵害等方面的信息，梳理出服刑人员未成年子女保护工作主要存在的问题。

一　服刑人员未成年子女总体情况

2006 年司法部课题组公布了有关我国监狱服刑人员未成年子女的基本情况。报告指出，截至 2005 年底，我国服刑人员未成年子女已逾 60 万[①]。大部分服刑人员未成年子女生活境况较为糟糕，由于父（母）入狱，对未成年子女的法定监护职责客观上无法履行，大部分监护关系变更为隔代亲属监护，生活照护较少，该群体出现厌学、学业成绩差、辍学的风险更高。从地域看，户籍为农村地区的服刑人员未成年子女更多，农村服刑人员未成年子女占比高给公共服务、社会治理带来更大挑战。一方面，受到外界不良环

---

① 饶玮扬：《我国监狱服刑人员的未成年子女基本权利研究——基于闽南地区监狱服刑人员未成年子女的实证分析》，厦门大学硕士学位论文，2018。

境诱导，服刑人员未成年子女犯罪比例更高，类型主要集中在危害社会管理、暴力、侵财、性侵等方面，绝大部分为共同犯罪。另一方面，受到父母监护缺位、经济条件影响，服刑人员未成年子女心理较为内向敏感，相较于普通家庭未成年人更易遭受违法犯罪侵害和意外伤害，如被殴打及盗窃、诈骗、强奸、故意伤害、抢劫，其中服刑人员女性未成年子女甚至会遭受强奸和引诱胁迫从事色情违法犯罪活动。

二 服刑人员未成年子女保护中存在的不足

各地有关部门立足职能职责，围绕未成年人保护有关要求，切实推动未成年人保护法律法规的贯彻实施，通过实地入户走访、劝导释法说理、校园法治宣讲等方式，坚持惩防并举、教育为主，积极开展服刑人员未成年子女关心关爱保护、帮助帮扶救助等工作，认真贯彻落实未成年人保护专项工作要求，全面构筑起系统的未成年人保护工作体系，在保障服刑人员子女合法权益和促进其健康成长方面，取得一定成效。但通过笔者的实地调研了解，因服刑人员未成年子女家庭特殊、身份敏感、社会存在偏见、工作机制不全、信息化手段不高等原因，服刑人员未成年子女保护工作还存在一些短板和不足，主要表现为"五个不够"，需要采取更加科学有效的举措予以推动解决。

（一）省域内服刑人员未成年子女底数不清

在省级层面，在对服刑人员未成年子女信息采集登记方面，由于以往的工作中未针对服刑人员未成年子女进行过专项统计，也未明确具体牵头部门，不同部门采取不同的口径和方式统计出的服刑人员未成年子女数据不统一，导致目前尚未准确摸清省域内服刑人员未成年子女的底数。如司法行政部门摸排统计的为在押服刑人员未成年子女，教育部门排查统计的则为在校的服刑人员未成年子女，民政部门则只掌握事实无人抚养的服刑人员未成年子女数据。

1. 对省域外服刑人员未成年子女情况难掌握

就司法行政部门来讲，主要是统筹组织监狱系统，通过入监谈话、查询档案、拨打亲情电话等方式，摸排统计服刑人员未成年子女，但对在外省服刑但其未成年子女在省内居住生活的，省内监狱系统无法掌握。

2. 对生活可能存在困难的服刑人员未成年子女情况缺乏全面掌握

因工作需要，民政部门与司法行政部门会对服刑人员子女情况进行摸排梳理，重点对其中属于事实无人抚养的未成年子女，建立专门台账进行救助保护，但对其他可能存在生活困难需要救助的服刑人员未成年子女缺乏全面细致梳理，有关底数情况并未完全了解掌握。

3. 对未在校的服刑人员未成年子女情况无法掌握

教育部门主要依托学校按班级逐一摸排掌握有关服刑人员未成年子女情况，有的服刑人员家庭由于信息敏感、身份特殊，担心学生在学校被歧视或者同学欺负，不愿意说出真实情况，同时对没有在校就学的服刑人员未成年子女，学校也无法掌握。

（二）服刑人员未成年子女保护机制不健全

基于身份、政策等原因，现有服刑人员未成年子女并未完全被纳入特殊未成年人保护范围进行全方位保护，在开展服刑人员未成年子女保护过程中，仍存在职能部门单打独斗、未形成合力的情况，主要表现在信息共享、程序启动、部门联动方面机制不健全。

1. 部门之间信息共享机制不健全

公安、检察、法院、司法等政法单位与民政、教育、卫健等政府职能部门之间尚未建立起统一的服刑人员未成年子女保护信息共享平台，单位之间信息渠道不畅通、信息共享不及时，各地做法五花八门，往往立足边工作边探索实践，没有明确信息共享的方式、渠道和时限，特别是对于政法单位与民政、教育、卫健、团委、妇联等部门之间的信息共享，目前尚未作出具体的规定。比如，人民检察院对批准逮捕以后可能判处六个月以上有期徒刑的犯罪嫌疑人，如何将其未成年子女的信息通报政府职能部门缺乏具体规定，实践中多采用函、电话等方式，不同地方不同办案人员的做法可能也会不同。又如监狱与地方职能部门、各地职能部门之间的信息互通做法不一，有的定期通报，有的则遇到问题会商通报，尚未建立专门的沟通联络机制，容易导致重复保护、保护效果不佳。

2. 启动保护程序机制不健全

从因涉嫌犯罪被采取强制措施之日起，服刑人员未成年子女在生活、教育及监护等方面便已经受到不同程度的影响，如果等到父母判刑以后才对其子女采取疏导救助和关爱保护措施，可能其权益已经受到侵害，造成遗漏保护和延迟保护。对刑事判决书的送达，《刑事诉讼法》规定"当庭宣告判决的，应当在五日以内将判决书送达当事人和提起公诉的人民检察院；定期宣告判决的，应当在宣告后立即将判决书送达当事人和提起公诉的人民检察院。判决书应当同时送达辩护人、诉讼代理人"，但未明确公安机关采取强制措施之日起或者检察机关批准逮捕后或者法院判决送监后，需将有关信息告知地方政府职能部门。实践中，地方政府职能部门获取相关人员服刑的信息比较滞后，主要渠道是犯罪嫌疑人或罪犯属地政府报告。因此，启动相关保护的时间节点较晚，往往父母被批准逮捕后其子女不能在第一时间得到保护，造成脱保和迟保。

3. 部门联动保护机制不健全

服刑人员未成年子女保护工作是一项系统工作，涉及监护、受教育、健康、心理等多方面保护，需要多部门单位协作配合、共同完成。目前各职能部门主要立足自身职能职责"单独行动""各自为阵"，比如民政部门在对有关服刑人员未成年子女实施低保救助等物质方面帮扶时，发现其心理方面存在严重障碍，则需要民政部门主动及时对接团委、妇联等部门跟进帮扶，但因为工作体系不同、未做强制规定等原因，民政部门对接团委、妇联的主动性、积极性并不高。

（三）服刑人员未成年子女保护的措施还不够有力

目前针对服刑人员未成年子女的保护措施，主要集中在监护、受教育、

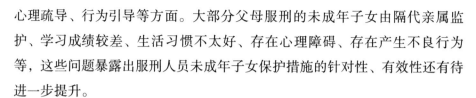

心理疏导、行为引导等方面。大部分父母服刑的未成年子女由隔代亲属监护、学习成绩较差、生活习惯不太好、存在心理障碍、存在产生不良行为等，这些问题暴露出服刑人员未成年子女保护措施的针对性、有效性还有待进一步提升。

1. 人身安全保护措施还不够有力

大部分服刑人员未成年子女是祖孙两代人共同生活，监护人由于年龄偏大、文化水平不高、监护能力不足、安全防范意识不足，对未成年子女的人身安全保护不够，导致其被犯罪侵害的风险增高。从年龄看，遭受犯罪侵害的服刑人员未成年子女中，14周岁及以下占比近五成；从性别看，受侵害的服刑人员未成年子女中，女性超八成；从户籍地看，受侵害的服刑人员未成年子女中，近八成发生在农村地区；从受侵害的类型看，主要集中在遭受暴力和性侵方面。此外，在有的服刑人员未成年子女遭受违法犯罪活动侵害中，侵害行为往往不易被及时发现，有的甚至遭受数次或者一段时间后方被发现。

2. 安全法治教育措施还不够有力

服刑人员未成年子女因父母服刑，其隔代亲属履行监护的意识和能力不足，家庭的安全法治教育严重缺失，监护人仅满足服刑人员未成年子女的温饱需求，对其安全和法治方面的教育严重不足。此外，学校的安全法治课程也缺乏针对性，基本都是聘请司法机关工作人员到学校担任法治副校长或开展法治教育方面的授课，因信息敏感，很难对服刑人员未成年子女进行"一对一"教育。因此，这部分群体在家庭教育严重不足和学校教育缺乏针对性的双重影响下，比其他未成年人更容易陷入违法犯罪的深渊。

3. 心理疏导帮扶措施还不够有力

服刑人员未成年子女长期背负父母系"罪犯"的心理压力，遭受来自社会各方的异样眼光和负面评价，在生活和学习中遭遇不同程度的歧视和排斥，普遍存在内向、自卑、焦虑、敏感等负面情绪。监狱系统对服刑人员未成年子女进行心理疏导相对较专业，但司法机关、民政、医疗、教育等部门，在服刑人员未成年子女帮扶上侧重于物质帮扶救助，相关部门即使对服刑人员未成年子女进行了心理疏导，大部分以干部或者志愿者为主力军，缺乏专业的心理健康辅导人员，加之心理医生、学校专职心理教师不多，心理疏导方法不多，心理疏导效果有限。

（四）服刑人员未成年子女保护社会支持还不够深入

服刑人员未成年子女作为社会中的一个十分特殊的群体，因其身份敏感特殊，生活在社会的边角，容易被大众所忽视，加之其父母服刑无法为家庭带来收入，导致其生活条件比较艰苦，社会对这部分群体普遍存在偏见，社会组织深入参与关心不够，政府的帮扶救助也还未延伸至治理"最后一百米"的社区。

1. 社会大众对服刑人员存在偏见

人物性格具有继承性，受传统观念影响，对服刑人员的未成年子女，社会大众的态度普遍是躲避、远离。当服刑人员未成年子女遇到困难时，除了至亲挚友和公益组织外，仅有极少数社会人士愿意伸出援手。

2. 专门社会福利机构不多

从监护类型看，服刑人员未成年子女由儿童福利院等政府组织或者社会福利机构监护的特别少。现有社会福利机构主要覆盖留守儿童、低收入家庭、身体条件残疾的未成年人等，但未将服刑人员未成年子女纳入福利机构。对服刑人员未成年子女的救助缺失，使处于一般未成年人和特殊未成年人中间地带的服刑人员未成年子女遭受社会各界的歧视眼光与不公平的社会待遇。

3. 村（社区）关爱力量不足

村（社区）工作人员一般只有几人，而所需面对的日常事务繁杂，其对于辖区内包括服刑人员未成年子女在内的群体进行保护，主要是通过收入保障、临时救助等手段进行帮扶。服刑人员未成年子女不同于留守儿童、困难家庭子女，其不仅仅在生活物资上可能缺乏，更多的是在心理层面遭受创伤，而村（社区）工作人员自身学历和能力就有限，村（社区）又缺乏专门从事心理辅导的工作人员，往往难以深入关心服刑人员未成年子女。

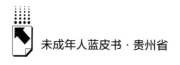

（五）服刑人员未成年子女保护工作综合保障还不够有力

服刑人员未成年子女大部分生活困难、心理存在障碍，帮扶救助既需要物质上的帮扶，也需要精神上的关怀。现有帮扶救助体系中，专业人员、资金、技术保障方面还存在诸多不足。

1. 专业人员保障不够有力

现有保护工作体系中，各未成年人保护成员单位未明确专门的负责部门，也没有确定专人从事服刑人员未成年子女保护工作。除监狱系统以外大部分部门均存在专业人员不足的问题，普遍缺乏心理医生、心理专业教师等。

2. 工作经费保障还不够有力

开展服刑人员未成年子女保护主要是物质帮扶救助和心理疏导两种方式，无论是发放救助补助资金、培养专门人员、购买社会服务，都需要经费投入，现有体系下，未成年人保护成员单位的工作经费还需要得到进一步支持和保障。

3. 信息化支撑保障还不够有力

目前，线上线下一体推进服刑人员未成年子女保护的模式还未形成，省级层面未建立服刑人员未成年子女专门数据库和保护平台，致使监狱、司法机关、政府职能部门之间信息不畅、保护滞后、重复单一救助、救助效果不佳。

三 强化服刑人员未成年子女保护的建议

针对上述问题，结合工作实际，以省域为视角，建议从搭建平台、完善机制、细化措施、强化保障等四个方面入手，聚焦"1343"工作目标，补足保护漏洞和短板，推动服刑人员未成年子女保护工作高质量发展。所谓"1343"工作目标，即指建立一个服刑人员未成年子女跨部门保护系统，完善三项服刑人员未成年子女长效保护机制，细化四个方面的保护措施，强化三个方面的支撑保障。这个工作目标是以问题为导向构建的，实践中的各项工作如果紧扣这个工作目标，将大大提升服刑人员未成年人子女的保护效能。

（一）建立一个服刑人员未成年子女跨部门保护系统

通过建立统一的跨行业跨部门服刑人员未成年子女保护信息化系统，实现对服刑人员未成年子女保护工作的统一指挥和管理，达到统一启动、统一指挥、多方联动的目标，形成上下联通、信息共享、规范标准、安全可靠、开放高效的具有全局意义的服刑人员未成年子女保护工作体系，确保每一名服刑人员未成年子女都得到有效保护。建议由省级信息建设部门牵头，会同监狱、公安、检察、法院、民政、司法行政、教育、卫健、团委、妇联等单位，建立服刑人员未成年子女跨部门保护工作平台，平台以省域内服刑人员未成年子女数据库为核心，以部门"一体化""大集中"的建设思路，支持监狱、政法单位、政府部门、群团机构之间多层级综合应用模式。平台以服刑人员未成年子女权益保护为核心，包括服刑人员未成年子女的识别、建档、保护、退出各环节业务板块。平台分为后台管理和业务前端，后台管理由相关牵头部门负责，包括人员基础信息、部门联动、保护动态、派单推送、信息反馈，人员基础信息以数据库为准，部门联动由牵头部门视情况可线上召集相关部门解决有关问题，保护动态要对每个服刑人员未成年子女建立保护档案并实时更新，派单推送则是业务前端发现有关需要保护的情况则将信息推送给业务部门，信息反馈是各业务前端按照派单推送的内容完成静默关注或者采取有关措施后，将相关情况反馈到后台，后台实行动态预警监测管理。

（二）完善三项服刑人员未成年子女长效保护机制

1. 完善部门信息共享机制

涉未成年人保护工作成员单位将自身掌握的有关服刑人员未成年子女基础数据及监护、受教育、心理健康等信息，实时上传跨部门保护工作平台，

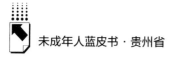

牵头部门结合平台数据，定期召开调度会，通报服刑人员未成年子女底数和各项保护措施的执行情况。

2. 完善保护启动机制

民政部门根据平台中服刑人员未成年子女档案进行评估，将符合救助条件的纳入救助体系之中，并根据服刑人员未成年子女具体情况会同教育、卫健、团委、妇联等各职能部门分别针对服刑人员未成年子女的监护、生活、学习、心理等情况进行实地调查，开展有针对性的救助帮扶等工作，于三日内将相关救助帮扶情况反馈至平台。

3. 完善联动保护机制

针对地区性、普遍性的共性问题和涉及需要多部门共同研究解决的问题，由民政部门会同有关职能部门召开联席会议，进行深入细致地研究，对相关服刑人员未成年子女形成"一对一"的保护方案，综合运用经济救助、心理疏导、走访慰问、法治教育等多种手段，有效解决服刑人员未成年子女保护过程中遇到的问题。

（三）细化四个方面的保护措施

1. 民政部门牵头细化政府保护方面的措施

民政部门要针对服刑人员未成年子女普遍存在的家庭监护不到位、监护能力不足、安全保护意识淡薄、未成年子女容易遭受人身侵害和走上违法犯罪道路等问题，综合运用上门服务、老师家长"一对一"培训、重点关注、依法督促履职等方式，着力提升服刑人员未成年子女以隔代亲属为主的实际监护人的监护能力。

2. 教育部门牵头细化学校保护方面的措施

教育部门要把校园安全和法治教育与服刑人员未成年子女的敏感身份、心理困境等特点结合起来，坚决防止校园暴力、欺凌、霸凌事件，积极营造服刑人员未成年子女平等受教的良好氛围，采取"一对一"保护模式、静默关注等方式，最大限度消除校园歧视，从家校结合的角度细化保护举措。

3. 团委牵头细化社会综合保护措施

团委部门牵头积极组织号召社会组织参与服刑人员未成年子女保护工作，统筹社会爱心人士、社会机构等第三方力量，采取项目化运行、结对帮扶等模式，向经济基础较为薄弱、服刑人员未成年子女较多的地方倾斜社会资源，加大帮扶救助力度。

4. 妇联牵头细化心理疏导措施

对服刑人员未成年子女采取分级分类心理干预措施，根据出现的问题严重程度及行为方式进行分类疏导，对未出现问题的积极鼓励支持，对产生心理问题的加强认知引导，对轻微不良行为的进行行为干预，对严重不良行为的进行矫治教育，对违法犯罪的采取再犯预防措施。同时，根据其父母犯罪的主观故意与过失，分别采取疏导和法律教育。此外，对不同家庭监护类型、不同年龄阶段、不同生长周期的服刑人员未成年子女，也要采取不同疏导措施，学龄前以人身安全保护为主，小学阶段以学习关爱为主，中学阶段以心理帮扶为主。

（四）强化三个方面的支撑保障

1. 强化专门力量保障

省级未保委成员单位要明确具体部门和人员专门负责服刑人员未成年子女保护工作，积极完成省未保委安排的各项工作任务。要通过专门聘请、公开招录等多种方式，积极引进、培养具有法学、心理学、社会学等专业知识或相关从业经验的人才，充实本单位服刑人员未成年子女保护工作专门力量，也可按规定通过政府购买服务方式引入社会力量为服刑人员未成年子女提供相关服务。

2. 强化专项工作经费保障

省信息管理部门按程序建设服刑人员未成年子女跨部门保护工作系统，相关部门配合做好需求调研、系统部署、系统推广工作，省财政部门做好经费预算保障。市县两级未保委成员单位要积极向同级政府做好汇报，争取同级组织人事部门、政府对本单位增加人员编制和专项经费，做好服刑人员未

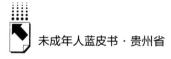

成年子女保护的人员保障。

3. 强化信息技术保障

在省级层面建立全省服刑人员未成年子女数据库和跨部门工作平台，确保服刑人员未成年子女底数、监护、受教育、违法犯罪、遭受侵害等方面的数据信息在网上流转的同时，切实加强涉密信息保护。同时，各未保委成员单位积极协助配合系统建设和运用工作，实现服刑人员未成年子女保护工作线上线下一体化进行。

B.17
贵州省预防未成年人非正常死亡
调研报告

——以黔南州为例

罗绍超 姚雷 熊英 赵芳*

摘　要： 未成年人是祖国的未来，也是家庭的希望。未成年人健康成长关系千家万户和谐幸福，党委政府高度关注，社会各界广泛关心。随着国家医疗卫生水平全面发展，居民平均寿命不断提高，未成年人因身体健康问题导致的死亡率大幅下降，非正常死亡逐渐成为未成年人死亡的重要原因，需要各级各部门予以特殊关注。近年来，黔南州通过强化涉未成年人风险隐患排查预警、关注学生身心健康、加强安全法治教育、严厉打击涉未成年人违法犯罪、正确引导落实家庭保护等，有效降低未成年人非正常死亡，维护社会和谐稳定。

关键词： 未成年人　非正常死亡　贵州省

未成年人是一个特殊的群体，与成年人相比，其辨别是非、辨别危险、防范被侵害的能力弱，心理承受、自控自律等能力差，保护未成年人身心健康，是国家机关、社会各界和未成年人监护人的共同责任。开展预防未成年

---

* 罗绍超，黔南州委政法委员会执法监督科科长；姚雷，黔南州委政法委员会执法监督科工作人员；熊英，黔南州人民检察院第八检察部四级警长；赵芳，黔南州民政局未成年人保护中心主任。

人非正常死亡工作研究，分析近两年未成年人非正常死亡数据、案例和开展系列调研活动，对找准工作难点和短板、推动完善未成年人保护工作体系具有重要意义。

一 黔南州未成年人非正常死亡情况分析

非正常死亡在法医学上指由外部作用导致的死亡，包括火灾、溺水等自然灾难，或因工伤、医疗事故、交通事故、自杀、他杀、受伤害等人为事故致死。与之相对的正常死亡，则指由内在的健康原因导致的死亡，例如病死或老死。经统计，2021～2022年，黔南州0～17岁未成年人死亡注销917人，其中非正常死亡107人（见图1），占未成年人死亡人数的11.67%。通过对相关案例进行分析，黔南州未成年人非正常死亡数据呈以下特点。

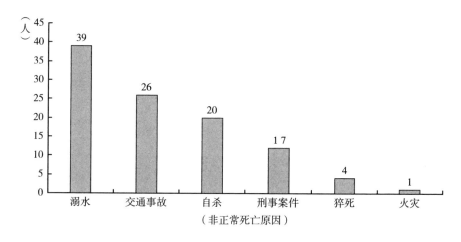

图1 2021～2022年黔南州未成年人非正常死亡情况

资料来源：中共黔南州委政法委员会。

（一）溺水成为未成年人非正常死亡首因

2021～2022年，因溺水造成的伤亡居我国0～17岁年龄段首位，占比高达 33%；1~14 岁溺水事故的比例超过 40%，青少年溺水问题是一个不容忽视的安全隐患。[①] 黔南州江河交错，水系发达，大小水库遍布各县（市），在加快经济社会建设发展的大背景下，各类工程施工挖掘形成的水池、水坑、水凼等未得到及时恢复或严格监管，使存在溺水危险的水域大幅增加，每年 3~9 月未成年人溺水事件频发。2021~2022 年，黔南州共发生未成年人溺水事件 31 起，死亡 39 人（见图 2），溺亡人数占非正常死亡总数的 36.4%，防溺水已成为防范校外学生意外死亡的最大难题。同时，因游泳技术、心智体力存在差异，中小学及以下儿童发生溺水事故的概率更高。

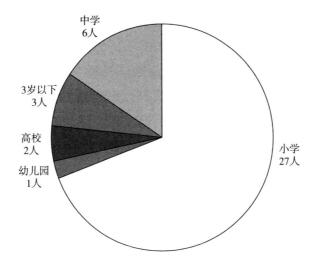

图 2　2021~2022 年黔南州各学习阶段学生溺亡人数

资料来源：黔南州教育局。

（二）交通事故造成未成年人伤亡总量大

学生在交通事故中受伤、残疾甚至死亡，会给自身、家庭和社会造成多重伤害。2021~2022 年，黔南州发生涉未成年人交通事故 165 起、死亡 26 人、受伤 292 人，分别占全州交通事故总数的 6.82%、4.07%、10.71%，

[①]　资料来源于人民网舆情数据中心《2022 中国青少年防溺水大数据报告》，2022 年 7 月。

整体呈下降趋势，但交通事故造成学生死伤人数仍较高，特别是驾乘两轮交通工具发生事故占比最高（见图3）。

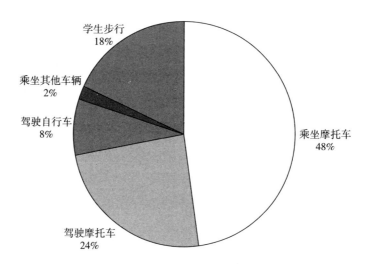

图3　2021~2022年黔南州涉学生交通事故中各出行方式占比

资料来源：黔南州公安局。

（三）学生轻生事件不容忽视

未成年人处于人生中心理、生理、思想和价值树立和转型的关键时期，在学校和社会上碰到各种困难挫折或不公正对待，如果忽略和缺乏疏导教育，极易引发心理问题和极端想法。据统计，2022年全国15~20岁青少年中，每10万人自杀死亡率为3.53。[①] 2021~2022年，黔南州发生学生自杀20起、死亡20人（见图4），死亡人数占全州未成年人非正常死亡总数的18.7%。自杀成为导致未成年人非正常死亡的第三大原因，且逐步向低龄化发展，特别是中学阶段学生占比最高。处于青春期的学生在面对个人家庭、学业、感情及社会相关问题时，更加需要帮助引导。

[①] 资料来源于中华人民共和国国家卫生健康委员会编《2022中国卫生健康统计年鉴》，中国协和医科大学出版社，2022。

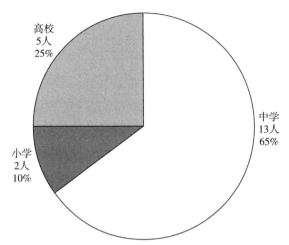

图4 2021~2022年黔南州各学习阶段学生自杀人数和占比

资料来源：黔南州教育局。

（四）未成年人被侵害案件偶有发生

2021~2022年，黔南州检察机关共审查侵害未成年人案件207件，批准逮捕嫌疑人263人，向法院提起公诉241件315人，相关案件共导致未成年被害人死亡17人，其中聚众斗殴罪1件1人、交通肇事罪9件9人、故意杀人罪4件4人、过失致人死亡罪2件2人、强奸罪1件1人（被害人急性酒精中毒死亡）。虽然相关案件发案数呈逐年下降趋势，但未成年人受侵害案件，社会舆情关注度高，易造成较为恶劣的影响，给维护社会和谐稳定带来较大压力。

二 引起未成年人非正常死亡的原因分析

导致未成年人非正常死亡的因素多元，通过对2021~2022年未成年人非正常死亡案例进行分析，梳理发现主要原因如下。

（一）未成年人安全意识薄弱，易发生安全事故

未成年人身心特征与成年人有较大差别，观察判断能力不足、对危险源

认知不到位、行为不够成熟，极易导致自身受到伤害。统计2021~2022年涉未成年人交通事故，违法行为是引发交通事故的最主要原因，占事故总量的66.37%。如对交通违法行为的危害性认识不足，在上学放学高峰时段，有的学生甚至突然横穿马路，让过往司机措手不及；有的学生乱闯红灯，不按交通信号灯指示通行；有的学生在道路上奔跑追逐、嬉戏玩耍，给道路交通埋下很大的安全隐患。同时，很多学生家长对交通安全知识知之甚少，交通安全意识淡薄，在行为上没有以身作则正确引导孩子，使中小学生对各类违法行为习以为常，甚至效仿大人的错误行为，给交通安全管理带来极大的不安全因素，如骑行电动自行车和摩托车发生事故造成死亡的案例中，有80%的当事人未佩戴安全头盔，乘坐汽车事故死亡中有50%以上的当事人未使用安全带。

（二）未成年人心理脆弱，易引发心理疾病，易走极端

2022年黔南州组织近60万名四年级以上学生完成心理健康测评，全州处于"高关怀"范畴学生达3666名，占参与测评学生人数的4.3%。从各学习阶段看，中学时期是未成年人心智成长的最关键时期，处于青春期的学生在面对个人家庭、学业、感情及当今社会相关问题时，更容易滋生心理健康问题和引发自杀等极端案事件（见图5），在面对大量网络负面信息时，更容易受到不良影响。而实践中，学校、家庭往往难以及时发现学生心理健康问题，尽管黔南州中小学均建立了心理咨询室，但因为缺少专业教师，工作难以正常开展。截至2023年6月，黔南州心理专家库有专家304名，且相关人才多集中于城区，远达不到每个学校配备2名心理教师要求，加之社会服务保障能力不足、危机预警机制发挥不到位等，对存在轻生倾向的学生不能及时全面排查和干预挽救。

（三）未成年人自我防卫意识能力不强，易遭受不法侵害

由于未成年人心智发育不完全，自我保护能力较弱，辨别是非和自我控制能力不强，容易受到不良因素影响和遭受不法侵害。特别是部分未成年人

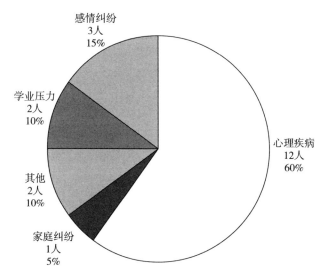

图 5　2021～2022 年黔南州各原因引发学生自杀人数和占比

资料来源：黔南州教育局。

在遭受侵害后，存在不敢说、羞于说等心理，相关保护措施不能及时介入，甚至会导致侵害持续发生，这也是引发未成年人抑郁等心理疾病的重要原因。如 2022 年黔南州卫生健康部门共向公安机关报告未成年人妊娠 138 例，其中由被害人主动报案的仅占少数。

（四）家庭保护不到位，对未成年人的安全监管不力，对引发未成年人伤亡的风险发现处置不及时

2021～2022 年黔南州学生自杀事件中，缺乏父母关爱的单亲家庭、留守家庭学生及监护人日常教育简单、粗暴家庭的学生占比超过 70%，一些贫困家庭的孩子、外出务工家庭留守的孩子、单亲家庭的孩子在遇到问题和困难时，往往得不到父母的关爱，享受不到家庭的温暖、关怀、帮助和引导，负面情绪日益郁积，无法排解，直至悲剧发生。另外，未成年人安全意识需要长期培养，需要学校、家庭和社会共同参与，特别是需要家长亲身引导教育，但全州针对学生家长的网络问卷调查结果显示，89831 名随机参与调查的家长中，外出务工人员 32158 人，占比 35.8%；表示"缺少相关知识，不知道如何进行安全知识教育"及"仅仅凭经验对孩子进行说教"的家长占比 24%，表示"自己没有时间，都是其他长辈照管，监护能力差"的家长占比 19%。缺乏家庭教育和监管，也导致节假日未成年人非正常死亡事件高发。近两年，全州未成年人溺水事件均发生于节假日时段，高发于各河段水域，农村、城市学生溺亡占比分别为 68% 和 32%。

三 预防未成年人非正常死亡存在的困难和短板

预防未成年人非正常死亡作为未成年人保护中的一项特殊任务，需要政府、学校和社会各界在持续完善未成年人"六大保护"工作体系基础上，进一步细化工作措施抓好落实。通过调研，本报告梳理出当前黔南州开展预防未成年人非正常死亡存在的主要困难和短板。

（一）专项工作体系尚未健全，统筹、分析、调度还有差距

《未成年人保护法》修订后，明确了未成年人六大保护任务，各级党委政府均建立了未成年人保护领导机构，明确了各项重点任务牵头、责任单位，各项工作有序开展。但针对预防未成年人非正常死亡工作，目前尚未建立起专门的工作组织架构和工作机制体系，各职能部门在开展工作时存在各自为政、合力不强的局面，直接影响整体工作提升。如从未成年人非正常死亡高发时段分析，相关伤亡事故多集中在节假日期间，直接反映出各责任主体过度依赖学校发挥预防作用，从而导致工作推进不平衡和衔接不到位，节假日期间预防工作存在漏洞和盲区。

（二）家庭监护教育主体责任难压实

父母是家庭教育的主体，家长监护教育缺失、错误对未成年人身心健康发展影响巨大。通过对近两年学生自杀事件倒查分析，发现缺乏父母关爱的单亲家庭、留守家庭学生及监护人日常教育简单、粗暴家庭的学生占比超过

70%，未成年人监护人履行家庭教育、关心关爱等职责意识不强、能力不足，已成为当前亟待解决的倾向性社会问题。而实践中，如何推动家长正确履职尽责往往成为工作难点，除强化对家长的宣传引导外，有效的干预手段不多。如对涉未成年人案件中发现的监护教育缺失情况，检察机关会制发"督促监护令"督促家长履职尽责，但"督促监护令"并不具备真正的强制属性，真正让"督促监护令"发挥实效，还有赖于多方积极干预和家长自觉遵守。

（三）涉未成年人安全隐患量大、面广，难以做到全面排查预防

未成年人贪玩、喜动，好奇心重，缺乏对危险源的辨识能力，身处任何环境只要行为不当均可发生险情，也大幅增加了隐患范围，提升了全面排查处置难度。如在未成年人防溺水工作中，黔南州客观的自然地理条件导致相关风险点过多。相关调查统计，黔南州大小河流 490 余条、坑塘 1970 余个、大小水库 333 个、机井 53 个、矿坑 27 个、其他各类风险水凼 3400 余个，即使各级政府、学校花费大量人力、物力也难以做到全面预防。而通过近两年未成年人溺亡事故分析，发现事故地点主要为江河、水库等较大水体，但工地水池、溪流、山塘等风险隐患也须重视，甚至于家中浴缸、水缸也可能存在溺水风险（见图 6）。

（四）客观条件限制，部分隐患长期存在

主要体现在交通安全方面，受城市规划建设和路网先天不足限制，城市中小学及幼儿园普遍存在校门口未设有接送学生车辆停车位的情况，且多数学校位于城市老城区或中心区域，学校门前道路狭窄，加之接送学生的交通工具复杂，在上放学高峰期汽车、摩托车、三轮车、电动车、自行车同行一条道，车占人路、人抢车道，导致学校周边秩序混乱。加之基层警力不足，管理缺位失位，一些学校周边交通违法行为得不到及时查纠，特别是在农村地区学校分散、彼此相距较远的情况下，公安交管部门更是分身乏术、顾此失彼。又如受地方财政基础限制，部分学校周边交通安全硬件设施不足。

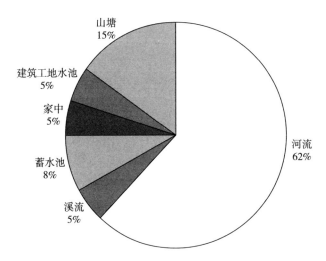

图6　2021~2022年黔南州各水域学生溺亡占比

资料来源：黔南州教育局。

2015年，公安部出台《中小学与幼儿园校园周边道路交通设施设置规范》（GA/T1 215-2014），但受地方财政经费不足影响，部分校园周边交通安全设施得不到治理和完善，特别是农村地区中小学校及幼儿园周边交通安全设施缺失较为严重、问题较为突出，尤其是过街斑马线、交通信号灯基础设施严重不足，学生上放学出行安全保障不到位。

四　黔南州预防未成年人非正常死亡采取的措施

准确认识把握黔南未成年人保护工作的形势和任务，依托现有未成年人"六大保护"体系，坚持高位推动、协调联动，形成齐抓共管预防未成年人非正常死亡工作的合力。

（一）全力守护学生身心健康

一是认真落实减负要求。通过严控书面作业总量、控制考试次数和难度、提供丰富多彩的课后服务内容等，全力为学生营造轻松快乐的学习环境，减轻学生身心压力。二是建立心理教育阵地。成立黔南州学生心理健康发展指导中心和县级分中心，州中心与心理卫生协会和其他专业机构深化协作，聘请 5 名心理学硕士（咨询师）作为常务专家，调配 12 个县市分中心骨干力量参与服务。同时，采取州训骨干、县市全覆盖的方式，举办 3 期州级心理教师骨干培训班和 1 场技能大赛，完成 1053 名心理教师县级轮训。三是积极开展心理问题疏导。将心理健康教育纳入课程计划，广泛开展以心理健康教育为主题的班会、团（队）会、专题讲座、团体辅导等形式多样的心理健康教育活动，并开通州县两级 24 小时阳光心理援助热线，公布学生心理健康发展指导中心专家的办公电话和电子邮箱，为师生和家长获取心理咨询辅导提供便利，截至 2023 年 4 月已服务 811 人次。四是落实心理危机常态监测。统筹心理教师和班主任、科任教师、宿管等教学管理一线人员，按照专业培训、量表测试、联合评估、汇总分析的步骤，定期组织学生完成心理健康测评，确定重点关注对象进行"一生一策"包保，及时为学生提供有效的心理咨询和辅导，2023 年有效处置学生心理危机 3 起，实现学生自杀极端事件零发生。

（二）强化涉未成年人风险隐患排查预警

一是将涉未成年人风险隐患排查纳入维护安全稳定和促进改革发展大局来推动落实，出台《黔南州开展未成年人保护领域风险隐患大走访大排查工作方案》，常态化开展溺水风险点、校园交通等风险隐患的排查整治，逐一建立台账，并开展"推单办理服务"，确保未成年人合法权益得到有效保障。2022 年共排查发现遭受家庭暴力未成年人 3 人、遭受性侵 5 人、涉刑事诉讼 9 人、监护缺失及长期在外流浪 23 人，均逐一建立台账，督促制定帮扶解决方案，完成风险化解和帮扶任务。二是印发《黔南州未成年人保护专项工作"多点触发"预警工作机制》，在"12345"政务服务热线平台、学校、社区、家庭、社会组织、民政部门、政法单位等建立未成年人健康成长预警监测哨点，共设置"第一报告人"6500 余个，及时排查和上报预警信息，同步做好相关工作。如州"12345"热线按照"地市级受理、县区级处置"以及"线上线下相衔接、网上网下同处置"的原则，全面及时解决未成年帮扶诉求发现难、报告难、干预难、联动难、监督难等问题。定期分析涉未成年人的"12345"诉求问题工单，100%督促办理，并由州委平安办通报至有关地方和部门综合治理。2022年，黔南州"12345"热线累计推送办理涉未成年人诉求工单764件，群众满意度达95%以上。三是运用好"一中心一张网十联户"和"党小组+网格员+联户长"铁三角基层社会治理机制，摸清辖区内孤儿、留守儿童、单亲家庭、困境未成年人等重点群体的底数，掌握父母有家暴行为、夫妻感情不和、有违法犯罪行为的学生家庭情况，有针对性地开展走访和帮扶。四是充分发挥职能作用，对网上信息开展数据挖掘，深入开展分析研判，及时发现预警青少年自杀自残线索，并会同有关警种及教育部门做好预防、劝阻和疏导工作，全力做好预警防范工作，全力守护青少年健康成长。2021年1月至2023年3月，共梳理排查青少年自杀自残线索4条，通过州、县网安部门与教育局、学校、家长积极联动，通过对孩子的心理疏导，强化对学生思想动态的关注，成功处置一起4名青少年在网络上扬言自杀的事件，避免悲剧发生。

（三）全面加强安全、法治教育

一是将"法治进校园"与法治副校长工作紧密结合，统筹法院、检察、公安、司法等部门共同推动落实执法主体单位和部门执法人员担任法治副校长或法治辅导员，开展形式多样、针对性强的法治宣传教育、安全防范指导等工作。依托青少年法治教育基地，结合各特殊时间节点，大力开展预防未成年人犯罪和被侵害宣传活动，根据学校需求积极引入社会专业力量参与青少年心理危机干预，防止因心理问题引发极端事件发生。2021年1月至2023年6月，全州各级部门共开展法治进校园宣传活动1550余场，实现全州各学校全覆盖。如罗甸县院通过社会购买服务方式开展心理健康项目，由贵阳华夏心理咨询学校专家对该县辖区内所有学校六年级至高二学生中筛选出的100多名需要解决心理问题的学生进行心理测评，根据测评结果开展团体辅导或一对一心理咨询20余次，帮助未成年学生减少并消除心理隐患。

二是做好校园内部安全。将提高学生生命安全意识和自我防护能力作为素质教育的重要内容，与学校总体教学安排相结合，推动相关安全教育内容进新生教育、进课程教育、进课外实践活动；根据学生身心特点和认知能力，充分利用校园网络、主题班会、橱窗板报等，广泛开展安全专题教育和应急疏散演练，增强学生安全意识，切实提升学生的自我防护能力和逃生自救能力。以防溺水"六不准"①为重点内容，采取多种形式经常性地开展宣传教育，针对监护人履行学生在校外安全教育监管职责召开家长会、发出告知书、主动参加暑期等重点时段巡河工作，在很大程度上避免更多学生溺水的悲剧发生。个别县（市）还部署落实了尝试性举措，如长顺、福泉推进游泳进课堂工作均得到了省有关部门肯定。三是深入推进交通安全进课堂，开展交通安全主题班会等，上好交通安全开学第一课，开设"一栏一标语一喇叭"宣传阵地，全面普及交通安全知识，培养交通安全习惯。持续开展"知危险会避险""守法规平安行"等交通安全主题宣传教育活动，在都匀市归兰乡阳和中心校，以"扶贫先扶志"的理念建立"女子少年交警队"，通过"小手拉大手"的方法深入农村开展交通安全宣传教育。2021~2022年，全州累计开展交通安全进校园活动 986 场次，建设农村学校交通安全宣传阵地 418 个，更新农村地区学校宣传阵地 562 批次，不断提升教师、学生、家长、校车驾驶人、随车管理员的安全守法意识。

（四）正确引导落实家庭保护

一是健全关爱机构。推动形成"政府主导、民政牵头、部门联动、社会参与"的工作格局。全州建立州、县、乡留守办共 13 个，转介安置场所 13 个，培育发展留守儿童服务社会组织 3 个、关爱服务协调机制 13 个、儿童之家（少年宫）230 个、专（兼）职儿童福利主任 726 名、志愿服务团队 13 个、"童伴妈妈"55 个、"四点半"学堂 66 个。二是持续深化家校共

---

① 六不准：不私自下水游泳；不擅自与他人结伴游泳；不在无家长或教师带领的情况下游泳；不到无安全设施、无救援人员的水域游泳；不到不熟悉的水域游泳；不熟悉水性的学生不擅自下水施救。

育。制定下发《关于进一步加强中小学（幼儿园）家校共育工作的意见》《黔南州中小学幼儿园家庭教育服务站规范化建设标准（试行）》等机制，发挥黔南州家庭教育研究与指导中心的作用，定期举办家长培训。2021～2022年，共计举办家长学校860所、儿童中心390个，累计指导学生家长25万人次。三是监督引导家长履行监护职责。建立涉案未成年人家庭教育指导实践基地1个，家庭教育指导站10个，提高涉案未成年人案件中"问题家庭"的监护能力和水平，为推动全州涉案未成年人家庭教育指导工作提供新阵地。根据个案不同情况，对因监护不力致使未成年人违法犯罪的家庭开展亲职教育1500余人次，向"问题家长"制发督促监护令436份、家庭教育指导令236份，助力发挥家庭保护的基础作用。

（五）严厉打击涉未成年人违法犯罪

一是深入开展"平安校园"创建。整合警力资源，加强巡逻防控，落实校园周边"护学岗"制度，落实重点路段、重点时段见警车、见警察、见警灯和日常巡逻防控，加强校园及周边警务室建设，全州各中小学校100%安装一键报警系统，建立健全突发事故预警应对机制和警校联动联防联控机制，确保一旦发生涉校警情、涉暴涉恐案事件能第一时间快速反应、果断处置。二是以高压态势依法严惩侵害未成年人犯罪。定期开展预防性侵、欺凌主题教育，畅通举报投诉渠道，第一时间掌握苗头性线索，及时干预制止，切实防范学生性侵、欺凌事件的发生。对涉未成年人违法犯罪坚持从严追诉，从重提出量刑建议，促进社会安全感提升。2021～2022年，全州检察机关共批准逮捕侵害未成年人案件207件263人，向法院提起公诉241件315人。办理涉及未成年人产品质量、儿童游乐场所设施安全、文身治理、问题童书等领域公益诉讼案件143件，通过制发检察建议、磋商等方式督促相关职能部门履职尽责。三是深化"青少年零犯罪零受害社区"试点创建工作。2022年全州创建省、州两级"双零社区（村）"13个，其中省级1个、州级12个，持续推进以社区、学校、家庭、团组织和社会组织为一体的联动机制，建立"团干部+社工+青年志愿者"服务队伍，针对青少年开展监护指导、个案帮扶、心理疏导和行为矫治、社会融入等服务。截至2023 年 4 月，在争创的第二批试点社区中，共摸排出 2 名服刑在教人员未成年子女和 964 名留守儿童，针对此类重点青少年群体，采取走访入户、聊天交流等更为细致的方式，关注其心理和行为波动，有针对性地开展关爱帮扶活动，进行有效的心理疏导和前置干预，减少青少年群体犯罪率。

五　相关工作建议和努力方向

针对未成年人非正常死亡形势，结合当前工作情况以及各地一些经验，要把预防未成年人非正常死亡工作抓出实效，应在固化发扬好做法、好成果基础上，继续围绕以下方面完善相关制度机制，推动形成一套切实管用有效的工作体系。

（一）持续推动心理健康教育管理服务的发展

推动黔南州学生心理健康发展指导中心和各分中心实体化运行，加大经费投入，立足教师队伍培训、学生心理健康筛查，科学优化学校管理服务，通过"家校共育""班级网格化"学生心理健康筛查等制度措施及早发现和干预，不断提升学校课堂内外开展学生心理健康教育工作能力水平。整合各方资源，在核定编制内，进一步为学校配齐配强专职心理健康教师，力争达到每所学校都建立心理咨询室，均至少配备 1 名专职心理健康教帅。同时，配合开展"净网""清朗"等专项整治，推动规范网络充值打赏、公民信息保护、不良信息清理等行为，进一步筑牢未成年人网络保护屏障，维护未成年人健康安全成长的社会环境。

（二）增强防溺水等意外伤亡的社会防范措施

严格落实溺水"六不准"，对辖区内河流、水库、鱼塘及工程施工形成的危险水域等开展动态排查。危险程度高且人员易达区域，因地制宜在水域周边设置安全隔离带、防护栏等，落实一个警示牌、一个救生圈、一根救生绳、一根救生杆"四个一"建设，通过"人防+技防+物防"叠加互补的方式，实现重点水域岸线全覆盖。因工程施工形成的危险水域及废弃鱼塘，能够恢复的限期恢复，恢复难度较大的必须明确监管责任，并根据危险程度责令管理方投入人力物力财力，切实履行安全保障义务。溺亡事故多发、多次发现群众特别是未成年人私自下水游玩的重点区域，积极创造条件实施改造，或安排人员加强巡逻防控，建设运用实时监控、预警报警的技防系统。

（三）深入开展交通安全事故防范行动

加强校车通行道路、学生上放学集中道路的管理整治。在校车和接送学生车辆集中通行的重点时段、路段，增设临时执勤点，严打"黑校车"等交通违法行为。结合实际优化交通组织措施，严防校园周边道路严重拥堵和交通事故。对学生上放学乘坐交通工具情况进行摸底排查，根据学生上放学集中出行的乘车需求，及时调整运力和延伸服务，解决学生集中出行的交通问题。同时，进一步完善交通设施，按照《中小学与幼儿园校园周边道路交通设施设置规范》，定期开展幼儿园、中小学周边道路隐患排查，增设完善交通标志、标线及信号灯、人行设施等交通设施。广泛开展交通安全法律法规宣传，深入推进文明交通创建活动，强化学生步行安全规则意识教育，劝导家长严格遵守规章制度接送学生，全力营造安全稳定的校园周边交通环境。

（四）进一步强化工作合力提升末端发力实效

持续推动各级各部门履行好未成年人保护职能职责，加强城乡未成年人主要活动场所智能监控建设，畅通学校、派出所、社区等监控信息、预警信息互通，确保及时发现涉未成年人异常信息。督促各级各类学校落实安全主体责任，持续推进校园安全管理规范化、制度化、精细化。同时，推动宣传、司法、民政、妇联、团委等部门加快推进"社区家长学校"的建立运行，配套相关制度机制和保障措施，建立面向家长的常态化安全提示提醒机制，利用手机短信、"两微一端"等载体，向家长推送安全提示提醒。进一步增强家长履行监护职责、提升家庭教育的意识和能力，真正提升政府、家庭、学校、社会协作育人的质量效益，凝聚起保障学生健康成长的强大合力。

（五）建设常态研判督导机制

将预防未成年人非正常死亡工作纳入平安建设重点工作统筹调度，建立定期会商研判制度，定期分析研判工作形势，构建高效联动的信息共享机制，推动风险隐患第一时间化解控制，努力做到早发现、早研判、早化解，真正做到未雨绸缪、防于未发。针对每一起学生伤亡事故，教育部门组织开展事故回溯调查、原因剖析，找准问题短板、制度漏洞，研究提出指导意见、防范措施，举一反三抓好整改落实，有效减少遏制学生非正常死亡事件发生。同时，将预防未成年人非正常死亡纳入平安建设考评和教育督导评估体系，加强对各项防控措施落实情况的监督、检查，对发现的问题隐患"一竿子插到底"，做到整改不落实不放过、问题不解决不放过、隐患不排除不放过。

B.18
分色管理、分级保护：贵州省
未成年人保护机制研究

——以毕节市为例

陶进 罗鹏 程华*

摘 要： 精准评估未成年人风险并予以具有针对性的干预措施是开展未
成年人保护工作的前提和基础，建立一套风险评估、分级管理
的未成年人保护机制，做好源头预防治理是避免未成年人保护
工作陷入事后补救漩涡的重中之重。本文以贵州省毕节市为
例，从完善顶层设计、政策落实主体、多部门协同参与等方面
探索分析毕节市"分色管理、分级保护"未成年人保护机制的
运行逻辑，发现该机制具有动态性、精准性以及预防性三个方
面的特点。

关键词： 未成年人保护 分色管理 分级保护 贵州毕节

一 研究背景

受社会环境、年龄、身体素质等因素制约，未成年人自我保护和主动求
助能力较弱，是容易遭受家庭暴力或社会事件影响的弱势群体。未成年人保
护通过向所有未成年人提供支持和帮助，保障其基本生活，维护其受教育、

* 陶进，毕节市未成年人救助保护中心主任；罗鹏，毕节市未成年人救助保护中心副主任；程
华，毕节市未成年人救助保护中心工作人员。

医疗等基本权益，促进他们身心健康成长。未成年人保护机制则是指有关方面具有"特定责任归属和保护措施办法的具体安排"①。设计这些具体安排时，通常突出"家庭保护机制""学校保护机制""社会保护机制""司法保护机制"四个子系统，相应的责任归属指向"家庭""学校""各政府机构及社会组织""司法部门"。随着人口流动长期化、家庭结构小型化，可预见的是原有的四种机制存在一定的不足和缺陷，尤其在经济落后的西部地区，农村劳动力外出务工数量多，导致大量未成年人留守。受部分监护（照护）人的思想观念落后、文化素质不高等制约，家庭保护能力有限，留守困境未成年人极易因失管失护遭遇意外或者遭受不法侵害。2020 年 10 月 17 日，第十三届全国人民代表大会修订《中华人民共和国未成年人保护法》，自 2021 年 6 月 1 日起施行。修订后的《未成年人保护法》明确各级政府应当建立未成年人保护工作协调机制，细化政府及其有关部门的职责，将未成年人保护划分为家庭保护、学校保护、社会保护、网络保护、政府保护、司法保护。修订新增的"政府保护"板块，规定当家庭内部的监护职责不能良好履行时，需要依托家庭外的服务体系，如未成年人救助保护机构、儿童福利机构等，这样对于未成年人的保护就从过去的困境未成年人，延伸至全体未成年人。

过往的未成年人保护机制对源头预防治理有规定，但缺乏具体标准和流程，实际操作中大多呈现出一种事后救助保护的形态，没有建立起标准化的分级风险监控制度，缺乏完善的发现报告机制和对预防工作的制度安排。对于有陷入困境可能性的未成年人及其家庭缺乏评估、介入和追踪机制，导致出现两个方面的问题，一是难以对遭受侵害或遭遇意外潜在风险的未成年人提前介入，为其提供帮助，保障其免受伤害或是将伤害尽可能降低。同时对于困境未成年人的需求，没有能够在事前进行评估分级，而是在事后才对其生存环境做出评估，此时未成年人大多已陷入风险。二是随着经济社会发

---

① 贺连辉、陈涛：《我国社区儿童保护和服务机制发展新走向》，《中国青年社会科学》2018 年第 3 期，第 111~119 页。

展、儿童福利水平提升，困境未成年人的需求与分类也发生变化。依据陷入困境的原因、家庭环境、需求及其干预措施的不同，困境未成年人类别又有所区别，困境未成年人分类型、分需求、分路径的精准救助就成为一种必然要求。① 这就需要建立一种源头预防、事前评估、分级管理的未成年人保护机制。

毕节市位于贵州省西北部，辖 8 个县级行政区划和 1 个正县级管理区，279 个乡（镇、街道），3716 个村（居）。② 2022 年末，全市有户籍未成年人 257.92 万，其中有留守未成年人 17.18 万，孤儿与事实无人抚养未成年人 0.99 万，低保家庭未成年人 22 万。③ 2016 年以来，随着《国务院关于加强农村留守儿童关爱保护工作的意见》（国发〔2016〕13 号）和《国务院关于加强困境儿童保障工作的意见》（国发〔2016〕36 号）的先后出台，中国儿童福利政策制度进入高速发展完善轨道，毕节市把未成年人保护工作摆上党委、政府工作更为重要位置，坚持问题导向建立系列关爱保护制度机制，在此后几年中持续发力、不断完善。毕节市未成年人保护机制最初主要集中在孤儿、事实无人抚养未成年人以及特困供养等困境未成年人群体，保护范围未能覆盖所有未成年人，导致部分不在此列的未成年人陷入困境时难以及时获得救助保护，未成年人保护机制极易陷入事后补救的困局。统计监护未成年人数量和评估需求是监护未成年人保障工作开展的前提基础，未成年人的监护保障工作需要从源头抓起，特别是困境未成年人的源头预防，必须在风险未成年人陷入困境之前适时介入，才能够把伤害降到最低。④ 基于此，贵州省毕节市 2021 年扩大对未成年人的保护范围，探索建立四色评估机制，对未成年人进行"分色管理、分级保护"，动态掌握未成年人基本情况。

---

① 武艳华、周辉：《困境儿童的福利需求、救助不足与保护机制研究——基于困境儿童的类型化分析》，《社会工作与管理》2018 年第 3 期，第 59~66 页。
② 《毕节市概况（2023 年更新）》，2023 年 5 月 17 日，https：//www.bijie.gov.cn/hhbj。
③ 数据由毕节市民政局提供。
④ 黄晨熹、薛媛媛、陈婷：《上海市家庭监护困境儿童保护的机制、问题与对策》，《华东师范大学学报》（哲学社会科学版）2021 年第 3 期，第 171~177 页。

二 毕节市"分色管理、分级保护"未成年人保护机制的运行逻辑

"分色管理、分级保护"是毕节市 2021 年提出的一种针对全市未成年人的分类管理方式，旨在通过精准评估、精心帮扶、精细干预等举措，把所有危害未成年人身心健康成长的风险发现在早、消除在小。评估机制明确由乡（镇、街道）按照"动态排查发现即评估、重点对象按月跟踪评估、全体对象每年集中评估"的要求，对未成年人的监护、生活等状况进行评估，按蓝、黄、橙、红四种颜色确定保护等级。其中，未成年人属"无人监护（照护）或未与具备完全民事行为能力成年人共同居住生活，履行监护（照护）职责人员不具备完全民事行为能力或履职不力，生活无着，辍学，人身遭受不法侵害"等情形之一的，评为"红色"等级；未成年人属"为留守或困境且监护（照护）人年龄 70 岁及以上或监护（照护）人照护能力较弱，过去 6 个月内有严重不良行为，或当年刑释解戒，或处于社区矫正，单亲家庭且监护失当，父母一方服刑在押或被执行其他限制人身自由措施，父母一方重残或重病，女性且母亲患精神或智力障碍"等情形之一的，评为"橙色"等级；未成年人属"留守或困境且无'红色''橙色'等级情况，单身男性单独监护（照护）女性，过去 6 个月内有不良行为或外出流浪乞讨，育新学校就读完且未在普通学校就读"等情形之一的，评为"黄色"等级；除此以外的未成年人评为"蓝色"等级。

分级保护制度由县级统筹，乡（镇、街道）具体负责，乡村干部、儿童督导员、儿童主任、学校教师、志愿者等力量参与，对未成年人根据评估等级分类实行关爱帮扶。对蓝色等级未成年人平时进行随访、关注；对黄色等级未成年人按"一对多"结对帮扶，每月入户走访，了解其生活、健康状况；对橙色等级未成年人按"一对一""多对一"结对帮扶，每周入户走访；对红色等级未成年人立即采取行政或者司法手段，通过心理干预、生活救助、司法保护等措施确保"动态清零"。通过对家庭状况、生存环境、身

体健康等多维度的评估，将未成年人划分为四个类别，针对不同类别的未成年人提供不同程度的管理和关爱保护措施，从而实现对未成年人的安全苗头风险及时介入、精准干预。"分色管理、分级保护"能够顺利开展，背后的运行逻辑是完善的顶层设计、层级联动的政策实施主体、多家单位的协同参与等多方面的相互配合。顶层设计是基础、是政策保障；政策实施主体是具体的操作过程，是政策真正落地的环节；多家单位的协同参与则是分级后的保护工作、管理工作以及未成年人关心关爱服务供给的保障。

（一）夯实基础：逐步完善的顶层设计

完善的顶层设计是毕节市"分色管理、分级保护"机制能够顺畅运行的基础。毕节市2021年在全省率先调整未成年人保护工作协调机制设置，在市、县、乡分别成立党政主要负责人共同担任主任的未成年人保护工作委员会（以下简称"未保委"）。未保委领导涵盖党委、人大、政府、政协四大班子，包含党政主要负责人，纪委监委、组织部、宣传部、政法委主要负责人，政府、人大和政协分管负责人等，成员单位包括纪委监委、宣传、政法、民政、教育、法院、检察院、公安、司法、文旅、市场监管、团委、妇联等近50家部门和组织，未保委下设办公室（以下简称"未保办"）。该办公室设在民政部门，并且由政法委主要负责人和政府分管负责人共同担任办公室主任，细化明确未保委、未保办以及各成员单位工作职责，建立联络员制度和定期议事制度，按县级至少5人、乡级至少2人配备未保办专职人员，在全市建立起了一套高规格的组织保障体系，构建起了层层有人负责、层层有人抓落实的格局。2021年3月，市委、市政府印发《关于开展未成年人保护"四大工程"实施方案》和《关于压实未成年人保护"五方责任"实施方案》，提出分级保护制度要求。市未保办随即制定具体评估标准，对全市常住未成年人组织开展排查，逐一摸清未成年人姓名、年龄、监护、健康、教育、医疗等信息，父母或者实际监护抚养人、家庭共同生活成员等基本情况等，按照红色、橙色、黄色、蓝色四个等级评定未成年人保护等级。自"分色管理、分级保护"制度建立以来，毕节市不断分析研判，以监护状况、生活状况、心理状况等为重点，两次对未成年人分色分类管理进行调整完善，实现评估标准不断优化、分级保护更加精准。

（二）政策落地：层层压实的主体责任

政策的制定到落地，是从理论到实践的跨越，政策落地需要切实的执行者。毕节市未成年人保护工作自上而下的管理运行体制，保证各个层级都有明确的工作职责、人员与机制，使政策在执行的过程中能够层层压实，从而实现未成年人的"分色管理、分级保护"。儿童督导员、村（居）儿童主任等定期开展入户排查，动态掌握辖区未成年人基本情况，按"分色管理、分级保护"的规定对不同颜色等级的未成年人进行走访关爱，并层级上报特殊情况。如发现遭遇家庭重大变故、陷入危困状态、人身安全面临威胁等特殊情况未成年人，及时层级上报，由乡（镇、街道）统筹和链接资源，及时提供救助保护，降低未成年人风险困境加剧可能，最大限度保护未成年人免受伤害。为保障工作开展的及时性与动态性，村（居）工作人员、儿童主任以及帮扶责任人等在走访时需要填写走访排查表，日常也需要及时更新本村未成年人分级管理台账。台账随着未成年人信息及评级变动而及时更新，特别是红色等级未成年人需"动态清零"。

2022 年，毕节市未保委出台《关于从严抓实未成年人保护工作的十三条措施》，构建形成政府主导、未保办统筹、成员单位参与、乡镇政府（街道办事处）负责具体组织实施的排查评估工作机制，强调排查要做到县不漏乡、乡不漏村、村不漏组、组不漏户、户不漏人，乡（镇、街道）要建立未成年人隐患排查台账，每月组织一次未成年人保护工作会商，及时研究解决问题风险，逐级把"分色管理、分级保护"工作职责压得更实。同时，进一步强调家庭监护在未成年人保护中的重要性，通过多部门联动从严落实家庭监护主责，对监护人未依法履行监护抚养义务导致未成年人处于危困状态的，坚决依法从严从重查办。

（三）机制保障：多方参与的协同保护

未保委近 50 家成员单位的协同治理，是毕节市"分色管理、分级保护"机制得以落实的保障。2021 年，毕节市委、市政府部署开展未成年人保护强基、铸墙、护苗、利剑"四大工程"，着力压实政府、部门、学校、村（居）、家庭"五方责任"，逐级建立未成年人信息台账，在村（居）、学校分别建立黄色、橙色、红色等级未成年人个人档案。动态掌握孤儿、事实无人抚养、留守、困境等特殊未成年人底数，建立健全部门数据监测、比对和共享机制，及时精准落实关爱救助保护政策，变"人找政策"为"政策找人"。分类落实"一对一""一对多""多对一"帮扶责任人以及救助保障、监护干预、司法保护等关爱保护措施，逐步降低风险等级。创新运用"物质保障+生活服务+精神需求"多元关爱帮扶模式，进一步提升四类特殊未成年人的生活质量和水平。党委领导、政府主导、成员单位的协同参与，是对"分色管理、分级保护"机制的补充与保障，确保对未成年人的关心关爱救助保护措施能够落到实处。

在未成年人的前期评估、定期走访以及关心关爱服务供给等多个层面，都需要教育、妇联、公安、卫健等多个部门的联动。学龄期的未成年人大部分时间在学校，老师是与未成年人接触更为紧密的人员，也是关心关爱未成年人的重要主体。对于陷入困境或是面临困境的未成年人，其身处的风险环境，以及如何脱离风险环境，往往需要与公安、检察院、法院乃至司法等部门协作，才能够帮助面临困境或已经陷入困境的未成年人脱离危险。特别是在遭受侵害或面临侵害风险强制报告制度的执行层面，报告主体囊括部门与个人，需要公安、民政、教育等多家单位和社会各界的协作联动、共同发力，才能及时有效保护未成年人免受伤害。

三　毕节市"分色管理、分级保护"未成年人保护机制的特征

（一）动态性

未成年人生活环境、监护情况、自身状况等随时在改变，潜在风险也会

随之变化，评估工作必须实行动态管理。毕节市结合实际，明确对新增对象需立即进行评估；对橙色和红色等级对象每月至少进行一次评估；对黄色等级对象每年3月和9月分别进行一次评估；对蓝色等级对象每年9月进行一次评估。不断完善与更新的风险评估，决定了毕节市"分色管理、分级保护"未成年人保护机制的动态性，这种动态性的体现，一方面源于对未成年人基本情况的掌握以及定期评估。定期评估保障了生活环境发生变故的这部分未成年人，在他们遭遇重大变故面临危机的时候，能够通过定期评估及时掌握信息，对其重新定级进行分类，以确保相关部门能够及时为其提供帮助，保障这部分未成年人的基本生活，降低其陷入危机的可能性以及受伤害的程度。如果未成年人的生存环境以及身心发展在逐步向好，定期评估也有助于需要救助未成年人的后续追踪。另一方面源于对红色等级未成年人"动态清零"规定，对陷入困境、面临危机的未成年人，需要立即响应，对其予以救助保护，以确保其及时脱离困境。例如，毕节市D村一名未成年人，此前父母外出务工，由其爷爷奶奶在家照料监护，在对该未成年人进行评估后，D村工作人员根据该未成年人的实际情况，将其纳入黄色等级保护。3个月后，该未成年人母亲返家未再外出务工，D村工作人员对其进行重新评估后，将其变更为蓝色等级保护。"分色管理、分级保护"未成年人保护机制的动态性决定了它的灵活性，也就保障了在未成年人救助保护工作中能够灵活变通，根据实际情况进行调整。

（二）精准性

"分色管理、分级保护"机制的精准性取决于它的动态性，是动态性的延伸，因为它是随着未成年人面临的实际情况而变化的，也就决定了它的精准性。精准性能够保障评估结果以及分级管理准确，对不同需求的未成年人提供关心关爱救助服务。例如，毕节市H县有四名未成年人父亲于2021年去世，母亲改嫁后与现任丈夫生育二孩，称其无力再对四名子女进行监管，没有履行监护职责。在对这四名未成年人进行四色评估后，当地将他们全部纳入橙色等级保护，并送入当地儿童福利机构临时照料。在保障未成年人得到妥善监护的同时，工作人员坚持多次上门对其母亲进行法律宣传和思想教育，让她认识到不抚养未成年子女属于违法行为，意识到父母在子女健康成长过程中的重要性，最终母亲将四名未成年子女接回身边监护抚养。后续跟踪走访评估发现四名未成年人监护情况良好，保护等级也从橙色等级降评为蓝色等级。"分色管理、分级保护"机制能够通过不同颜色保护等级，标识未成年人面临困境的紧迫程度，使工作人员能够更加准确地了解到未成年人所面临处境以及需求，从而更加精准地开展救助帮扶工作，提供针对性的关心关爱服务。

（三）预防性

"分色管理、分级保护"机制的优势与特性还体现在预防性，而预防性也是建立在其动态性和精准性的基础之上。从未成年人四色评估分级机制来看，蓝、黄、橙、红四色等级逐步递增，属于不同保护等级的未成年人面临风险的可能性、陷入危机的可能性也是逐步增大。即纳入橙色等级的未成年人，其承担风险的能力会比黄色等级乃至蓝色等级的未成年人弱，陷入困境的可能性也就更大。这四色评估依据其家庭情况、监护情况、健康情况等多个维度对未成年人进行评估分级，将承担风险能力不同的未成年人纳入不同层级进行管理，使相关部门在一定程度上掌握了各类未成年人的情况。而对不同层级的未成年人根据评估的等级实行定期入户走访，及时给予关爱服务帮助排除隐患，更能让未成年人保护工作落到实处。

四 健全毕节市"分色管理、分级保护"未成年人保护机制的建议

从毕节市"分色管理、分级保护"机制的起源和发展过程中，不难看出整个机制是在运行过程中不断优化的。2023年初，在实践过程中发现，重组家庭未成年子女和父母一方重病重残或者服刑的未成年人在生活学习过程中，实际上面临着较大的风险，与普通单亲家庭未成年子女相比更容易陷

入困境，而在之前对这部分未成年人群体没有进行单独划分列入评估分类。毕节市随即调整评估标准，把此类未成年人纳入橙色等级保护。社会环境、国家政策、未成年人身心健康发展需求的多元化等多方面的因素，决定了未成年人保护工作是一项复杂且长期的社会工程，在制度机制方面需要各级各方持续开展探索、不断优化完善。毕节市"分色管理、分级保护"未成年人保护机制实施取得一定成效，但总体上也还存在亟须完善的方面，包括分类标准、专业水平以及队伍建设等。

（一）不断完善评估与分类标准

随着未成年人需求的不断变化、社会经济的不断发展，对于困境未成年人的具体表述与分类也在发生变化，这就意味着未成年人四色评估的标准不能一成不变，要在实践过程中根据实际情况进行调整。现有的评估与分类标准必然也存在一定程度的缺失，不尽完善。因而在今后的实践与工作过程中，仍然需要结合实际情况去发现问题、找出缺失、补充内容，从而完善整个机制运作。例如，在评估标准中除了生存环境和家庭环境，未来应当增加未成年人的心理健康需求、数字技术需求等维度，对评估标准的维度进行丰富。又或是随着社会经济的进步，现阶段的潜在风险因子掌握并不完全或者不再具备风险因素，那么评估标准与评估等级也都将随之一并修改完善。这也说明了四色评估机制本身的评估标准就存在一定的动态性，它随着社会环境的变化、未成年人需求的变化等一起变化，不断完善。

（二）强化专业力量参与执行

在对未成年人的评估，以及评估后的关心关爱过程中，专业力量的介入不足。对未成年人的评估，主要是依据生活环境、成长环境等进行评估，主要目的是保障未成年人能够在稳定安全的环境中健康成长。对于未成年人的心理健康及其心理发展缺乏专业的评估与介入，只能通过学校的心理老师去补充和完善。尤其是在未成年人陷入困境后的追踪帮扶过程中，对于一些经历重大变故或遭受重大身心伤害的未成年人，心理健康发展层面的专业介入与帮扶相对较为缺乏，也难以对其心理健康发展形成一个完善的跟进服务机制，确保未成年人身心发展不受影响。如何加强执行过程中的专业力量介入？一方面，注重工作人员专业能力培养，从上级部门到基层工作体系，通过开展业务技能培训、鼓励参加社会工作、心理学资格考试，或是通过购买专业服务、聘用专业技术人员等方式，提高工作人员专业能力和水平。另一方面，注重政府部门和群团组织、社会组织等的资源整合，卫健、教育等部门的心理医生或心理老师，团委、妇联、关工委等组织的志愿者，民政部门、社会组织的社会工作者等专业人员，都是在执行过程中可利用的人力资源，需要充分发挥他们的作用，以促进未成年人评估和关爱服务工作的进一步完善和专业化。

（三）加强基层队伍培训教育

在"分色管理、分级保护"机制执行过程中，基层还有少数工作人员对于相关的法律法规和政策等不够熟悉，这就导致了在工作中难以及时准确解决问题。在未成年人等级评估的过程中，工作人员对于评估标准又有着不同的理解和想法。例如，监护不当的单亲家庭未成年人这一项，部分工作人员对于"监护不当"这一概念难以下一个准确的定义，不知如何把握这个评判的尺度。这就需要上级部门加大相关法规政策和业务知识的培训力度，组织工作人员对四色评估的评估标准、评估过程和分级保护措施等整个体系进行系统学习，促进基层工作人员提升排查评估和分级保护能力。

五　结语

未成年人是国家的未来和希望，保护未成年人权益是国家、社会和每一个公民应尽的责任和义务，未成年人权益保护是一项长期、复杂而艰巨的任务。未成年人保护机制要在不断实践过程中去补充、去优化完善，保障其运行需要各方共同努力。未成年人保护工作任重道远，在未来仍然需各级党委政府、部门、学校、村（居）、家庭、社会组织乃至全社会共同努力、持续发力，打造有利于未成年人身心健康成长的文明和睦的家庭环境和和谐友好的社会环境。"分色管理、分级保护"机制是毕节市未成年人保护工作开展的基础，也是其他未成年人保护工作顺利进行的机制保障，仍然需要在今后的实践过程中顺应时代发展，进一步完善优化相关机制，对未成年人做到精准评估识别风险、精心摸排掌握需求、精确查找问题根源、精细落实关爱帮扶，从而实现对未成年人的精准救助保护，更有效地维护未成年人合法权益，保障未成年人安全健康成长。

司法保护篇

The Chapters of Judicial Protection

B.19
贵州未成年人保护的法律监督调研报告

王东丽　田　猛*

摘　要： 未成年人保护是关系着千家万户的民心事业，守护好未成年人健康成长是一份永无止境的责任。近年来，无论是未成年人涉罪还是侵害未成年人犯罪，越来越成为全社会关注的焦点，也反映了未成年人保护发展进程中存在的一些问题。本文通过梳理贵州检察机关以唤醒缺位监护、检校共建协作、深度参与治理、惩防网络犯罪、凝聚保护合力、检察融合履职等做法促推"六大保护"融合发力工作的现状，结合全省三级检察机关2018～2022年涉未成年人案件办理数据，分析在未成年人犯罪形势、侵害未成年人犯罪问题、形成未成年人保护合力等方面存在的问题，提出加强监护监督、深化检校合作、探索数字赋能、紧盯重点问题、做好重点保障、立足主责主业等针对"六大保护"加强法律监督工作的建议。

* 王东丽，贵州省人民检察院第九检察部主任；田猛，贵州省人民检察院第九检察部检察官助理。

关键词： 未成年人保护 司法保护 法律监督 贵州省

新修订的《未成年人保护法》《预防未成年人犯罪法》颁布施行以来，各级单位密切配合、各司其职，在全方位构建未成年人保护工作体系中积极履职，横向协调联动、纵向融会贯通的未成年人保护体制机制逐步形成，"六大保护"关心关注未成年人健康成长的社会氛围日益浓厚。但是，目前未成年人保护工作大格局面临的形势和问题依然严峻复杂，未成年人涉罪、侵害未成年人犯罪案件仍有上升趋势，家庭监护缺位、学校保护不力、社会力量参与不足、网络保护缺乏抓手等问题仍比较突出，未成年人健康成长的社会环境还有不少优化提升空间，全社会汇聚形成未成年人保护合力还任重道远。

检察机关承担了未成年人司法保护与法律监督的重要职责。面对新问题、新情况，检察机关如何承担起未成年人保护大格局中肩负的重要使命，如何立足检察职能、充分发挥司法保护作用促推"六大保护"融会贯通，如何更好地全方位守护未成年人合法权益、促进他们身心全面健康发展，成为必须回答的命题。依托贵州检察机关 2018～2022 年的办案数据和 2000 余名检察官担任学校法治副校长进校园、上课堂的工作情况和全省检察机关全方位参与未成年人综合司法保护、开展法律监督工作实际，聚焦地方实践、分析现实问题、研提对策建议，以期汇聚各方力量共同为未成年人保护大局献计出力，形成本报告。

一 调研背景

未成年人是祖国的未来、是中华民族的希望，党和国家历来高度重视未成年人保护，十年来，以习近平同志为核心的党中央带领全国各族人民持续奋斗，党和国家事业发展取得举世瞩目的成就，为加强未成年人保护工作带来前所未有的发展机遇。习近平总书记强调，当代中国少年儿童既是实现第一个百年奋斗目标的经历者、见证者，更是实现第二个百年奋斗目标、建设社会主义现代化强国的生力军。要求各级党委和政府、全社会都要关心关爱少年儿童，为少年儿童茁壮成长创造有利条件。[①] 党的二十大报告指出，要加强和改进未成年人思想道德建设，健全学校家庭社会育人机制，保障儿童合法权益。

检察机关在未成年人保护大格局中肩负着神圣使命，承载着未成年人司法保护与法律监督的双重职责。随着我国社会主要矛盾的改变，人民群众对未成年人保护产生了新期待。也正是因为人民群众的新要求新期盼，新一轮司法改革不断强化未成年人检察职能，已日渐成为未成年人司法保护的中坚力量。2021年，党中央专门印发《关于加强新时代检察机关法律监督工作的意见》，赋予检察机关更重的政治责任、法治责任，明确要求"强化未成年人司法保护，完善专业化与社会化相结合的保护体系"。未成年人"两法"修订施行，也赋予检察机关未成年人司法保护以特殊职责和新的重要使命。

检察机关在未成年人保护中扮演着法律监督者、教育引导者、社会协调者、公共利益守护者等多重角色，为维护未成年人权益、守护未成年人健康成长发挥着重要作用。不同于传统的检察工作，未成年人检察包括刑事、刑事执行、民事、行政、公益诉讼领域，兼容综合"捕诉监防教"一体化职能，在司法理念、任务目标和工作开展方式方法上均与传统检察工作体现出较大差别。涉未成年人案件通常会涉及多个法律关系，面对不同的对象、主体，检察机关必须扮演好不同的角色，检察机关不仅要依法惩治侵害未成年人权益的犯罪行为，办理好未成年人犯罪案件，还要积极开展预防性保护工作，如教育引导、法律宣传、社会协调等，以及对涉及未成年人权益的行政行为进行监督等。最高检部署实施未成年人检察专业化、规范化、社会化以来，未检工作已加速实现了六个转变：从办理未成年人犯罪案件、教育挽救

---

① 《习近平寄语广大少年儿童强调 刻苦学习知识坚定理想信念磨练坚强意志锻炼强健体魄 为实现中华民族伟大复兴的中国梦时刻准备着 向全国各族少年儿童致以节日的祝贺》，《人民日报》2020年6月1日，第1版。

涉罪未成年人，向同时打击侵害未成年人犯罪、保护救助未成年被害人转变；从对未成年人犯罪强调宽缓化处理，逐渐向精准帮教、依法惩治、有效管束、促进保护并重转变；从传统的未成年人刑事检察向综合运用多种手段、全面开展司法保护转变；从注重围绕"人"开展犯罪预防，向更加积极促进社会治理创新转变；从强调法律监督，向同时注重沟通配合、凝聚各方力量转变；从各地检察机关积极探索自下而上推动，向高检院加强顶层设计、整体推进转变。中国特色社会主义未成年人检察制度框架初步形成。①

2018 年，贵州检察机关主动向最高检申报试点，探索开展未成年人检察业务统一集中办理，并于 2021 年在全省全面推开。按照最高检统一安排部署，将涉及未成年人的"四大检察"业务统一由未成年人检察部门集中办理，全面强化未成年人综合司法保护。截至 2023 年 6 月，全省 23 个检察院设置了未成年人检察机构，75 个检察院设置了专门办案组或明确专人负责未成年人检察工作，未成年人检察专门组织实现全覆盖。贵州检察机关始终坚持以习近平新时代中国特色社会主义思想为指导，深入贯彻习近平法治思想，认真贯彻"中发 28 号文件"和省委实施意见，切实担当起新修订的《未成年人保护法》《预防未成年人犯罪法》赋予检察机关的更重责任，充分发挥刑事、民事、行政、公益诉讼"四大检察"职能作用，守护未成年人安全健康成长，持续加强未成年人保护法律监督，深度融入综合保护，不断推动未成年人司法保护工作高质量发展。

二 贵州未成年人保护法律监督成效及做法

作为国家法律监督机关，检察机关同时也是全方位、全过程参与未成年人司法保护的唯一政法机关。新修订实施的《未成年人保护法》《预防未成年人犯罪法》，把强制报告、入职查询、未成年人检察公益诉讼、督促和支持起诉、"一站式"询问救助、家庭教育指导等一批检察机关探索创建的制

---

① 童建明、万春、宋英辉主编《未成年人检察业务》，中国检察出版社，2022，第 6 页。

度机制，上升为了法律规范，也明确了检察机关对未成年人保护、未成年人犯罪预防依法开展监督。未成年人保护法律监督工作，是检察机关依法履职、能动履职，全面贯彻落实习近平总书记关于未成年人保护的重要指示批示精神，贯彻执行党中央关于加强未成年人保护工作决策部署，推动解决未成年人保护社会治理突出问题，促进未成年人保护体系更加健全完善的有力举措。贵州检察机关秉持"标本兼治""督导而不替代"等司法检察理念，充分发挥"捕诉监防教"一体化履职优势，以"四大检察"全面深化未成年人综合司法保护，充分发挥法律监督职能，促推"六大保护"融合发力，努力实现"1+5>6＝实"。2018~2022 年，① 全省检察机关受理审查逮捕未成年人犯罪嫌疑人 14425 人、审查起诉 15455 人，对各类侵害未成年人犯罪嫌疑人批准逮捕 10985 人、起诉 13192 人，涉及被侵害的未成年人 12165 人。②

（一）以唤醒缺位监护助推家庭保护

家庭是儿童成长的起点，家庭保护是未成年人生活、学习等成长历程中能够获得的最基础、最快捷、最直接、最全面的保护。修订后的《未成年人保护法》规定了未成年人的父母或者其他监护人应学习接受家庭教育知识和指导，也规定了监护人应当承担的监护责任、禁止实施的行为、家庭安全防护、听取未成年人的意见、保护及报告义务、禁止脱离监护、离婚案件中对未成年子女的保护等内容，以及新设立的委托照护制度，旨在让未成年人在家庭全面呵护中健康成长。实践中，很多有严重不良行为、违法犯罪行为的未成年人都出自问题家庭，生而不养、养而不教、教而不当在涉案未成年人家庭中有不同程度的体现。

《未成年人保护法》和《预防未成年人犯罪法》提出明确要求，要强化家庭教育指导。贵州检察机关深入贯彻落实"两法"，立足法律监督职责，依法能动履职，联动社会力量协作守护未成年人健康成长，不断提升家庭教

---

① 报告中数据如无特殊说明，统计区间均为 2018~2022 年。
② 资料来源于贵州检察机关案件办理系统。

育指导的针对性和有效性。省检察院联合省民政、妇联等六家单位出台《关于在办理涉未成年人案件中开展家庭教育指导工作的实施办法（试行）》，明确该《办法》适用范围、家庭教育指导方式内容、工作协调机制、队伍建设、机构载体等，确保未成年人保护"两法"、"两条例"和《家庭教育促进法》落地落实。立足各地实际，依托学校、检察机关未检工作室、社区等场所建立家庭教育指导中心30余个，探索家庭教育指导工作实现的最佳路径。在办理未成年人犯罪案件中，通知法定代理人到场14000余人次，开展亲情会见3800余次，发挥家庭温情作用，促进涉罪未成年人认罪悔罪。在案件办理中，对发现的由于监护人监护不到位、管教方式不当等，致使未成年人走向违法犯罪或受到侵害的问题，2021年以来共发出"督促监护令"5000余份，以法律文书的形式督促监护人履行职责，督促家长反思成因、更新理念，加强与孩子的沟通交流，让孩子感受家庭的温暖。2018年以来，共帮助2000多个家庭改善亲子关系、2900余名涉案未成年人矫正不良行为习惯。针对监护人实施侵害行为，在依法提起公诉的同时，以检察建议、督促起诉、支持起诉等方式开展监护监督，共受理撤销监护权案件148件，支持个人起诉、单位起诉106件，法院裁判撤销监护权88件。

（二）以检校共建协作促进学校保护

未成年学生在校学习生活是未成年人成长不可或缺的组成部分，脱离了家庭的监护保护，学校保护尤为关键。修订后的《未成年人保护法》更加深化了校园安全保护责任，规定了学校保护的更高要求，不仅要求学校建立安全管理制度全方位保障学生人身安全，而且增加了防范学生欺凌、防范性侵和性骚扰、预防网络沉迷等条款，对未成年学生的保护更全面具体、更具可操作性。不可否认的是，校园安全问题仍隐患众多，校园暴力、性侵案件屡禁未绝，学校保护依然任重道远。深化检校共建协作，充分发挥学校保护职能、筑牢学校保护防线，守护未成年人健康成长、全面成才，是检察机关理应担负起的政治责任、法治责任、检察责任。

贵州检察机关始终坚持"最有利于未成年人"原则，紧扣落实"一号检察建议"、深度参与平安校园建设，以检察履职全面融入学校保护，助推形成保护合力。一方面，"没完没了"抓好"一号检察建议"督促落实。2018年10月，最高检向教育部就儿童和学生法治教育、预防性侵害教育缺位等问题发出"一号检察建议"后，贵州省检察院牵头相关部门出台《关于在密切接触未成年人行业建立违法犯罪人员从业限制制度的意见》《贵州省侵害未成年人案件强制报告联席会议制度》等文件，推动对全省中小学教职员工开展入职查询及背景筛查，对排查出有违法犯罪前科的劣迹人员分别作出不予录用、解聘或开除等决定。另一方面，深度参与平安校园建设。联合开展防治校园性侵害专项行动，深入督导察看、强化责任落实，实地调研中小学校、幼儿园等4900余所，对走访发现的900余个安全隐患、管理漏洞问题，提出检察建议148件，督促完成问题整改881个，推动学校建立健全防性侵、防欺凌等校园安全防范机制。连续四年分析通报校园性侵案件情况，通过案件办理，依法严惩教职员工校园性侵犯罪。联合省教育厅等下发《贵州省中小学法治副校长工作指引》，全省2000余名检察官兼任法治副校长。设立法治教育基地41个，组织中小学生开展"法治实训"教学实践活动。积极创新法治宣传教育形式和内容，编写法治宣传书籍141种，拍摄微电影、微动漫、微视频256部，全省三级检察机关连续四年在"六一"儿童节期间同步开展未成年人主题"检察开放日"活动，邀请25000余名师生走进检察机关。

（三）以深度参与治理提升社会保护

学校环境、家庭环境、社会环境是影响未成年人成长的三大环境，而在三大环境影响中，社会环境制约和影响着学校、家庭环境。[1] 未成年人只有从小能够感知在家庭、学校以及社会交往中的关心呵护，才能成为快乐成长的一代人、成为热爱国家的一代人。新修订的《未成年人保护法》扩大了

---

[1] 佟丽华主编《中华人民共和国未成年人保护法理解与适用》，中国法制出版社，2021，第181页。

社会保护的范围，针对热点难点问题，提出了许多新举措，对不同社会主体的责任落实作了明确规定，构筑了全社会共同参与未成年人保护的工作架构。生活中，每一起案件背后，都可能暴露出更深层次的社会问题，涉及未成年人的案件更是如此，未成年人检察工作只有坚持系统思维，能动履职深度参与社会治理，推进未成年人保护社会治理和治理能力现代化，才能做到既"抓末端、治已病"又"抓前端、治未病"。

贵州检察机关找准服务保障未成年人保护大格局定位，不断"发现问题""解决难题"，凝聚各方合力积极促进未成年人保护社会治理现代化建设，推动形成保护未成年人的良好环境和社会氛围。一方面，通过刑事案件办理、法治进校园进乡村等方式发现检察履职线索，稳妥拓展未成年人公益诉讼案件范围，有效参与社会治理，有效促进社会保护支撑作用。2021~2022年，办理公益诉讼案件1090件，推动行政机关开展专项治理行动，取得良好效果。针对旅馆、酒店等场所性侵未成年人犯罪案件高发问题，督促相关部门进行排查，对1000余家不履行社会保护义务的场所进行整改、处罚。另一方面，督促密切接触未成年人行业的各类组织建立健全强制报告落实机制，推动强制报告制度落到实处。2020年5月7日施行强制报告制度以来，全省共计接收强制报告案件线索514件，其中经审查涉嫌犯罪立案352人，起诉251人，法院作出有罪判决224人，强制报告制度保护未成年人权益成效明显。

（四）以惩防网络犯罪深化网络保护

未成年人已日渐成为"网民"群体的主力军。新一代信息通信技术已经带给了未成年人全新的生活方式，它的无边界性、瞬时性也给网络保护提出了新的要求，当下未成年人能否具备健康的网络素养，不但影响到未来参与社会竞争的能力，还会影响一个国家的竞争力。网络是一座巨大的知识宝库，却也充斥着不良信息，诱导充值、诱骗"追星打赏"、"黄暴毒"信息侵蚀等新型手段种类繁多，各类网络违法犯罪活动时有发生，这也敲响了开展未成年人网络权益保护专项工作的警钟。网络保护包含"疏""堵"两方

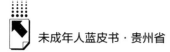

面，实现对未成年人线上线下全方位保护，推动未成年人网络保护进入有法可依的法治轨道。①

贵州检察机关通过检察建议督促履职、配合"净网"行动等方式依法履职，堵塞未成年人网络保护漏洞。一是妥善办理涉网络案件，通过上下联动、部门互动、区域推动的办案模式，依法打击利用网络侵害未成年人犯罪和利用未成年人实施电信网络诈骗犯罪。二是督促网络平台加强监管，与公安、文化和旅游、网信、市场监管等部门加强沟通协作，发挥监督作用，督促职能部门加强网络内容建设，提升违法违规内容识别阻断能力，及时有力屏蔽、清理涉色情、暴力、非法传教、危险行为、不良价值观等内容。三是依托网信系统和重点新闻网站平台力量，加大对涉未成年人网络有害信息的筛查、发现、研判和处置力度，对涉未成年人案事件的网络舆情重点监测，完善处置程序，确保妥善处理。如针对网络曝光的某学生欺凌视频，检察机关及时对接公安、网信等部门，采取必要、适当措施制止网络传播，防止信息扩散，将对未成年人及家庭造成的不良影响降到最低。四是开展网络犯罪预防工作，加大法治宣教力度，提升未成年人网络安全和防范意识。通过送法进校园、制作动漫宣传片、开发网络微课堂、发放宣传资料等方式，开展以案释法、防范网络电信诈骗等方面的宣传教育，引导中小学生及家长提升网络是非辨别能力。

（五）以凝聚保护合力强化政府保护

从法律演进维度看，修订后的《未成年人保护法》增设"政府保护"专章彰显了以良法促发展、保善治的理念。未成年人保护工作离不开多元化的社会支持体系，未成年人保护的各职能部门及相关主体能力各有其局限性，检察机关作为未成年人保护的法律监督机关，不仅要注重对未成年人人际关系的社会纽带的重塑，更要通过个案办理与协调，促使相关部门履职尽责，以

---

① 尤伟琼、李涛：《〈未成年人保护法〉视域下的"六大保护"》，《中国民族教育》2021年第6期，第9页。

依法监督促推职能部门依法履职，在"我管"与"都管"的演进中实现共赢。

贵州检察机关全面贯彻落实全国未成年人保护工作会议的要求和部署，牵头未成年人司法保护和未成年被害人特殊保护两个专项工作，凝聚各方合力，进一步织紧织密呵护未成年人身心健康的协作网。积极参与修订《贵州省未成年人保护条例》和制定《贵州省预防未成年人犯罪条例》，出台《贵州省检察机关加强新时代未成年人司法保护十条措施》。推动完善专门教育工作，加强与省委政法委、教育等部门沟通，与专门学校建立在校矫治帮教涉罪未成年人长效机制，稳步推进专门学校建设工作。密切关注留守儿童、事实无人抚养儿童、在押人员未成年子女、"军娃"等特殊群体的利益保障，开展专项行动加强保护救助。省检察院与解放军昆明军事检察院就"军娃"保护工作会签印发了《贵州省军地检察机关加强驻黔部队军人家庭未成年子女司法保护工作指导意见》，守护"军娃"健康成长，为军人解除后顾之忧。

（六）以检察融合履职加强司法保护

司法保护是保护未成年人合法权益的最后一道防线，直接关系着未成年人司法正义的实现。[①] 检察机关履职贯穿未成年人司法保护全过程，未成年人刑事、民事、行政、公益诉讼"四大检察"一体协同、相互支撑、贯通融合，新时代人民群众对未成年人司法保护的期待，已经从"有没有"到"好不好"转向"更加好"，人民群众对执法司法重点领域的视线聚焦，也包括了加强未成年人全面综合保护。就检察机关而言就是要做优做实未成年人"四大检察"职能，改革引领综合司法保护，将司法保护主动融入其他五大保护，在推进融合履职中促进诉源治理，多措并举开创未成年人检察工作新格局。

贵州检察机关立足"四大检察"职能依法履职、融合履职，坚持高质量办案做好未成年人刑事检察，加强督促监护到位做实未成年人民事检察，促

---

① 佟丽华主编《中华人民共和国未成年人保护法理解与适用》，中国法制出版社，2021，第314页。

进实质性化解行政争议做精未成年人行政检察，以协同共管、溯源治理做优未成年人公益诉讼检察。刑事诉讼监督上，立足未检部门"捕诉监防教"一体化办案职能，把办案与监督深度融合，加强对未成年人刑事立案、侦查活动、刑事审判的监督。监督公安机关立案率为95.94%，监督公安机关撤案率为98.39%。纠正公安机关漏捕927人，漏诉764人。审查逮捕环节对侦查活动书面提出纠正意见3766件次。审查起诉环节对侦查活动书面提出纠正意见528件次，对审判活动提出书面纠正意见866件次。对侵害未成年人的监护性侵、校园性侵等重大敏感案件严格执行备案制度，三级检察机关同步审查，对案件批捕起诉、重罪轻判等问题，通过抗诉、再审检察建议等方式及时监督纠正问题，确保案件质效，维护案件诉讼当事人的合法权益。刑事执行监督上，2021年以来，对3201名涉罪未成年人开展羁押必要性审查，依法及时直接释放或变更强制措施164人。针对发现的未成年人与成年人混押混管等问题提出纠正意见973份。涉未成年人民事行政检察监督上，涉未成年人案件办理过程始终落实"一案四查"制度，如在办理刑事案件中同步审查未成年人行政、民事等合法权益是否遭受损害。开展涉未成年人行政生效裁判监督和行政执行活动违法监督，对行政审判和执行活动违法行为提出检察建议18件，促进行政争议实质性化解3件。加强监护缺失干预，尤其对监护侵害情形高度重视，经过审慎评估，支持起诉撤销监护权资格106件。强化未成年人公益诉讼检察职能作用发挥，通过一批涉未成年人公益诉讼案件办理，推动校园周边环境治理，围绕食品药品安全、文具玩具质量、网吧酒吧允许未成年人进入等重点问题加强监督，聚焦培训机构、玩具文具等重点领域开展专项整治。

三　贵州未成年人保护法律监督面临的形势和挑战

（一）未成年人犯罪形势依然严峻

从纵向看，犯罪总体呈下降趋势，过去10年，2013~2018年逐年下降，2018~2022年，除2020年由于新冠疫情出现历史低位外，全省受理未成年人犯罪数每年在 3000 人左右。从横向看，未成年人犯罪数量高于总体刑事犯罪在全国的排位。贵州省总体刑事犯罪数在全国排在中位，而未成年人犯罪数在全国排在前位。这与贵州省的未成年人人口总数和经济社会发展总量不尽相符，说明贵州省未成年人犯罪防控形势依然严峻（见图1）。

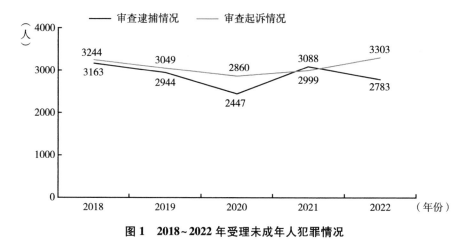

图 1　2018～2022 年受理未成年人犯罪情况

资料来源：贵州省检察机关业务数据。

重罪占比下降、轻罪明显上升。2018～2022 年，受理审查起诉未成年人故意杀人、故意伤害、抢劫犯罪下降了 53.64%；受理审查起诉聚众斗殴、诈骗、帮助信息网络犯罪上升了 74.14%；共同犯罪占未成年人犯罪总数的 57.89%，且多数为从犯、胁从犯；被法院判处三年有期徒刑以下刑罚以及检察机关不起诉比重为 74.99%。这表明未成年人犯罪呈轻缓化趋势，对涉罪未成年人教育挽救的空间更大，从司法理念到追诉政策、教育挽救方式等都面临深刻变化。

罪名集中、犯罪低龄化不容忽视，受理起诉盗窃、聚众斗殴、强奸、抢劫、故意伤害五类犯罪占比达 75%。其中，盗窃和聚众斗殴连续五年位居前两位，几乎占未成年人犯罪的一半。不满 16 周岁未成年人涉案占比达 10.31%，其中未达刑事责任年龄 364 人，反映出加强罪错未成年人管束、帮教工作的必要性（见图2）。

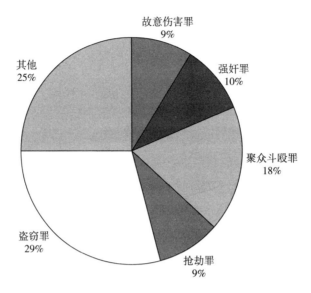

图 2　2018~2022 年未成年人涉嫌犯罪类型情况

资料来源：贵州省检察机关业务数据。

（二）侵害未成年人犯罪问题依然突出

未成年被害人总量大，主要集中在人身权利侵害。2018~2022 年，起诉未成年人遭受犯罪侵害的案件中人身权利受侵犯的未成年人人数占比74.86%，加大未成年人人身权利保护刻不容缓。受理逮捕和审查起诉侵害未成年人犯罪嫌疑人数略有起伏，但仍居高位（见图3）。

性侵犯罪易发多发，熟人作案比例大。2018~2022 年，侵害未成年人犯罪案件类型中强奸、猥亵儿童两类性侵案犯罪占比近一半，起诉性侵害未成年人犯罪嫌疑人上升了 111.98%。熟人性侵案件频发，占性侵害未成年人案件总数的 71.27%。通过 QQ、微信等网络社交平台实施无身体接触性侵犯罪等新的作案手段开始出现（见图4）。

被侵害对象低龄化，特殊未成年群体需关注。起诉案件中不满 14 周岁的未成年被害人占 62.24%，反映出低龄未成年人更易遭受犯罪侵害。农村留守儿童、单亲重组家庭未成年子女遭受侵害现象较多，表明家庭功能不健

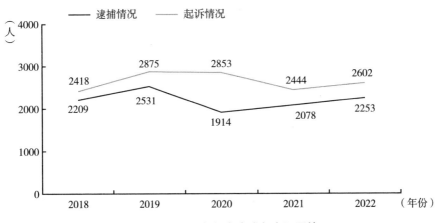

图3　2018～2022年侵害未成年人犯罪情况

资料来源：贵州省检察机关业务数据。

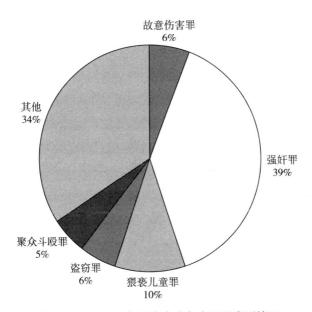

图4　2018～2022年侵害未成年人犯罪类型情况

资料来源：贵州省检察机关业务数据。

全的未成年特殊群体合法权益需要更好保障，关爱救助的针对性、实效性亟须增强。

（三）形成未成年人保护合力还需提升

从家庭方面看，监护缺失、家庭教育不当，是未成年人走上犯罪道路或者遭受侵害的重要原因之一。脱离父母监护后实施违法犯罪和遭受犯罪侵害的未成年人分别占比为 18.22% 和 13.99%。

从学校方面看，未成年在校学生犯罪嫌疑人占比 12.35%，最高检"一号检察建议"发出以来，检察机关联动教育部门多举措推动落实，但是教职工性侵害案件仍屡禁不绝。

从社会环境方面看，随着互联网、手机的普及，未成年人在不良信息影响下实施网络诈骗等犯罪，线上交友、线下见面遭受侵害的情形多发。酒吧、网吧、KTV 等不适宜未成年人活动的营业性娱乐场所，以及宾馆等住宿经营者违规接纳未成年人进入，易诱发犯罪或导致未成年人被侵害。贵州检察机关 2021 年以来办理涉未成年人公益诉讼案件分布情况，也在一定程度上能够反映出在一些社会领域形成未成年人保护合力还有薄弱环节（见图 5）。

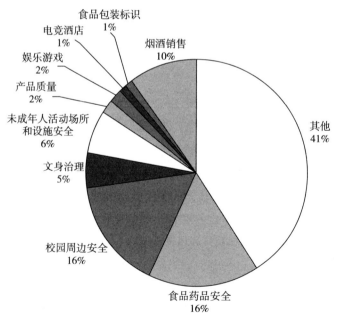

图 5　2021 年以来涉未成年人公益诉讼案件分布情况

资料来源：贵州省检察机关业务数据。

四 贵州未成年人保护法律监督对策建议

（一）加强监护监督，督促发挥家庭保护的基础作用

检察机关应持续依法从严惩处暴力伤害、虐待等监护侵害行为。在对未成年人违法犯罪或受到侵害的社会调查中，发现其监护人存在管理方式不当、管教约束不到位等监护缺失缺位情形的，依法制发"督促监护令"，加大对不依法履行监护职责的监护人的惩戒力度，树立法律文书监督权威，并联合相关部门开展家庭教育、跟踪回访。强化与妇联、关工委等职能部门协作配合，厘清检察机关的职责任务，深化落实《家庭教育促进法》，用好用足家庭教育工作联动机制，探索结合案件办理开展社会调查，同步对涉案未成年人开展家庭教育评估。发挥好联合妇联、民政等单位建立的家庭教育指导中心的作用，通过单独辅导、家庭辅导、团体辅导等多种形式开展家庭教育指导，依据涉案、失管、预防等不同情形开展针对性指导，帮助改变家庭教育方式，为涉案未成年人家庭教育提供固定场所，为家长依法带娃"出良方""划重点"，营造良好教育环境。通过联合妇联、关工委、其他司法机关研发家庭教育课件，以及开展家庭教育指导走进千家万户活动等方式，助力家庭教育指导服务体系建设。

（二）深化检校合作，助力发挥学校保护的关键作用

持续督促落实"一号检察建议"，"没完没了"护航校园安全。立足检察机关法律监督职能定位，联合教育部门开展防治校园性侵害专项行动，深入实地督导，强化责任落实，督促排查校园安全隐患，逐项修补校园安全监管漏洞，让"一号检察建议"落实落细、做成刚性。全面落实《关于在密切接触未成年人行业建立违法犯罪人员从业限制制度的意见》《贵州省侵害未成年人案件强制报告联席会议制度》等文件，探索建立"密切接触未成年人行业入职查询大数据监督模型"，以数字化检察监督方式常态化推动开

展教职员工入职查询及背景筛查，督促对排查出的有违法犯罪前科的劣迹人员作出处理决定。定期分析通报校园性侵案件情况，紧盯强制报告制度落实情况，对校园侵害未成年人案件每案倒查、每案必查，发挥制度刚性作用。做优做实法治宣传教育工作，加强检校共建，探索创新法治副校长履职形式，运用好"两微一端"等新媒体平台，不断提升法治宣讲质量，在留守儿童、困境儿童相对集中的农村地区开展有针对性的法治宣讲活动，实现法治宣传教育接地气、无盲区。

（三）探索数字赋能，促进发挥社会保护的支撑作用

运用数字化思维和数字化手段强化未成年人保护法律监督，抓实"数字未检"体系建设，以数据赋能提升参与社会治理质效。结合实践，重点探索围绕校园周边环境治理、落实侵害未成年人案件强制报告制度、密切接触未成年人行业从业禁止制度以及不适宜未成年人进入场所和电竞酒店等新兴业态建立大数据法律监督模型，打通条线和部门数据壁垒，积极探索构建跨应用场景建设，通过汇总归集案件信息、重点数据，进行碰撞比对、分析研判，以数据思维发现案件背后的规律性、普遍性及深层次问题，以数字化履职深度参与社会治理。如贵州检察机关结合实际探索建立的"校园两百米红线监督模型""督促整治校园周边噪声污染模型"，通过模型输出线索发现普遍存在的如不适宜未成年人活动场所违法设置、违法接纳未成年人等情形，依法开展类案监督，督促职能部门依法履职尽责，推动校园周边未成年人成长环境向善向好，有效拓展了检察履职参与社会治理、推动系统治理的数字路径。

（四）紧盯重点问题，推动发挥网络保护的重要作用

依托案件办理有力融入网络保护，加大对利用网络侵害未成年人权益犯罪行为的打击力度，宽严相济挽救教育涉网络犯罪的未成年人，以办案为切入点和着力点，结合工作实际，稳妥开展相关网络公益诉讼工作，提升网络保护专项治理水平。在案件中分析研判侵害未成年人网络

犯罪手段、作案方式、特定人群等特征，在开展法治进校园进乡村时有针对性地提出预防建议。联动相关部门持续抓实最高检向工信部就未成年人网络保护等问题发出的"六号检察建议"，高度重视未成年人沉迷网络、不良信息侵蚀未成年人身心健康等共性问题，培育精品意识、选树典型案例，高质量办理如涉毒音视频传播、侵犯未成年人个人信息权益等案件，通过公益诉讼检察监督、社会治理类检察建议督促履职、职能部门座谈联席等多种形式协同发力，强化涉未网络源头防控和风险防范，推动依法治网。

（五）做好重点保障，充分发挥政府保护的核心作用

深化与民政、教育等包含未保职能的部门的协作配合，以依法监督促推依法履职，形成协同保护合力。将民政部门在未成年人保护工作中的法定统筹协调职责与检察机关的法律监督职能深度结合，探索通过检察、民政"法律监督+未成年人保护"同堂培训等形式深化保护理念共通，促进未成年人综合保护。深化与教育、医疗、儿童福利机构等部门的协作配合，积极推动未成年人密切接触行业从业人员的入职查询和从业限制制度的落实与完善，预防利用职业便利侵害未成年人的违法犯罪。加强与共青团、妇联等组织的沟通合作，通过建立健全线索移送、信息交流、联席会议等工作协调机制，依托未保中心、童伴之家、儿童之家等阵地，将未成年人保护触角延伸至基层一线，打通未成年人关爱保护"最后一公里"。

（六）立足主责主业，有力发挥司法保护的保障作用

立足检察职能，在加强对未成年人保护领域突出问题的法律监督的同时，坚持治罪与治理并重，以靶向式、穿透式履职监督，深刻剖析个案、类案背后存在的共性、个性和深层次问题，多维度开展类案监督、专项治理，做到办理一案、治理一片。全面深入贯彻实施"两法"，创新工作思路，破解少年司法存在的前端脱节、后续乏力等问题，助力构建起公、检、法、司协调联动的未成年人司法工作制度体系。强化审判监督，主动加强与法院的

沟通交流，通过发布典型案例、同堂培训等方式凝聚共识，统一执法标准，确保司法公正高效权威。推动公安机关施行涉未成年人事务专人专办，深化刑事诉讼协调对接，实现未成年人案件办理专业化、规范化。推动司法行政机关建立完善社区矫正机制，确保社区矫正制度发挥对未成年人的矫治帮教实效。

B.20
贵州少年审判的实践探索及改革路径

——以党的十八大以来贵州司法实践为视角

秦 娟　贾鸿雁　雷小雨　龙 龑　敖丽丹*

摘　要： 我国少年审判制度历经40余年专业化发展，已逐步建立形成具有
中国特色和时代特征的审判体系。但随着少年审判工作的不断深
入，未成年人司法保护的界限不清、少年法庭的定位不准、审判
工作的发展方向不明等，都是全面依法治国和深化司法改革的时
代背景下，进一步完善少年审判工作亟待明确的现实问题。本文
以贵州少年审判实践为视角，一是通过回顾党的十八大以来少年
审判工作情况，总结梳理贵州法院少年审判的现状及存在的现实
问题。二是通过梳理贵州法院的工作创新举措，探索少年审判工
作的改革路径，为完善具有中国特色和贵州特色的少年审判机制、
构建体系完备的少年审判格局贡献贵州力量。

关键词： 少年审判　贵州法院　司法实践　改革路径

党的十八大以来，全国各级人民法院为全面深入贯彻落实中央推进法治
建设的顶层设计，就少年审判工作做了大量卓有成效的改革。贵州法院在省
委、省政府、最高人民法院的指导下，秉持在改革中谋发展、在实践中求完
善的工作总方针，将防控未成年人犯罪与保护未成年人合法权益作为发展目

---

* 秦娟，贵州省高级人民法院审监一庭庭长；贾鸿雁，贵州省高级人民法院民一庭副庭长；雷
小雨，贵州省高级人民法院民一庭法官助理；龙龑，贵州省高级人民法院民一庭法官助理；
敖丽丹，贵州省高级人民法院民一庭法官助理。

标，建立起以少年审判为中心，司法、社会配套协作"两条龙"并行的科学协作体系，持续强化未成年人保护工作。并依托审判工作创新发展，在案件审理、社会调查、法庭教育、社会观护、轻罪犯罪记录封存等制度构建方面，不断取得新成效，逐步形成具有贵州特色的少年审判模式。

一 回顾：党的十八大以来贵州少年审判的做法及成效

（一）少年审判专业化发展历程

少年审判至今已走过了 40 余年的专业化发展之路。早在 20 世纪 80 年代，上海市长宁区人民法院就开始成立少年法庭，开启这一领域的改革。通过对域外少年司法实践的借鉴，以及对我国司法，特别是刑事司法实践需求的充分调研，少年法庭的尝试取得了成功，对预防和减少未成年人犯罪、挽救失足青少年等工作有着显著的积极意义。伴随着司法实践的新变化新需求，2006 年，最高人民法院公布《关于在全国部分中级人民法院开展设立独立建制的未成年人案件综合审判庭试点工作的通知》，部分试点法院开始探索受理家事纠纷、校园伤害等民事案件。2012 年 12 月，最高人民法院决定扩大综合审判试点单位至 49 家中级法院，少年审判新模式的探索持续纵深发展。2016 年，最高人民法院公布《关于开展家事审判方式和工作机制改革试点工作的意见》，开展为期两年的家事审判改革试点工作，为少年审判、家事审判融合发展提供了充分的政策支持。2018 年，最高人民法院组织召开全国法院少年法庭改革方向和路径研讨会，再次重申坚持少年审判专业化方向。综合来看，目前全国存在综合审理刑事、民事、行政的少年审判庭，亦存在与家事审判结合的家事少年审判庭等。这些各具特色的审判模式，持续为少年审判的创新发展注入新的动能。

（二）贵州法院少年审判主要模式

党的十八大以来，贵州法院高度重视未成年人司法保护工作，在最高人民法院的总结和推广下，就少年审判工作进行了多种形式的有效探索，严格贯彻"坚持寓教于审判推行人文司法，不断提升未成年人审判工作质效"工作总目标，立足少年审判工作核心，形成了"法理情和谐、内外结合、相互联动、全面维权"的未成年人保护工作格局。一是坚持"教育为主、惩罚为辅"，打击未成年人犯罪和推进未成年人保护双线并行，贵州省未成年人罪犯数占全国的比重稳中有降，改革成效初步显现。二是坚持创新探索，立足未成年人司法保护，通过调解、圆桌审判、案件回访等方式，妥善化解涉未成年人民事案件、民刑交叉案件。三是坚持人才导向，强化少年审判队伍建设，成立省、市（州）少年法庭工作办公室，强化少年审判工作的组织领导、统筹协调、调查研究、业务指导。

（三）贵州法院少年审判具体举措

1. 贵州法院涉未成年人案件情况分析

2012 年 1 月 1 日至 2021 年 12 月 31 日，全省法院审结生效的刑事案件中涉未成年被告人 23234 人，[①] 判处五年以下有期徒刑、拘役、管制 20165 人，单处附加刑 324 人，免予刑事处罚 176 人。全省法院推行符合未成年人特点的审判工作方式，最大限度教育挽救未成年人，严格落实宽严相济的刑事政策，坚持"宽容但不纵容"工作导向，对符合缓刑等非监禁刑条件的未成年人依法适用非监禁刑。2012~2021 年，对未成年被告人宣告缓刑 4865 人，缓刑适用率为 20.94%。自党的十八大以来，贵州省未成年人犯罪数量逐年下降，2017~2021 年全省法院审结生效的未成年被告人数为 8784 人，较 2012~2016 年的 14450 人下降了 39.21%。

刑事案件主要涉及寻衅滋事、聚众斗殴、故意伤害、"两抢一盗"、强奸等犯罪类型。民事案件则主要集中于家事纠纷领域，以离婚、继承、抚养费纠纷等为主，亦涉及生命权纠纷、健康权纠纷、机动车交通事故责任纠纷

---

① 资料来源于法院内部统计，下同。全省未成年人犯罪情况司法统计报表自 2018 年起才有审结生效的未成年人犯罪案件数，之前只有审结生效人数。

等案件类型。行政案件主要涉及教育、其他行政管理、不服强制性拆迁补偿决定等纠纷类型。

2. 贵州法院少年审判案件主要特点

一是犯罪类型仍以侵财型犯罪为主。近五年来，贵州法院判处的未成年人犯罪类型多表现为侵犯财产犯罪、侵犯公民人身权利犯罪，反映出未成年人犯罪类型高度集中且具有明显的贪利性。同时频发的重大恶性案件也侧面反映出部分未成年人犯罪手段暴力性明显，并且缺乏对犯罪的基本认识，不仅对他人生命没有敬畏，对暴力行为本身也毫无恐惧，甚至沉迷其中。

二是未成年犯罪人多不具有稳定生活。贵州法院近五年判处的未成年人犯罪中，辍学、无业人员占据较大比重，这部分人员存在"失学+失业"现象，并多为集中在 14~18 岁，正处于严重叛逆期，家长难以与之沟通，而学校的缺位也会令其成为社会的不稳定因素，又因其有大量时间、未形成正确价值观等，一旦受到不良因素干扰，往往就走上犯罪的不归路。

三是未成年犯罪人低文化结构突出。判处的未成年犯罪人中，文化程度为初中的占大多数，其次依次为小学文化程度、高中文化程度、文盲、大专及以上文化程度。由此可见，受教育程度与未成年人的犯罪情况大体呈现负相关，往往受教育程度较低的孩子，更难以进行正确的是非判断，亦更难辨别或者约束自己的行为。例如，校园伤害案件多发生在小学、初中阶段；在交通事故责任纠纷案件中发现，未成年人危险驾驶情况频发，特别是未成年人拥有猎奇心理追求刺激而超速驾驶、无证驾驶导致涉未成年人交通事故责任纠纷案件增多。

四是在校生犯罪或受侵数量逐年增大。第一，存在因情绪控制能力或心理调适能力较差、道德观念弱化而频发的财产性或者校园欺凌等暴力性犯罪。第二，存在因法律知识匮乏、大兴奢靡消费导致财务状况问题从而沦为经济犯罪的"工具人"等犯罪情况。第三，因家庭结构不完整、父母家庭教育理念陈旧或方法粗暴、父母根本无暇或无力管教孩子、由祖父母带孩子造成"留守儿童"等家庭关爱缺失而导致的未成年人受侵害案件的占比不断增大。

3.审理未成年人案件的主要经验及成效

贵州法院始终坚持"依法审理未成年人权益案件，未成年人特殊优先保护，未成年人利益最大化"三个定位，不断优化组织机构及管理模式，持续探索创新方式，着力防控未成年人犯罪以及落实权益保护，充分发挥法治宣传引领，助力少年司法制度日臻完善。

一是加强自身建设，夯实少年审判工作根基。贵州法院积极推进审判机构专门化、审判场所人性化、审判队伍专业化建设。2022年，贵州高院少年法庭工作办公室成立，从省级层面对全辖区未成年人审判工作进行组织领导、统筹协调、调查研究、业务指导。9个市州中院均成立了少年法庭工作办公室，整合刑事审判、民事审判、行政审判、审判管理、调查研究、普法宣传等各方面工作力量，推动形成未成年人司法保护工作合力。在中基层法院通过单设、挂牌等方式共设立未成年人专门审判庭26个、合议庭70个、家庭教育指导机构11个，明确专门审理涉未成年人案件法官144名，① 建立职责明确、运行规范的未成年人保护工作体系，不断做细做实各项配套制度及基础工作。

二是立足司法职能，提升未成年人审判质效。贵州法院积极探索符合未成年人身心健康发展规律和特点的审判方式，依法严惩杀害、性侵、拐卖、虐待等各类侵害未成年人的犯罪行为；认真审慎办理涉未成年人寻衅滋事、聚众斗殴、故意伤害、"两抢一盗"等犯罪类型；依法妥善审理涉未成年人抚养、探望、监护、财产等各类民事案件。积极开展打击拐卖妇女儿童犯罪和性侵犯罪专项行动以及未成年人文身治理工作。着重改善未成年人法律援助、司法救助方式，持续加强对未成年人及其家庭的物质救助、心理干预以及家庭教育指导等延伸帮教工作，严格落实未成年人保护从业禁止制度，2019~2022年，全省法院依法对性侵未成年人的50多名从业人员作出从业禁止判决。

三是坚持改革创新，探索少年审判工作机制。贵州法院始终坚持以创新引领少年审判工作，不断探索更新打磨系统完备、科学规范、运行有效的未

---

① 资料来源于法院内部统计。

成年人审判工作新机制。第一，坚持快立案、快送达、快调解、快审理、快执行的"五快"工作模式，畅通案件入口强化便捷保护，对涉及未成年人等弱势群体按规定减缓免诉讼费，充分保障未成年人权益。第二，积极落实未成年人轻罪记录封存工作，全省法院累计封存4500余名未成年人犯罪案件档案。2022年，贵州省高级人民法院印发《关于加强未成年人犯罪记录封存工作的通知》，出台《贵州省高级人民法院未成年人犯罪记录档案查询暂行办法》，对法院职权范围内未成年人犯罪的有关犯罪记录的封存、查询工作提出13条具体措施，进一步规范涉及法院环节的未成年人犯罪有关记录的封存、查询等工作。探索总结了涵盖缺陷人格调查、心理创伤修复、犯罪成因剖析、犯后心理矫正、消除回归障碍内容的"五步工作法"。第三，建立"陪审帮教对接机制"，创建"法官+志愿者+心理咨询师"帮教模式，强化帮教针对性。落实案件回访制度，跟踪了解当事人情绪，充分保障其参与权，传递司法温暖，彰显人文关怀。第四，完善社会调查制度，强化家事案件调解前置制度，推进多元化解纷机制建设。第五，善用人身安全保护令和家庭教育令机制，妥善处理涉未成年子女的抚养、教育、财产、健康权、探视等问题。

四是打造柔性司法，树立优质品牌。贵州法院多年来着力建设少年司法社会支持体系下的"一院一品牌"，逐步形成"4+N"家事审判改革加特色未成年人保护工作站的工作架构。目前，已在修文县人民法院成立全省首家家庭教育指导工作站、遵义市成立全省首批"法院+妇联"家庭教育服务中心，同时全省另有4家法院形成了具有代表性的贵州特色法院家事审判改革新模式。三都水族自治县人民法院依托少数民族地区家事审判工作特点，提出"12345"家事审判工作模式；南明区人民法院代表城市地区家事审判工作特点，构建"四原则、六机制"家事审判模式；七星关区人民法院积极总结涉留守儿童家事案件特点，探索打造"心灵驿站"心理疏导室、选任家事调查员等方式，进一步解决家庭环境给儿童带来的不良影响；江口县人民法院针对边远落后地区家事审判实际需要，采取"1+1+1"取证模式、设立家事诉讼巡回审判点，并推行"五步调解法"，以上创新模式共同形成了保护未成年人权益的强大合力。

五是拓展延伸服务。提升综合治理参与度。贵州法院坚持"立足审判，重视预防"原则，积极构建"党委领导、政府支持、法院牵头、院校指导、社会协同、各方参与"的未成年人保护社会化工作体系。第一，坚持"请进来"，主动加强与妇联、民政、教育、团委等单位的协作，吸纳妇联干部担任人民陪审员，运用"利弊分析法""冷却处理法""纠纷剥离法""温馨调解法"等举措强化调解工作，并提供法律咨询、思想疏导、普法宣传等服务，加强少年审判社会支持体系建设。第二，坚持"走出去"，通过举办"百场庭审进校园"等主题活动、组织模拟法庭、设立法院开放日、开设法治网课等，联合出台《贵州省中小学法治副校长工作指引》，选派1423名法官、法官助理受聘担任1456所学校的法治副校长，常态化开展送法进校园和预防未成年人犯罪、未成年人安全警示教育工作。

六是坚持以案释法，广泛开展法治宣传教育。其一，加强法治宣传教育进校园，深入开展第五届"关爱明天、普法先行"青少年法治宣传教育活动、"少年审判守护未来"等法治宣传教育活动。2022年，省法院联合教育厅、省检察院、公安厅、司法厅出台《贵州省中小学法治副校长工作指引》，全省法院选派政治素质高、业务能力强的法官、法官助理担任辖区中小学法治副校长。2022年，全省法院开展未成年人普法宣传教育活动1465次，受众500451人。① 其二，大力开展民法典百场"模拟庭审进校园"活动，组织模拟庭审进校园160余场次，编写40余首案例普法山歌教唱学生，发布保护未成年人权益典型案例7则、人身安全保护令典型案例7则、涉未成年人家庭教育指导典型案例5则。其三，积极创新普法宣传活动载体，建成法治政治教育生活馆、青少年法治教育基地等法治宣传教育基地，成立"春苗工作室"等法官校园工作平台，联合团委、民政等部门建设青少年法治教育基地、儿童之家示范点等共管平台，自主研发"学生—法官—青年志愿者"线上咨询小程序，全面提高青少年法治观念和法律意识。

---

① 资料来源于法院内部统计。

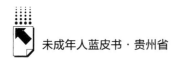

二　反思：贵州法院少年审判存在的瓶颈

当前我国司法体制改革已经进入攻坚期和深水区的"后半程"，少年审判工作的改革方向及路径亦待进一步明晰，从贵州司法实践来看，少年审判在价值发挥、联动保护及普法宣传等方面仍存在一定困难和不足。

一是专业审判未成年人案件的组织力量薄弱。其一，队伍建设的专业化不足。当前虽然贵州各地法院均选拔一些熟悉未成年人身心、案件特征的法官充实到少年审判队伍，但少年审判法官在任职资格上与一般法官并无二致，并没有经过专业化的学习和培训，少年审判法官的专业性不足，其综合能力难以满足少年审判工作的特殊需要。另外，审判人员以法学专业为主，缺乏开展社会观护、回访帮教等工作所必要的教育学、心理学等专业知识。其二，案件审理的专业化不足。在"多合一"审判模式下，刑事、民事、行政法官组成合议庭审理涉少案件时，法官对自己主营业务领域外的一些疑难复杂涉未成年人案件难以形成专业的法律判断。同时，在落实未成年人特殊保护制度方面，审判工作主要依靠经验，保护的力度和效果方面还存在差距。例如，对未成年人进行心理疏导、干预、教育感化和帮教时，程式化较为明显，专业深度不够，一定程度上影响了对未成年人的专业化保护效果。

二是未成年人社会调查报告制度未发挥应有之效。首先，社会调查报告法律属性定位不清。社会调查报告应当作为证据进行当庭质证还是在法官审理案件过程中作为参考依据，我国法律没有明确社会调查报告的法律性质，导致在我国证据类型体系中，社会调查报告缺乏证据资质。职能的定位存在缺陷从而对诉讼各方进行社会调查的积极性产生负面影响，最终容易导致该制度的立法初衷落空。其次，调查主体缺乏专业性。公安、检察院、法院办理未成年人刑事案件都有权根据具体案件情况对未成年犯罪嫌疑人的成长经历、心理因素、监护教育等情况进行调查，因此将不可避免地面临相互推诿或调查流于形式、走过场等问题。同时，不同的部门定位和职业需求各不相同，导致各部门间的社会调查报告在调查的内容、倾向、主观判断、客观描述等领域有所差异和侧重。实践中，由于现阶段我国各级司法机关需要处理大量案件，开展社会调查工作大大增加了案件承办人的工作量，影响办案效率。另外，社会调查工作需要保持中立性和公正性，但部分办案人员亲自进行社会调查，既是资料搜集人也是资料评判人，将难以保障绝对的客观与公正。最后，调查内容简单导致参考性不强。目前的调查模式基本侧重于对未成年人犯罪因素进行罪轻调查，对量刑参考具有实质意义的成长经历、人格特征、社会活动、悔改表现、帮教措施等缺乏深度挖掘和具体体现，导致法官对未成年犯罪人的成长经历、犯罪原因、再犯可能等方面的判断缺乏有效参考依据，不利于审判人员对未成年人涉案情况做出准确判断。

三是未成年人社会联动保护机制仍未健全。未成年人保护由于所涉领域众多，一直按条线分割的方式进行，刑事、民事、行政案件均有可能涉及未成年人，也会有不同的部门，如公安、检察院、妇联、残联等多个职能主体各自领取管理责任，同时除涉未成年人案件外，各单位也需要参与配合其他职能单位的未成年人保护工作。然而条线分割式的治理方式并不利于全面和充分有效地保障未成年人的权益。① 例如，涉留守儿童侵害案件，各部门仅完成职责范围内的侦、诉、审任务，对未成年人的后续帮扶，特别是创伤后的心理治疗、疏导因无法确定责任单位、操作流程、任务分解而迟迟没有形成一套完整的机制。再如，公检法机关在处理未成年人犯罪案件中，依然存在执法力度标准各异、未成年人特殊保护措施彼此脱节等问题。② 又如，司法机关与作为未成年人教育主体的学校、社区等部门的联系与工作配合不及时，可能会导致在未成年人的教育与矫治方面人力、财力、物力的浪费，同时也极大降低了未成年人权益司法保护的理想效果。因此，如何让《中华

---

① 黄春梅：《社会力量参与农村困境未成年人社会保护服务路径研究——以广西 C 县未成年人社会保护服务项目为例》，《南方创刊》2019 年第 12 期，第 49~52 页。

② 北京市高级人民法院未成年人审判司法建议调研课题组、赵德云、宋莹、褚莉莉：《关于未成年人审判司法建议工作情况的实证分析——以 B 市法院未成年人审判司法建议实践调研为分析样本》，《预防青少年犯罪研究》2020 年第 3 期，第 66~72 页。

人民共和国未成年人保护法》中依法明确的政府、家庭、学校、社会、网络、司法等六重主体全方位保护织牢未成年人保护网络，如何有效地破解现有各职能部门未完全发挥作用的保护困局。

四是未成年人犯罪记录封存成效不显著。一方面，未成年人犯罪记录封存制度的构建要求对未成年人案件材料应封尽封，相关法律法规明确了未成年人犯罪记录封存的内容、条件等，但是在该制度落实上仍然存在困难和障碍。法律在该制度封存的义务主体、实施程序、救济方法等细节留有空白，《中华人民共和国刑事诉讼法》第286条"但司法机关为办案需要或者有关单位根据国家规定进行查询的除外"①，这一但书内容没有具体解释，仅有框架，导致实操中判断没有明确界定，容易产生争议和各地处理结果不一的情形。另一方面，部分当事人遭遇过重返社会之时公安机关拒不开具无犯罪记录证明的实际情况，这一举措相当于变相地以默示方式披露未成年人的犯罪记录，导致其再就业困难加重，导致刑案中对未成年人贯彻"教育为主，惩罚为辅"原则在一定程度上的偏离，从而降低犯罪记录封存制度实操效果的实现。②另外，关于具体犯罪记录封存方式、查询方式、查询范围的规定，法律仍处于空白状态，也进一步增加了侵犯未成年人隐私的风险。

五是涉未成年人人身安全保护令执行难。其一，受害人举证困难。家庭暴力多发生于家庭内部，具有隐秘性、封闭性和突发性特征，外人一般无从知晓。未成年人属于极弱势群体，长期处于体力、经济或者精神受压制地位，不会或不敢收集证据。甚至有的受害人可能遭受的是法定代理人的精神伤害，举证更为艰难。其二，执行力度不够。人民法院虽然是人身安全保护令的执行主体，但保护令的执行内容通常是禁止或命令等行为，要求被申请

---

① 《中华人民共和国刑事诉讼法》（2018年10月26日第三次修正）第286条："犯罪的时候不满十八周岁，被判处五年有期徒刑以下刑罚的，应当对相关犯罪记录予以封存。犯罪记录被封存的，不得向任何单位和个人提供，但司法机关为办案需要或者有关单位根据国家规定进行查询的除外。依法进行查询的单位，应当对被封存的犯罪记录的情况予以保密。"
② 刘箭：《审判中心视野下的司法建议制度》，《法学杂志》2017年第6期，第118~125页。

人采取行动或不采取行动，由法院主导或监督执行，执行的强制力不足。再者，人身安全保护令的执行是动态关注且长期回访的过程，法院无法对被申请人进行 24 小时监督。反观大部分的家庭暴力往往发生在深夜、节假日，这也导致法院不能及时有效地保护受害人。其三，协助执行内容尚待进一步明确。立法虽然明确了公安机关是协助执行机关，但并未明确规定公安机关的执行权力和职责，导致公安机关在执行时存在协助职能发挥不畅的问题。① 同时作为基层群众自治组织，村（居）民委员会并非政府机构，由其执行并没有法律依据及来源，而且通常还要受限于协助政府完成基层社会治理和村（居）自治事务等，没有余力在人身安全保护令的实践中发挥充分作用。

六是留守儿童相关的案件存在送达难的问题。留守儿童的抚养费纠纷案件立案后不能及时送达起诉书和相关法律文书。其一，因为农村打工人群大多在外省，留守儿童父母双方离婚后互不联系，或不抚养子女一方切断与抚养子女一方的联系，不及时给付子女抚养费和履行相关抚养职责，导致很多案件只能采取公告方式送达，延长了诉讼时间。其二，抚养子女一方将自己的监护职责转交给被抚养人的爷爷奶奶或外公外婆，导致法院在受理案件后还要确定被抚养人的监护人，影响未成年人相关案件审判质效。实践中，部分基层法院、人民法庭地处农村地区，部分群众法律意识淡薄、思想陈旧，不明法、不讲法，对法院工作存在不理解或误解的情形，在送达人员送达诉讼材料时往往心怀抵触，不愿意接收。村民、村委会等也可能存在"事不关己"的消极态度，即不敢或不愿作为文书送达交付的见证人，或虽在场但迫于人情压力不愿甚至抗拒在文书送达回证上签字盖章，从而导致因法定监护人的缺失，只能采用公告送达，送达时间长，不能适用简易程序，影响了涉未成年人案件审判的进度和效率，也影响了调解率和案件疏导、判后回访等的落地落实。

---

① 陈绮、贾赟：《未成年人全面司法保护的探索与实践——以苏州法院为研究个案》，《青少年犯罪问题》2008 年第 2 期，第 77~79 页。

三　展望：贵州少年审判的改革路径

（一）优化制度配套，建设少年审判专业队伍

1. 把握司法改革契机优化人员结构，加强少年审判业务能力培训

少年审判工作有其特殊性和专业性，最高人民法院发布的相关规范性文件中，要求少年法庭法官具备"熟悉未成年人特点，善于做未成年人思想教育工作"等能力。按照少年审判专业化的目标要求，应当把握住司法改革契机，选拔综合能力强、审判经验丰富、熟悉未成年人身心发育特点且热爱未成年人权益保护工作的审判人员办理涉未成年人案件，组建专门审理涉未成年人案件的审判队伍，推动和完善少年审判专业化建设。与此同时，可以通过政府向社会购买服务以及引入社工、社会团体工作人员等方式，充实司法辅助人员，协助少年审判法官从事案件调查、社会观护、回访帮教等延伸帮教工作。在内部审判管理上突出少年审判专业化的特点，将少年审判部门的案外延伸工作也列为重要考核指标，科学配置权重，优化对少年审判部门工作人员的考核评价。此外，对现已在少年审判机构任职的法官，应加强专业化培训。[①] 相关培训应当包括三方面内容，一是进行刑事、民事、行政审判专业能力的培训，提升少年审判法官审判业务水平。二是通过定期参加庭审观摩、专题研讨、在职培训等，学习了解社会学、心理学、教育学等综合知识，从而切实提升少年审判法官的综合素养。三是对从事涉未成年人案件审判的司法辅助人员进行儿童心理学、社会调查等针对性培训，提高少年审判团队整体专业化水平。

2. 推进建立和完善各项协调配合联动机制，发挥人身安全保护令、家庭教育指导令应有之效

少年审判工作及相关延伸帮教工作需要妇联和公安、检察、司法行政机

---

① 长宁区人民法院课题组：《少年审判的探索创新与工作展望》，《上海法学研究》集刊 2020年第 4 卷，第 111~129 页。

关等单位的协调配合，也离不开社会力量的支持。人身安全保护令、家庭教育指导令虽不限于在少年审判案件中应用，但如能在少年审判案件中发挥其应有之效，能够使遭受家庭暴力或者监护人未尽到监护教育职责的未成年人得到有效保护和教育指导帮助，对教育、挽救、保护未成年人起到重要作用。2021 年，省法院、妇联、公安厅联合出台《关于建立人身安全保护令联合工作机制的实施意见》，省法院与省检察院、公安厅、民政厅、妇联联合出台《贵州省家庭暴力告诫制度实施办法》；2022 年，省法院、省检察院、公安厅、教育厅、妇联与关心下一代工作委员会联合出台《关于在办理涉未成年人案件中开展家庭教育指导工作的实施办法（试行）》，建立并建立与反家庭暴力等职责相关部门沟通联系的机制，取得了一定的良好效果。但由于参与部门较多、工作存在交叉及沟通不够及时有效等问题，还需要对相关的联动机制进一步梳理、明确和细化分工，以更好地适应时代发展所带来的新挑战新问题。如可以继续加强与相关职能部门的配合，互通信息，建立分工明确的合作机制，共同推进《中华人民共和国反家庭暴力法》《中华人民共和国家庭教育促进法》的贯彻实施。为充分发挥基层组织的作用，对家庭暴力的投诉、反映或者求助，给予积极的帮助和处理。除此之外，进一步发挥家庭教育指导令的效果，完善并做好人身安全保护令的送达执行，对相关令状的执行进行后续跟进，加强查访和监督，确保家庭暴力不再发生，家庭教育能力切实提升。同时，建立和梳理与公安、检察和司法行政机关的协调配合机制，加强与民政、妇联、教育、关工委、共青团、社区等有关部门的沟通联系，不断提高少年家事审判工作的社会参与程度。法院内部要进一步完善少年审判部门内部管理机制及考核制度，在内部管理上突出少年审判专业化的特点，在审判管理方面将少年审判部门的案外延伸工作列为重要考核指标，科学配置权重，优化对少年审判部门工作人员的考核评价。

3. 积极落实社会观护制度，健全对未成年被告人的调查机制

要实现对未成年人的有效保护，必须多方力量共同参与。因而在少年家事案件中，应当不断强化社会、家庭对未成年人的保护、监护责任，确保在

司法活动以外，未成年人的权益也能得到切实维护，这也符合在审理活动中落实未成年人利益最大化原则。因此，在未成年人家事案件中，建立社会观护制度，审理前利用好社会调查制度，到社区、学校、家庭了解未成年人的成长背景，了解案件的前因后果，相关的调查报告在审理过程中也可以作为庭审参考；审判后落实好跟踪回访制度，落实对未成年人的保护和教育。社会观护员庭前、庭中、庭后的全程参与，能够切实维护未成年人的合法权益，同时便于辅助法官查明案件争议焦点，提高诉讼效率，保证案件质效，能够强化家庭、学校、政府和社会对未成年人的保护意识和保护责任。[①] 此外，针对未成年人犯罪案件，要求在提起公诉时应当一并提交记载有未成年被告人的成长经历、犯罪原因、监护教育等方面内容的调查报告和材料，并且在案件审理过程中加强与学校、社区、公安、检察院等部门的联系，通过对未成年被告人全方位的调查，对未成年人做出公平正确的判断，以更好地维护未成年人合法权益，实现教育、挽救的目标。

（二）结合家事改革，创建切实可行的审判模式

1. 完善未成年人犯罪记录封存机制

未成年人犯罪记录封存机制，能够保护未成年人在考试、升学、就业、生活等方面免受歧视，对于未成年人重新回归生活正轨至关重要。然而实践中还是存在未成年人犯罪记录应封未封或者违规查询导致泄露信息的事件，造成涉案未成年人在各方面遭遇歧视，导致未成年人无法正常工作生活。完善未成年人犯罪记录封存机制能够最大化避免出现这些问题，符合未成年人利益最大化原则。人民法院与检察机关、公安机关针对封存记录所存在的问题应当密切交流，通过现代化信息科技管理手段，建立并严格执行封存档案查阅分级审批权限管理制度，减少非办案人员接触了解未成年人案件情况，协调相关部门对涉案机关和个人进行约束，对在办理未成年人犯罪案件中获

---

① 王建平：《少年审判改革的实践探索及其思考——以上海市长宁区人民法院少年法庭建设为蓝本》，《预防青少年犯罪研究》2018 年第 6 期，第 15~24 页。

得的相关信息严格保密，密切保护涉案未成年人的相关记录，切实保证封存效果。将相关轻罪封存规定书面告知当事人，为其消除轻罪标签，帮助其顺利复学、就业，回归社会、服务社会。

2. 落实国家救助制度，扩大司法救助受偿范围

未成年人发育尚未成熟、分辨是非和自我控制能力相对较弱，其在心智、理性、体力、处理自身事务的能力方面均相较成人处于弱势，需要得到有别于成人的对待，特别是国家、家庭、社会以及相关机构的关心、帮助和爱护。① 对于未成年人应当适当扩大救助受偿范围，特别是延伸法律援助触角，从抚养费纠纷、探望权纠纷、申请撤销监护人资格等延伸至涉及未成年人抚养的离婚案件，例如对未成年人没有委托律师的，指定律师代理。② 同时依托各种平台，衔接社会救助与司法救助，切实体现出司法人文关怀，帮助相关案件未成年当事人尽快回归正常生活，尤其对于农村留守儿童，应充分发挥该制度的效能，通过强化提供法律援助的方式更好地加强对留守儿童权益的保护。

3. 强化未成年人心理干预制度

对实施犯罪后的未成年人予以心理疏导，能够缓解其对抗情绪和心理压力，减轻其心理负担，充分保障未成年人在案件中的参与权，将负面影响降到最低，促进其与父母之间的矛盾化解，减少再犯罪概率。同时从双向保护原则出发，通过科学方法缓解未成年人的心理压力，降低诉讼活动带来的负面影响，使未成年人能够尽快摆脱诉讼带来的消极影响，减少对涉案未成年人的心理伤害。帮助涉案未成年人尽快摆脱诉讼纷争，回归到正常生活和学习之中。③

---

① 北京市高级人民法院少年法庭改革调研课题组等：《司法改革背景下少年法庭发展路径——基于对部分省市法院少年法庭的实地考察》，《预防青少年犯罪研究》2019 年第 4 期，第 13~23 页。

② 王建平：《少年审判改革的实践探索及其思考——以上海市长宁区人民法院少年法庭建设为蓝本》，《预防青少年犯罪研究》2018 年第 6 期，第 15~24 页。

③ 王建平：《少年家事审判改革若干重点问题》，《人民司法》（应用）2018 年第 7 期，第 72 页。

（三）聚焦重点保护，有针对性扩大宣传成效

1. 探索多渠道维护农村留守儿童合法权益

为切实维护农村留守儿童合法权益，加强对失学辍学、无人监护、父母一方外出另一方无监护能力、无户籍留守儿童等重点对象的司法保护和帮扶，贵州省高级人民法院已制定下发《关于进一步健全完善妇女儿童权益保护工作机制的通知》，并撰写《关于涉外婚姻家庭纠纷案件的调研报告》等。下一步将着重探索多渠道维护农村留守儿童合法权益，一是简化涉农村留守儿童问题案件的法律文书送达程序。父母作为涉案留守儿童监护人即法定代理人，可通过电话告知其案件情况，做好电话笔录，加强电子送达等送达方式的运用，简化送达程序，提升涉留守儿童相关案件的审判质效。二是涉留守儿童案件的当事人多为经济困难家庭，案件审理时贯彻柔性司法理念，体现司法人文关怀，建立司法救助与社会救助衔接制度，对诉讼终结后仍需长期救助的案件当事人，由法院与民政、妇联、社会保障等部门对接，搭建救助综合平台。

2. 持续推进法治宣传强化宣传效果

对于未成年人而言，预防犯罪，加强自身安全防护意识，比惩罚犯罪更重要。少年审判应当贯彻"教育、感化、挽救"方针，坚持"教育为主、惩罚为辅"的原则，重视教育职能，倡导教育的向前、向后延伸，裁量的侧重点也应当在满足未成年人的矫治和健康成长的需要上。因此，少年审判工作还需要兼顾教育和保护的职责。一是注重用好阵地。把法院作为宣传法治文化的重要阵地，常态化开展"公众开放日"活动，邀请学生走进法院，看智慧法院、庭审设施、法治长廊，观法官宣誓、现场判案，与法官进行面对面交流，零距离接触法官、感触法院，深植法治的种子。二是注重整合平台。把网络作为抢占青少年思想阵地的主战场，充分用好"两微一端"、抖音、快手等重要平台开展普法工作，打造"指尖上"的普法，创新采取网络直播的方式进行青少年法治教育，开启云普法新时代。选取符合未成年人法治教育的典型案例，通过庭审直播、微电影等多种方式予以呈现，让未成年人对自身权益相关的法律法规及案例看得懂、记得牢。依托自有新媒体平

台，以开设专栏等形式，宣传各级法院在未成年人保护方面的好做法好经验，宣传守护未成年人健康成长的暖心事感人事，为未成年人司法保护工作高质量发展营造良好氛围。三是注重密切合作。构建多渠道、多层次、全方位的预防未成年人犯罪矩阵宣传格局，安排具备丰富未成年人审判经验、业务素质高的法官到学校办法治讲座、上法治课，选择典型案件到学校开庭或邀请学生到法院旁听有典型教育意义的案件。

四　结语

少年兴，则国兴；少年强，则国强。少年审判工作是保障青少年健康成长的最后一道防线，在保障青少年合法权益、预防和矫治青少年犯罪方面，起着不可替代的重要作用。回望少年审判发展历程，我国的少年审判改革之路经历了由单一型向综合型的转变，改革过程中坚持"教育、感化、挽救"的方针，坚持"寓教于审、惩教结合"的原则，探索出了一条法理与情理和谐、法律效果与社会效果统一的少年审判之路。在司法实践中，贵州法院将"未成年人权益最大化"理念作为第一标准，积极推动少年司法与家事改革融合发展，构建"预防、维权、保障"相结合的未成年人司法保护机制，聚焦"权益维护"、强化"教审结合"，既做好"本职工作"又关注"判后延伸"，走出了一条真正具有贵州特色的未成年人司法保护之路。

道阻且长，行则将至；行而不辍，未来可期。我们已然走在了未成年人保护之路的关键阶段，保护未成年人合法权益和预防未成年人犯罪如鸟之两翼、车之两轮，系未成年人司法保护最为重要的两个领域。为进一步建立健全未成年人合法权益保护机制，贵州法院通过各种法治宣传教育活动，结合案例，剖析涉及未成年人合法权益纠纷案件的成因、问题，提出相应的建议和对策，为创造关爱未成年人健康成长、维护未成年人合法权益的社会氛围提供司法服务和保障，努力实现新时代新发展之下人民群众对未成年人保护的司法需求，以法律的名义维护每一个"少年"的健康成长，为推进平安法治贵州建设作出更大更好更深的贡献。

B.21
贵州未成年人犯罪调研报告

——以贵州 Q 州为例

何玉洁　杨长智　张润东　宋基良*

摘　要： 近年来，Q 州未成年人犯罪情况呈现犯罪种类多样化、犯罪数量升高化、犯罪手段复杂化、犯罪团伙低龄化的严峻态势。Q 州未成年人的成长环境、受教育环境以及相关单位的未成年人保护工作等方面的制约和不足是造成未成年人犯罪情况进一步恶化的重要原因。要想进一步遏制当前严峻态势，有效预防和减少未成年人犯罪，就必须做好源头治理工作，探索多个途径共同发力。

关键词： 未成年人犯罪　犯罪预防　犯罪治理　司法保护　贵州省

一　引言

未成年人的健康成长事关民族振兴、国家富强，但近年来，未成年人犯罪问题日益突出，预防未成年人犯罪形势仍十分严峻。虽然各部门对预防未成年人犯罪采取了多种协同治理措施，但未成年人犯罪问题仍然与人口、城乡一体化及就业问题一道构成了当今社会最受关注的问题。最高人民检察院发布的《未成年人检察工作白皮书（2022）》中显示，2020 年以来未成年人犯罪总体呈上升趋势，低龄未成年人犯罪占比上升，未成年人涉嫌帮助信

---

* 何玉洁，黔东南州人民检察院第八检察部主任；杨长智，黔东南州委政法委员会执法监督科科长；张润东，黔东南州人民检察院第八检察部检察官助理；宋基良，施秉县人民检察院办公室副主任。

息网络犯罪活动罪明显上升，组织未成年人进行违反治安管理活动犯罪数量上升。政法机关如何适应新时代未成年人司法保护工作的新要求，打好未成年人权益保护的"组合拳"仍然是重要的时代议题。要打造政府部门、社会组织、人民群众协同参与的未成年人保护格局，建立配合紧密、协作高效、共同推进的未成年人犯罪预防协同治理机制，必须要在厘清实践问题的基础上，找准切入点共同发力，构建司法保护衔接家庭、学校、社会、网络、政府保护的有效预防和干预未成年人犯罪机制。

二　贵州 Q 州未成年人犯罪现状

（一）未成年人犯罪数量总体呈上升趋势

2019~2022 年，Q 州检察机关共受理公安机关提请逮捕的未成年人犯罪案件 421 件 704 人，其中 2019 年 147 人、2020 年 157 人、2021 年 215 人、2022 年 185 人，共受理公安机关移送审查起诉的未成年人犯罪案件 537 件 838 人，其中 2019 年 149 人、2020 年 187 人、2021 年 233 人、2022 年 269 人，2022 年受理审查逮捕、受理审查起诉人数较 2019 年分别上升 25.85%、80.54%。2019~2022 年，公安机关对未成年人违法作出行政处罚 1273 人，其中 2019 年 116 人、2020 年 234 人、2021 年 519 人、2022 年 404 人，2022 年较 2019 年上升 248.28%（见图 1）。①

（二）未成年人违法犯罪呈多样化、低龄化、团伙化趋势

1. 涉罪罪名较为集中

从 Q 州检察机关办理的案件来看，受理审查起诉未成年人犯罪以侵犯财产罪和侵犯公民人身权利、民主权利罪为主，主要包括盗窃罪 258 人、强奸罪 105 人、聚众斗殴罪 97 人、抢劫罪 73 人、故意伤害罪 56 人、寻衅滋

---

① 资料来源于内部统计。

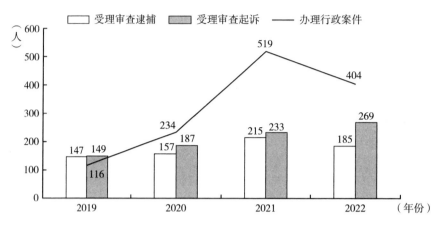

图 1 2019~2022 年 Q 州未成年人犯罪数量

事罪 53 人，合计约占受理审查起诉人数的 76.61%。由此反映出未成年人犯罪动机单纯，主要为获取钱财，激情犯罪，好奇心强，为满足精神需要等。此外，还涉及帮助信息网络犯罪、偷越国（边）境罪、参加黑社会性质组织罪、伪造假币罪、贩卖毒品罪等，罪名逐渐呈现多样化。其中，未成年人涉性侵犯罪占比持续上升，2019 年为 31 人，2022 年为 62 人，占受理审查起诉人数的比重从 20.81% 上升至 23.05%。未成年人预谋性侵未成年人、未成年人参与卖淫活动的案件逐年增多。

2. 未成年人违法犯罪呈低龄化趋势

从 Q 州检察机关办理的案件来看，2019~2022 年，受理审查起诉 14~16 周岁未成年犯罪嫌疑人有 82 人、16~18 周岁的有 756 人，其中 79 人在 16 周岁前曾被公安机关行政处罚，即有 161 名未成年人在 16 周岁前就有违法犯罪行为，占受理审查起诉未成年人犯罪总数的 19.2%，2022 年较 2019 年增幅达 21%。①

3. 未成年人共同犯罪占比持续过半

从 Q 州检察机关办理的案件来看，未成年人单独作案的 367 人，共同作案的 471 人，共同犯罪占涉罪总人数的 56.21%，反映出未成年人犯罪一定程

---

① 资料来源于内部统计。

度上具有"团伙化"的发展趋势。有的案件中未成年人的作用、人数超过了成年人，甚至出现了多起共同犯罪中，犯罪分子均为未成年人的案件。如 Q州 R 县院办理的 2 起组织卖淫案中，未成年犯罪嫌疑人通过聊天平台（如快手、抖音、QQ 等）联系和引诱未成年人卖淫，在团伙中发挥主要作用。

（三）未成年人过早辍学、监护缺位、受网络影响引发犯罪的问题较突出

1. 初中及以上学历未就业人员占比较大

2019~2022 年，Q 州检察机关受理审查逮捕未成年人中，初中及以上文化程度 658 人，占 90% 以上，小学及以下文化程度 31 人，文化程度不详 15 人。初中及以上文化程度的 658 人中，学生身份 158 人，占比 24.01%；农民 55 人，占比 8.36%；务工 15 人，占比 2.28%；无业人员 267 人，占比 40.58%；其他 163 人，占比 24.77%（见图 2）。无业犯罪嫌疑人学历集中在初中、高中。[1]

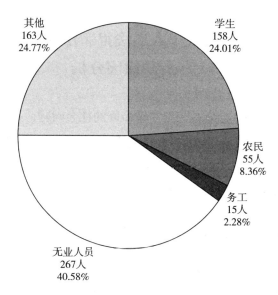

图 2 2019~2022 年 Q 州受理审查逮捕的未成年人行业分布

---

① 资料来源于内部统计。

2. 涉罪未成年人监护缺位问题较突出

对 Q 州检察机关审查起诉的案件进行分析，就监护情况来看，由父母双方监护的 645 人、父亲或者母亲单独监护（含重组家庭）的 119 人、（外）祖父母或其他人监护的 65 人、脱离监护的 9 人，即非父母共同监护占比 23.03%。实践中，由父母监护的涉罪未成年人，多数父母外出务工，也未能对其进行有效管教。就户籍地来看，农村地区、移民搬迁安置地区的未成年人监护缺位问题相对突出。

3. 未成年人受网络影响引发的犯罪逐年上升

对 Q 州检察机关审查起诉的案件进行分析，2019～2022 年，未成年人犯罪案件中案件起因、作案手段等与手机网络有关的案件有 130 余起，占受理审查起诉未成年人犯罪案件总数的 20% 以上。同时，公安机关办理的未成年人涉嫌利用电信网络犯罪案件数量明显上升，2022 年较 2019 年上升了 22%。[①]

三 贵州未成年人违法犯罪存在的问题及其原因分析

未成年人违法犯罪问题是一个复杂多因的社会问题，其原因和特征均不同于成年人，往往和社会环境、家庭关爱、学校教育、政府关切等密切相关。本文关注贵州省 Q 州未成年人犯罪典型案例中行为人犯罪的原因，梳理出普遍存在的致罪因素并作分析。

（一）未成年人成长社会环境制约

1. 经济发展落后造成的克制犯罪难

贫困和犯罪有很强的相关性，Q 州属于经济欠发达的少数民族自治州，整体上呈现经济总量相对落后的特点，这也导致 Q 州未成年人犯罪结构和

---

① 资料来源于内部统计。

沿海经济发达地区相比有较大不同。对比最高检《未成年人检察工作白皮书（2021）》中的数据，2019~2021年，检察机关受理审查起诉14~16周岁未成年犯罪嫌疑人数占受理审查起诉未成年人犯罪嫌疑人总数的8.88%、9.57%、11.04%。在同样的时间跨度内，Q州检察机关受理审查起诉14~16周岁未成年人犯罪嫌疑人数占受理审查起诉未成年人犯罪嫌疑人总数的9.09%、13.4%、14.07%，略高于全国的平均水平。经济滞后带来的第一个结果是适龄未成年人继续求学意愿不高。Q州有一定数量的未成年人在义务教育阶段后未继续就学，但又缺少有竞争力的专业技能，因此难以找到合适的工作机会，进而容易产生犯罪想法，采取盗窃、抢劫等手段解决其所遇见的经济问题。第二个结果是家长或监护人不得不将更多的时间和精力投入谋生中去，忽略了对孩子的管教，部分未成年人在三观形成的重要阶段只能独自生活或与乡村老人一起生活，不能得到正确、有效的引导。

2. 社会风气不正造成的预防犯罪难

Q州少数民族人口占人口总数的82%以上，自古以来民风剽悍。受这类风气影响，在Q州城乡成长的未成年人也更容易冲动，凭直觉行事。在移动上网如此便利的今天，未成年人可以轻易接触大量暴力、色情等不良信息，同时被极端个人主义、拜金主义、享乐主义、审美错位等消极思潮影响，部分未成年人群体长期浸淫其中，逐渐对黄、赌、酒产生浓厚兴趣。[①]一些娱乐场所的经营者看中了其中的"商机"，违规允许未成年人出入并售卖烟酒，有的甚至为牟求经济利益对正在从事违法犯罪活动的未成年人视而不见。Q州有多起寻衅滋事、故意伤害等案件均是未成年人在出入网吧、酒吧等场所时与他人发生争执、矛盾升级引发。如Q州R县检察院办理的张某某等人聚众斗殴案，就是两方在网吧相遇后发生争执，进而引发群体斗殴事件。又如Q州L县检察院办理的姚某某、吴某某等人聚众斗殴案，是双方酒后在电话中发生口角争执，而后又在酒吧扩大势态引发群体斗殴事件。

---

① 资料来源于2022年11月30日，共青团中央维护青少年权益部、中国互联网信息中心联合发布的《2021年全国未成年人互联网使用情况研究报告》。

（二）未成年人自身因素制约

Q 州涉罪未成年人最高文化程度多数集中在初中、高中阶段，多为在校成绩差、老师关注少的学生。随着年龄增长，他们内心所思考的事情也越来越复杂，出现了较多的不稳定因素，再加上学校引导不足、法治教育欠缺，导致他们普遍缺乏对违法犯罪行为的正确认知。有的涉罪未成年人曾是违法犯罪行为的受害者，但又不懂得如何拿起法律武器来维护自己的合法权益，进而走上了以暴制暴、以不法对不法的道路。

调研后发现，Q 州涉罪未成年人在犯罪前主要呈现出两种心理趋势。一是从众逆反心理。由于在自我认知和社会认知上存在误区，相当数量的未成年人在受不良文化或者受不良团体氛围影响时，容易从众实施暴力行为，并逐渐在这一过程中走向犯罪。特别是原本在乡镇中生活的未成年人不能很快适应城市的学习和生活节奏，又缺乏对违法犯罪的认知，也不能得到家庭学校的监管，在有人带头时往往很快就决定加入犯罪团伙。如 Q 州 S 县检察院所办理的吴某抢夺、抢劫案，该案三名犯罪嫌疑人案发时年龄分别为 16 岁、13 岁、13 岁，三人共实施了三次抢夺、一次抢劫行为。这属于典型的未成年人因从众暴力心态而犯罪的情况。又如 Q 州 L 县检察院所办理的刘某某、廖某某抢劫案，该案系一起有组织有预谋的抢劫案，共八名未成年犯罪嫌疑人，其中年纪最小的仅 13 岁。这部分未成年人对"伙伴"从众，但却对父母、学校的管教逆反。有的未成年人可以通过自己的调节达到较为平和的身心状态，但有的未成年人不具备这种调节能力，表现出不喜欢被人管教、被束缚的外部特点，有时可能会为了反对而反对，刻意跟父母、老师、纪律对抗，情节严重时会做出违法犯罪行为或者加入不良团伙。二是虚荣攀比心理。长期浸淫在"唯金钱论""唯富论"观点里的未成年人极易受到拜金主义影响产生严重的攀比心理。Q 州未成年人犯罪案件中，侵财类案件或以获取金钱为目的而从事违法犯罪活动的案件占比最多，这也说明未成年人的贪利性较强。有的未成年人爱慕虚荣或者在利诱前控制不住对金钱的欲望，受成年人拉拢参与犯罪活动。如 Q 州 D 县检察院办理的杨某某、王某某涉嫌介绍卖淫案，案中两名 14 岁少女，因有购物需求而主动参与卖淫活动。

（三）未成年人受教育环境制约

1. 家庭教育不充分导致没有养成良好的价值观

对 Q 州检察机关 2019~2022 年审查起诉的涉罪未成年人监护情况进行分析可知，涉罪未成年人中非父母共同监护的占比为 23.03%。就实际情况来看，即使是由父母监护的涉罪未成年人，由于父母工作繁忙、教育理念随意等原因，往往也不能得到有效的管教和引导。就户籍地来看，农村地区、移民搬迁安置地区的未成年人监护缺位问题更为突出。家庭监护缺失的未成年人，由于缺乏自我保护能力和遵纪守法意识，更容易受社会不良因素的影响。如 Q 州 L 县检察院所办理的杨某某、吴某某盗窃案，C 县检察院所办理的田某盗窃案，Q 州 J 县检察院所办理的吴某某帮助信息网络犯罪活动案等案件中的涉罪未成年人均是由乡村到城镇生活、受社会不良因素影响后开始犯罪的。

2. 法治教育程度不足导致不明白犯罪后果

虽然 Q 州中小学已将法治课程列入日常教学内容，但在内容上更偏向于思想道德教育，不能取得良好的法治普及成果。有的学校更是将法治教育课程当作应付上级检查的事务性工作，忽视了法治教育对预防未成年人犯罪的重要性。另外，Q 州中小学普遍采用兼职教师开展法治教育，不能很好地满足未成年人的法治教育需求。在这种情况下，学校对思想行为、学习成绩存在问题的学生难以进行有效的针对性教育，甚至是对这部分学生放任不管，这部分学生在学校逐渐被边缘化，形成自卑、戒备、逆反等不良心理，这些心理又导致他们行为上产生偏差，形成恶性循环，加之学校防范化解矛盾机制不健全，其在学校的行为也开始从一般不良行为发展到严重不良行为，有的甚至发展为校园欺凌和暴力事件，造成恶劣社会影响。

（四）相关单位未成年人保护工作执行力度制约

1. 负有未成年人保护责任的单位间联动力不足

教育矫治涉罪未成年人需要政府、社会团体、企事业单位、涉罪未成年人家庭和社会志愿者共同参与。虽然 Q 州已通过制订方案、组建专班等形式初步建立了预防未成年人犯罪工作机制，但客观上仍存在职责不明确、信息不互通、工作内容零散、活动形式单一的问题。经调研，目前 Q 州法院、公安、司法等部门还没有成建制组建专门的涉未成年人办案机构，检察机关也还需进一步健全相应机制。政法机关在涉未刑事案件办理工作中衔接配合不够、一体化保护程度不高，也导致了难以针对性地对涉罪未成年人开展分级干预和帮教。目前 Q 州仅有三个专门学校建成并使用。2021 年，Q 州公安机关进行治安处罚的罪错未成年人有513 人，检察机关作出不起诉决定的涉罪未成年人有 129 人，是 Q 州专门学校学生容纳量的 4 倍，难以满足教育矫治需求。实践中，专门学校建设和投入不足，司法机关与专门学校跨区域的衔接机制尚不完善，使具有严重不良行为、检察机关作出不起诉决定的未成年人等需要矫治的群体未能得到及时的矫治教育。

2. 刑罚功能有待充分发挥

预防未成年人犯罪是一项社会系统工程，既要做到依法惩治，也要做好源头防范、综合治理。实践中，各政法机关始终将"教育、感化、挽救"方针贯穿未成年人司法办案全过程，对主观恶性不大、犯罪情节较轻的未成年人坚持采取非羁押非刑罚措施，在这样的处理措施下，部分涉罪未成年人刑罚体验不深、罪责感弱，犯罪想法未彻底断绝，极易再次犯罪。宽严之间，还需要考虑到严厉惩罚和爱护挽救间的平衡，进一步彰显当宽则宽、当严则严的刑事司法价值。

四 贵州未成年人违法犯罪防范工作中存在问题的解决之道

预防、制止和减少未成年人违法犯罪的发生，关乎千万家庭的幸福安宁，也关乎社会的和谐稳定。要遏制未成年人犯罪的严峻态势，必须探索多个途径共同发力，在源头上做好治理工作。

（一）优化未成年人成长社会环境

1. 强技能促就业

由于 Q 州发展相对滞后，农村地区及城市郊区群众的经济来源主要靠外出务工，年轻劳动力、监护人为了维持家庭生活常年外出务工，因而疏忽了对未成年人的管教。建议地方加强技能培训、扩宽就业路径。一是加强技能培训，提高农村劳动力素质。劳动力素质低、文化程度低是制约劳动力转移有序输出的主要因素。在普及义务教育的基础上还要大力创办职业培训学校，提高劳动力的综合素质和水平，逐步形成"市场引导培训，培训促进就业"的新机制。二是完善劳动力市场人力资源信息服务和发布体系，使劳资双方能够及时准确了解劳务供求信息，逐步推进和完善农民工群体的社会保障体系和维权保障机制。

2. 营造良好社会氛围

要做到有效预防未成年人的违法犯罪问题，离不开健康积极的社会环境，离不开全面统筹的社会空间。为此，全社会应该形成未成年人保护发展合力，切实打造关爱未成年人的社会氛围。比如，新闻媒体要持续关注未成年人违法犯罪和受到侵犯问题，营造全社会持续关注未成年人的氛围。再比如，网吧、酒吧、游乐场等娱乐场所的经营主体，要加强行业自律，做到守法经营、合规接待。

（二）加强未成年人综合素质提升

1. 从源头增强未成年人保护意识和保护职责

一是抓好友善、孝敬、诚信等中华传统美德教育，重视家庭教育，引导未成年人树立正确的道德价值，在核心价值观的沐浴下健康成长，同时广泛开展爱学习、爱劳动、爱祖国活动，增强孩子们的社会责任感、创新精神和实践能力。二是建立家校干预不良行为合作机制，及时掌握具有不良行为的学生情况并进行有效干预，要积极开展心理辅导，及时发现、解决学生心理问题，有效防范学生因心理问题走向违法犯罪道路。

2. 提升未成年人自身综合素质

一是监护人和学校要正确地引导和教育未成年人正确地认知自我，加强对违法犯罪的知识普及，形成学校抓教学、家长主动学、学生自我学的氛围，以全覆盖方式在青少年群体中树立良好的法治理念。二是引导未成年人树立正确的价值观。激励未成年人树立积极、健康、向上的价值观念。坚决批判各种道德失范行为和腐朽落后的观念，帮助未成年人辨别是非，强化正面因素，减少负面因素。未成年人也要从自身出发，尊重自身生理、心智的客观发展实际，从小树立正确的价值观念，培养优良的道德品质，养成良好的道德行为习惯，在发扬传统道德的同时，建立符合当下社会价值导向的价值观。

（三）开展普法和家庭教育

1. 积极开展家庭教育指导工作

家庭是人才成长的源头，要高度重视和加强家庭教育。一是教育、妇联、民政等未成年人保护相关责任单位要着重注意协同推进城乡家庭教育指导服务体系全覆盖，在各单位的职责范围内做好家庭教育工作，在落实工作中可采取校园家长座谈会、公益性网络课程、购买服务等多种途径落实做好家庭教育指导工作。二是民政部门、村（居）两委等要进一步加强对未成年人父母或者监护人履行监护职责的监督。对拒绝或者怠于履行监护责任的，应当予以劝阻、制止或者批评教育，督促履行监护职责，对于侵害未成年人权益的，应当及时采取保护措施，构成犯罪的，应当依法移送司法机关处理。

2. 加强普法教育宣传工作

加强普法教育宣传工作。一是将法治教育纳入教学大纲教学计划，做到计划、教材、课时、师资"四落实"。对青少年开展法治教育，要根据不同学龄阶段的生理、心理特点和接受能力，有针对性地开展。要创新和拓展青少年法治教育形式，充分利用新媒体、AI辅助教学等更加现代的手段，培养青少年对法治的兴趣。二是完善法治副校长制度。法治副校长要积极参与到学校健全预防犯罪机制、完善校规校纪、加强学生管理等工作中来。对有不良行为、严重不良行为的学生，法治副校长可以通过训诫、普法教育等方式进行专门的辅导、矫治，有效推动完善校园治理效能。

（四）提升预防未成年人犯罪工作能力

1. 构建规范化、集约化的未成年人保护平台

一是积极推进未成年人保护统一平台建设。构建党委政府支持，以未保委、政法委、公安机关、检察院、法院、司法局为成员的未成年人综合保护平台，打破跨部门合作壁垒，实现"一门受理，综合联动，一竿子到底"的未成年人综合保护体系。如以 L 县未成年人保护中心+法治教育综合基地为试点，逐步实现各县（市）全覆盖。二是建立"网格化"预防帮教模式，将未达刑事责任年龄涉罪未成年人、有严重不良行为未成年人纳入政法委现有的网格化服务管理系统，利用网格员对所在地区情况熟悉的优势，由网格员配合对高危未成年人开展走访、监督、帮教等工作，实现对高危未成年人的社会化综合治理，有效阻止不良情况发生。三是加大对 Q 州未成年人专门学校建设，进一步做好未成年人保护领域社会组织的培育、发展工作。采取购买服务或志愿服务等形式，积极引入专业社工参与到未成年人心理干预、权益保护、法律服务、社会调查、社会观护、教育矫治、社区矫正等各项工作中。有条件的县（市）应当积极推动专门学校建设，建立普法宣传、救助保护、"一站式"办案、帮教管理、心理咨询、家庭教育"六位一体"的未成年人法治教育综合保护示范基地。

2. 建立多元保护机制

Q 州地处于经济欠发达的少数民族地区，且留守老人儿童较多，这也是 Q 州未成年人犯罪特点和其他地区相比有较大不同之处。为了更好保护 Q 州未成年人健康成长，应建立多元保护机制，因地制宜出台相关未成年人保护政策，营造良好的成长环境。一是充分利用各级未成年人保护中心进一步完善政策措施，健全"一门受理、协同办理"等工作机制，针对违法犯罪未成年人及其家庭及时开展有效帮扶。二是政法委员会、司法、民

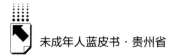
政、妇联、教育等部门应联合推动建立"司法救助+民政救助+教育帮扶+心理疏导+医疗救治+人力资源社会保障+住房城乡建设+法律援助+社会力量"的多元化共同救助工作格局，多层次展开精准救助帮扶，建立完善的社会支持体系。三是未成年人司法社会支持体系建设可以借鉴丹麦①、瑞典②等未成年人司法先进地区经验，总结国内各地实践做法，以政府为主导，建立全国层面的组织保障平台，及时链接各类资源，为未成年人提供有效服务。新修订的《未成年人保护法》也为建立这样的平台提供了法律依据。其中，第9条规定"县级以上人民政府应当建立未成年人保护工作协调机制，统筹、协调、督促和指导有关部门在各自职责范围内做好未成年人保护工作。协调机制具体工作由县级以上人民政府民政部门承担，省级人民政府也可以根据本地实际情况确定由其他有关部门承担"。必要时，可在未成年人保护工作协调机制框架下，依托民政或者共青团组织建立全国可复制、可运行的未成年人司法保护社会支持保障平台，各地（县级以上地方政府）可依托本地未成年人保护工作协调机制建立或者完善相关平台，乡镇（街道）可依托综合服务中心和城乡社区服务站等设施，建立社区社会组织综合服务平台。重点培育为涉案未成年人以及有不良行为未成年人等特殊群体服务的社会组织，为他们提供组织运作、活动场地、活动经费、人才队伍等方面的支持。采取政府购买服务、设立项目资金、补贴活动经费等措施，加大扶持力度，打通未成年人司法社会支持的"最后一公里"。

---

① 丹麦建立了SSP（Social work School Police）青少年犯罪预防平台。该平台目前有福利、文化、警察、学校、社工等相关部门和专业组织参与，平台的理事由所有参与的政府部门或社会组织的最高负责人担任，并每年召开1次理事会议，讨论未成年人保护面临的重要问题以及工作方案，秘书处则负责理事会确定的重点问题的解决。该平台高效运转，有效解决了国内青少年保护中各种复杂问题，并实现了帮助青少年健康成长的目标。

② 瑞典乌布萨拉在州政府专门成立了青少年保护工作委员会。该委员会下设东西南北四个辖区，各辖区都有专门的工作人员，处理所有涉及儿童的事件，如被侵害、犯罪失踪等，并第一时间提供服务，以确保儿童得到及时保护和服务。

五 结语

司法保护是我国未成年人权利保护的重要组成部分，也应成为司法工作中未成年人权益保护的重要内容。要打造好这项系统工程、社会工程、民心工程，需要协调社会各方力量，加快建立法律规范、行政监管、行业自律、技术保障相结合的综合管理体制，构建"司法保护+"的综合治理体系，构建家庭、学校、社会、网络、政府、司法"六大保护"体系，为未成年人保护提供坚实的司法保护支撑。

参考文献

郭一默：《对未成年人犯罪预防和帮教工作的几点思考》，《公民与法》（综合版）2018 年第 8 期。

宋英辉、苑宁宁：《完善我国未成年人法律体系研究》，《国家检察官学院学报》2017 年第 4 期。

童建明、孙谦、万春主编《中国特色社会主义检察制度》，中国检察出版社，2022。

童建明、万春、宋英辉主编《未成年人检察业务》，中国检察出版社，2022。

向燕：《未成年被害人保护制度的中国特色及改革方向》，《青少年犯罪问题》2021 年第 5 期。

张志利、张春玲：《未成年人的检察司法保护和能力建设研究—— 以性侵害未成年人犯罪案件中被害人的保护为视角》，《社科纵横》2021 年第 4 期。

赵祯祺：《预防未成年人犯罪：需要各方共同参与》，《中国人大》2019 年第 5 期。

社会科学文献出版社

皮 书

智库成果出版与传播平台

✦ 皮书定义 ✦

皮书是对中国与世界发展状况和热点问题进行年度监测，以专业的角度、专家的视野和实证研究方法，针对某一领域或区域现状与发展态势展开分析和预测，具备前沿性、原创性、实证性、连续性、时效性等特点的公开出版物，由一系列权威研究报告组成。

✦ 皮书作者 ✦

皮书系列报告作者以国内外一流研究机构、知名高校等重点智库的研究人员为主，多为相关领域一流专家学者，他们的观点代表了当下学界对中国与世界的现实和未来最高水平的解读与分析。截至2022年底，皮书研创机构逾千家，报告作者累计超过10万人。

✦ 皮书荣誉 ✦

皮书作为中国社会科学院基础理论研究与应用对策研究融合发展的代表性成果，不仅是哲学社会科学工作者服务中国特色社会主义现代化建设的重要成果，更是助力中国特色新型智库建设、构建中国特色哲学社会科学"三大体系"的重要平台。皮书系列先后被列入"十二五""十三五""十四五"时期国家重点出版物出版专项规划项目；2013~2023年，重点皮书列入中国社会科学院国家哲学社会科学创新工程项目。

皮书网

（网址：www.pishu.cn）

发布皮书研创资讯，传播皮书精彩内容
引领皮书出版潮流，打造皮书服务平台

栏目设置

◆ **关于皮书**

何谓皮书、皮书分类、皮书大事记、
皮书荣誉、皮书出版第一人、皮书编辑部

◆ **最新资讯**

通知公告、新闻动态、媒体聚焦、
网站专题、视频直播、下载专区

◆ **皮书研创**

皮书规范、皮书选题、皮书出版、
皮书研究、研创团队

◆ **皮书评奖评价**

指标体系、皮书评价、皮书评奖

◆ **皮书研究院理事会**

理事会章程、理事单位、个人理事、高级
研究员、理事会秘书处、入会指南

所获荣誉

◆ 2008 年、2011 年、2014 年，皮书网均
在全国新闻出版业网站荣誉评选中获得
"最具商业价值网站"称号；

◆ 2012 年，获得"出版业网站百强"称号。

网库合一

2014年，皮书网与皮书数据库端口合
一，实现资源共享，搭建智库成果融合创
新平台。

皮书网

"皮书说"
微信公众号

皮书微博

权威报告·连续出版·独家资源

皮书数据库
ANNUAL REPORT(YEARBOOK)
DATABASE

分析解读当下中国发展变迁的高端智库平台

所获荣誉

- 2020年，入选全国新闻出版深度融合发展创新案例
- 2019年，入选国家新闻出版署数字出版精品遴选推荐计划
- 2016年，入选"十三五"国家重点电子出版物出版规划骨干工程
- 2013年，荣获"中国出版政府奖·网络出版物奖"提名奖
- 连续多年荣获中国数字出版博览会"数字出版·优秀品牌"奖

皮书数据库

"社科数托邦"
微信公众号

成为用户

　　登录网址www.pishu.com.cn访问皮书数据库网站或下载皮书数据库APP，通过手机号码验证或邮箱验证即可成为皮书数据库用户。

用户福利

- 已注册用户购书后可免费获赠100元皮书数据库充值卡。刮开充值卡涂层获取充值密码，登录并进入"会员中心"—"在线充值"—"充值卡充值"，充值成功即可购买和查看数据库内容。
- 用户福利最终解释权归社会科学文献出版社所有。

社会科学文献出版社 皮书系列
SOCIAL SCIENCES ACADEMIC PRESS (CHINA)

卡号：537539973128
密码：

数据库服务热线：400-008-6695
数据库服务QQ：2475522410
数据库服务邮箱：database@ssap.cn
图书销售热线：010-59367070/7028
图书服务QQ：1265056568
图书服务邮箱：duzhe@ssap.cn

基本子库
SUB DATABASE

中国社会发展数据库（下设 12 个专题子库）

紧扣人口、政治、外交、法律、教育、医疗卫生、资源环境等 12 个社会发展领域的前沿和热点，全面整合专业著作、智库报告、学术资讯、调研数据等类型资源，帮助用户追踪中国社会发展动态、研究社会发展战略与政策、了解社会热点问题、分析社会发展趋势。

中国经济发展数据库（下设 12 专题子库）

内容涵盖宏观经济、产业经济、工业经济、农业经济、财政金融、房地产经济、城市经济、商业贸易等 12 个重点经济领域，为把握经济运行态势、洞察经济发展规律、研判经济发展趋势、进行经济调控决策提供参考和依据。

中国行业发展数据库（下设 17 个专题子库）

以中国国民经济行业分类为依据，覆盖金融业、旅游业、交通运输业、能源矿产业、制造业等 100 多个行业，跟踪分析国民经济相关行业市场运行状况和政策导向，汇集行业发展前沿资讯，为投资、从业及各种经济决策提供理论支撑和实践指导。

中国区域发展数据库（下设 4 个专题子库）

对中国特定区域内的经济、社会、文化等领域现状与发展情况进行深度分析和预测，涉及省级行政区、城市群、城市、农村等不同维度，研究层级至县及县以下行政区，为学者研究地方经济社会宏观态势、经验模式、发展案例提供支撑，为地方政府决策提供参考。

中国文化传媒数据库（下设 18 个专题子库）

内容覆盖文化产业、新闻传播、电影娱乐、文学艺术、群众文化、图书情报等 18 个重点研究领域，聚焦文化传媒领域发展前沿、热点话题、行业实践，服务用户的教学科研、文化投资、企业规划等需要。

世界经济与国际关系数据库（下设 6 个专题子库）

整合世界经济、国际政治、世界文化与科技、全球性问题、国际组织与国际法、区域研究 6 大领域研究成果，对世界经济形势、国际形势进行连续性深度分析，对年度热点问题进行专题解读，为研判全球发展趋势提供事实和数据支持。

法律声明

"皮书系列"（含蓝皮书、绿皮书、黄皮书）之品牌由社会科学文献出版社最早使用并持续至今，现已被中国图书行业所熟知。"皮书系列"的相关商标已在国家商标管理部门商标局注册，包括但不限于LOGO（ ）、皮书、Pishu、经济蓝皮书、社会蓝皮书等。"皮书系列"图书的注册商标专用权及封面设计、版式设计的著作权均为社会科学文献出版社所有。未经社会科学文献出版社书面授权许可，任何使用与"皮书系列"图书注册商标、封面设计、版式设计相同或者近似的文字、图形或其组合的行为均系侵权行为。

经作者授权，本书的专有出版权及信息网络传播权等为社会科学文献出版社享有。未经社会科学文献出版社书面授权许可，任何就本书内容的复制、发行或以数字形式进行网络传播的行为均系侵权行为。

社会科学文献出版社将通过法律途径追究上述侵权行为的法律责任，维护自身合法权益。

欢迎社会各界人士对侵犯社会科学文献出版社上述权利的侵权行为进行举报。电话：010-59367121，电子邮箱：fawubu@ssap.cn。

社会科学文献出版社